사람이 교회다

교회력에 따른 설교 1

사람이 교회다

지은이 | 박희찬
펴낸이 | 원성삼
책임편집 | 김지혜
본문 및 표지디자인 | 이재희
펴낸곳 | 예영커뮤니케이션
초판 1쇄 발행 | 2019년 4월 10일
등록일 | 1992년 3월 1일 제 2-1349호
주소 | 04018 서울시 마포구 동교로 55 2층(망원동, 남양빌딩)
전화 | (02) 766-8931
팩스 | (02) 766-8934
홈페이지 | www.jeyoung.com
ISBN 979-11-89887-01-8(세트)
       979-11-89887-02-5(04230)

값 19,000원

이 도서의 국립중앙도서관 출판예정도서목록(CIP)은 서지정보유통지원시스템 홈페이지
(http://seoji.nl.go.kr)와 국가자료공동목록시스템(http://www.nl.go.kr/kolis-
net)에서 이용하실 수 있습니다.(CIP제어번호: CIP2019011167)

모든 인간은 하나님의 형상을 닮은 존귀한 존재입니다. 사람은 인종, 민족, 피
부색, 문화, 언어에 관계없이 모두 다 존귀합니다. 예영커뮤니케이션은 이러한
정신에 근거해 모든 인간이 존귀한 삶을 사는 데 필요한 지식과 문화를 예수 그리스도의
사랑으로 보급함으로써 우리가 속한 사회에 기여하고자 합니다.

교회력에 따른 설교 1

사람이 교회다

박희찬 지음

저자는 주중에는 "경기떡집 카페"를 운영하고 주일에는 "별내들풀 교회"에서 사역하는 자비량 목회자입니다. 군목 시절 병사 한 사람을 위해 먼 거리를 마다하지 않고 달려가서 예배할 정도로 한 사람을 소중하게 생각하는 목회자였고, 언제나 손에서 책을 놓지 않는 독서가이면서, 바쁜 군목 생활 중에서도 책을 낼 정도로 집필 능력을 탄탄하게 갖춘 분입니다.

저자가 이번에 펴낸 책의 주제는 "교회력에 따른 설교"입니다. 평소 성도에게 균형 있게 말씀을 전해야 한다며 교회력에 맞춘 설교를 주장하던 저자의 원고를 꼼꼼하게 읽어 보았습니다. 읽는 내내 저는 감탄하며 새롭게 배우는 은혜가 있었습니다. 제목 설교에 익숙하여 편중된 설교를 들으면서 갈증을 느끼는 한국 교회 성도들에게 단비와 같은 설교집이라 생각합니다.

제가 이 책을 읽으면서 느낀 몇 가지는 첫째, 쉽습니다. 교회력 설교는 자칫 교리적 설교가 되기 쉬운데 이를 이야기 식으로 쉽게 잘 풀어냈습니다. 둘째, 정직합니다. 자신이 인용한 것은 어디서 인용했노라고 밝히면서도 그에 못지않은 논리를 구사했습니다. 셋째, 깊이가 있습니다. 평소의 독서력이 그대로 배어 있어 동서양 고전과 현대를 아우르는 인용과 예화가 신선하면서도 깊은 생각에 잠기게 만드는 매력이 있습니다. 많은 성도가 이 책을 읽고 좋은 변화가 일어나기를 기대합니다.

남성대큐리오스교회 담임 목사 민상기

어떤 사람이 책 한 권 출판하기까지를 '자식 낳는 것'에 비유하는 것을 들었습니다. 그만큼 고통스럽기도 하지만 말할 수 없는 기쁨 또한 얻게 된다는 의미겠지요. 이번에 저자는 또 하나의 자식인 『사람이 교회다』를 낳았네요. 그런데 이번에 낳은 자식은 아버지와 너무나 많이 닮았다는 것을 알았습니다. 저는 2001년에 저자를 처음 만나 힘든 군사 훈련을 함께 받았고 군종 목사로 동역했으며 전역 이후 지금까지도 주 안에서 은혜의 교제를 나누고 있습니다. 저자와 친밀하게 지내며 그의 삶을 잘 알기에 『사람이 교회다』는 저자의 삶과 많이 닮았다는 것을 말씀드리고 싶습니다.

먼저 이 책은 진솔합니다. 자신의 부족함, 연약함을 그대로 고백하며 솔직 담백하게 하나님의 사랑을 담아내고 있습니다. 둘째로 하나님의 은혜를 드러냅니다. 저자의 삶이 그랬듯이 이 책을 읽으면 읽을수록 하나님의 은혜를 깊이 체험하여 감동을 얻게 됩니다. 셋째로 세련되었습니다. 정확하고 검증된 예화 그리고 단어와 문장이 이해하기 쉽지만 깊은 의미가 있어서 현대 독자에게 적절하게 복음의 진수를 전달하고 있습니다. 평소 저자의 진리를 향한 애씀과 몸부림의 삶이 이 책에서 그대로 나타난 것을 보며 귀한 자식이 나왔다는 생각을 해 봅니다. 어쩌면 아버지보다 더 멋진 자식인지도 모르겠습니다. 이 책을 통해 하나님의 사랑과 은혜를 더욱 깊이 체험하시기를 바라며 일독을 권합니다.

서울남부성결교회 담임 목사 박요섭

길거리 전단지만큼이나 흔해 빠진 기존의 수많은 설교를 뒤로 하고, 여기 출간되는 또 한 권의 설교집을 강력하게 추천할 수 있는 이유는 이 책의 탁월성과 생경함 때문입니다. 이 설교집을 읽으면 말씀이라는 Text 그리고 말씀을 믿는 신자인 동시에 선포하는 설교자로 살아내야 하는 저자 삶의 Context 사이의 끊임없는 긴장이 설교의 행간에서 거칠게 호흡하고 있음을 단박에 느낄 것입니다.

저자는 떡 카페를 운영하는 평범한 소상공인으로, 지루하게 반복되는 일상에서 하루 벌어 하루 먹고 사는 소시민으로 또한 감정 노동자로 살아가며 높으신 하나님께서 이 땅에 성육신하신(incarnation) 이유를 생활로 설명하고 설교로 녹여내고 있습니다. 각자 자기의 소견에 옳은 대로 살아가는 것이 자랑이자 힘이 되어 버린 이 낯선 대한민국이라는 선교지에서, 저자는 복음이 궁극적으로 세상에 대하여 승리할 것임을 매일의 고군분투 속에서 줄기차게 예언하고 있습니다.

군종장교로 십 년을 훨씬 넘게 장병들과 더불어 호흡하며 복음을 전했던 저자가 이제는 철저하고 처절하게 민간인으로, 역사와 시간을 관통해 찾아온 복음과 신앙이 어떻게 사변적이고 형이상학적 담론에서 탈피해 삶의 자리(Sitz im Leben)로부터 구현되어 우리 일상에 의미를 던질 수 있는지를 충실한 성경 분석, 넘치거나 엇나감 없이 적절히 적용되는 예화, 정련된 논리의 힘을 통해 밀고 나가고 있습니다. 아무쪼록 이 설교집을 대하는 분들은 그저 고담준론의 허탄하고 부질없는 말의 향연이 아닌, 생명을 만나고 진리를 체험하며 영의 나라를 신뢰하게 될 것을 굳게 확신하며 기쁜 마음으로 추천합니다.

리버풀 잉글리쉬 대표 손승범

저는 저자와 함께 군종 목사 훈련을 받았습니다. 여러 훈련 중 둘이 한 조를 이루어 지도와 나침반을 들고 목적지를 찾아나섰던 독도법 훈련이 생각납니다. 이론수업을 마치고 우리는—출발과 동시에 목적지에 도착한 듯—호기롭게 앞장섰습니다. 하지만 이내 실제는 이론과 다르고 현장은 교실이 아님을 깨달았습니다. 이 산과 저 능선을 누비고, 계곡과 골짜기를 헤매는 동안 우리는 조금씩 더 길에서 벗어나고 있었습니다. 동료들의 웅성거림은 잦아들었고, 해는 기울고 있었습니다. 긴 오후였습니다.

그날이 기억에 남습니다. 가득했던 자신감이 사라지고 예상치 못했던 염려와 근심이 엄습할 때, 똑같은 상황과 형편에서도 오히려 저를 격려했던 모습이 생각납니다. 『사람이 교회다』 안에 그날 저자의 모습이 담겨 있습니다. 지친 걸음을 묵묵히 지키고 선 모습이 보입니다. 당황한 어깨를 다독이는 음성도 들립니다. 다급한 마음과 보조를 맞추는 따뜻한 걸음도 느껴집니다. 지도를 쥐고 나침반을 들었지만 '길'을 잃어버린 그날 저자가 보여 주었던 '또 다른 길'이 이 책 안에서 펼쳐집니다. 인생의 길, 믿음의 길을 묵묵히 걷고 있는 분께 진실한 동행을 소개하는 마음으로 이 책을 추천합니다.

육군종합행정학교 담임 목사 손봉기

'구우일모(九牛一毛)'에 설교자는 마음이 쓰입니다. 겸손하고 진실하며 신실하고 싶은 그런 마음을 추구합니다. 하지만 차라리 '군계일학(群鷄一鶴)'은 저와 같은 천박한 목사에게 늘 있는 현실이기도 합니다. 그 큰 간극이 저와 같은 목사가 있는 자리라고 여겨집니다.

저자가 SNS로 "규용아"라고 불렀습니다. 그리고 후배인 저에게 책의 추천사를 부탁했습니다. "내게 의미 있는 사람이 써 주었으면 좋겠다!"라는 말에 차마 거절하지 못했습니다. 제가 누군가에게 의미 있는 인생이라는 것은 큰 축복이기 때문입니다. 저자의 설교가 이러합니다. 본질을 통찰하면서도 낡지 않았고, 말씀의 해석에만 빠져 있지 않고 현실에 적극적으로 반응합니다. 해학이 있으면서도 천박하지 않습니다. 구우일모(九牛一毛)와 군계일학(群鷄一鶴) 사이에서 혼란스러워하는 저 같은 사람에게 길을 제시해 주는 그런 말씀입니다. 저자의 설교가 이름 없는 '들풀'같이 존재하다가, 세상에 나옵니다. 마치 그 수많은 들풀에 이름이 있다는 것을 알려 주듯이 말이지요. 그 들풀 설교를 통해서 감히 한국 교회와 강단에 새로운 말씀의 물결이 일어났으면 좋겠습니다.

상무대교회 담임 목사 이규용

저자 서문

    군대를 다녀온 예비역들이 꾸는 최고의 악몽은 다시 군대를 들어가는 꿈이라고 한다. 학생은 시험 준비를 하지 못했는데 시험을 보는 꿈이 악몽일 것이다. 목사도 악몽을 꾼다. 예배 시간이 되어 강단에 올라갔는데 설교 준비를 하지 못한 꿈을 꿀 때다. 평생 설교를 해야 하는 목사에게는 설교가 그 정도로 부담이 된다는 이야기다. 목사 안수를 받고 군대에서 14년 그리고 전역 후 개척 목회 3년의 세월이 흘렀지만, 설교는 여전히 어려운 일이다. 그렇게 겨우겨우 부족하게 준비했던 설교를 책으로 내는 것은 더욱 망설여지는 일이다. 나는 설교를 책으로 낼 만큼 규모가 큰 예배당에서 사역하는 목사도 아니고 나 스스로 얼마나 부족한 사람인지를 잘 알기 때문이다. 나는 작은 신앙 공동체의 목사일 뿐이다. 그리고 설교를 책으로 낸다는 것이 어쩌면 업적이나 공로를 자랑하는 것이 아닐까 하는 생각이 들기도 한다. 그런데도 설교를 책으로 내는 이유는 딱 하나다. 교회를 처음 개척하면서 함께 했던 교우들과의 약속 때문이다. 매년 목회자의 설교를 통해 교회가 지향하는 신앙의 흐름이 어떻게 흘러가는지 역사로 남기자는 취지

와 더불어 설교자 스스로 표절이나 의미 없는 설교 재활용(?)을 예방

하자는 이유 때문이었다.

　부끄러운 고백을 하나 하자면 목회 초년생이던 군종 목사 시절 본

문에 어울리는 예화를 찾는 방식이 아니라 좋은 예화가 있으면 그것

에 맞는 성경본문을 찾아 설교하곤 했다. 시간이 부족하고 피곤하다는

이유로 본문에 관한 연구나 묵상을 등한시하면서 스스로 합리화할 때

도 있었다. 그리고 군인을 대상으로 설교를 하게 되면 짧고, 쉽고, 재미

있게 해야 한다는 강박 때문에 자연스레 성경본문이나 설교의 분량이

짧아졌고 자극적인 예화를 찾기에 급급했었다. 인성교육인지 설교인

지 구분이 어려운 설교도 있었다는 점을 고백한다. 그렇다고 해서 항

상 엉터리로 설교한 것은 아니다. 가끔은 말씀을 묵상하다가 주일에

할 설교 원고가 순식간에 완성되는 경험을 한 적도 있었고 빨리 주일

이 되어서 설교하고 싶어 설레던 적도 있었다. 어느 때는 밤새 설교 준

비를 하다가 완성된 원고를 보고 이러다 죽을지도 모르겠다는 생각이

들기도 했다.

아무튼 군목 시절 아쉬웠던 설교에 대한 고민을 보완하기 위해 전역 후 개척 목회를 하면서 교회력에 따른 설교를 시작하게 되었다. 군대에서도 몇 차례 교회력에 따른 설교를 시도했지만, 아무래도 본문이 세 곳이나 되다 보니 여러 가지 어려움이 있어 결국 중단할 수밖에 없었다. 교회력은 일 년 동안 대림절부터 시작해서 성탄과 주현절, 사순절, 부활절, 성령 강림절(오순절), 창조절 순서로 진행이 되고 다시 대림절로 이어지는 순서다. 교회력 설교의 강점은 삼위일체 하나님에 대한 묵상과 구약과 신약을 3~6년 주기로 모두 읽을 수 있다는 점이다. 무엇보다 설교자가 임의로 본문을 정하는 것이 아니라 정해진 본문을 따라 진행하다 보니 스스로 더 연구하고 묵상해야만 한다는 점이다.

이 책에는 2015년 9월 6일 창조절 첫째 주일에 들풀교회를 시작하며 했던 "사람이 교회다!"라는 제목의 첫 설교부터 2016년 8월 21일 오순절 후 열네 번째 주일까지 교회 개척 후 일 년 동안의 설교 32편이 수록되어 있다. 내용 중에는 군대 이야기가 많이 등장한다. 이 책에 기록된 설교는 군인 교회와 민간 교회 설교의 중간 정도 모습이 될 것 같다. 군인 교회와 민간 교회에서 함께 사용해도 무방하다고 스스로 위안을 해 본다. 14년 군 설교의 잔상이 반영된 것이라 여겨 주기 바란다. 본문의 성경은 대부분 새번역성경을 인용했음을 미리 밝혀 둔다.

그리고 설교를 책으로 만들 수 있게 용기를 주시고 후원해 주신 박경희, 박미경 권사님, 조희문, 신영미, 박소영, 강호빈, 전혜진, 박정혜

집사님께 뒤늦은 감사를 드린다. 흔쾌히 원고를 보고 교정을 도와주신 브라질의 강구희 목사님, 군목 선배 마병도 목사님, 「월간 사모」 편집장 이승진 사모님, 군 생활의 마지막 군종병이자 함께 교회를 개척했던 마충렬 전도사의 수고에 거듭 감사를 드리고 싶다. 보잘것없는 책을 읽고 추천의 글을 써 주신 남성대큐리오스교회 민상기 목사님, 서울남부성결교회 박요섭 목사님, 리버풀 잉글리쉬 손승범 대표님, 육군종합행정학교 손봉기 목사님, 상무대 이규용 목사님께 감사를 드린다. 특별히 부족한 목회자를 도와 '불편한 신앙 공동체'인 별내들풀교회를 섬겨 주시는 교우에게 경의를 표한다.

끝으로 신앙의 고향인 약수동 성결교회의 故 박동일 목사님의 설교집 『신앙과 사명』 서론에 있는 문장으로 출간의 변을 하고 싶다.

본래 말에 능하지 못할 뿐 아니라 글에는 더욱 재질이 없는 관계로 문장이 자연스럽지 못하고 어색한 부분이 많으나 사랑과 이해로 안경을 삼아 읽는다면 많은 흠이 덮어지리라 믿습니다.

목차

성령 강림절(오순절)

창조절

사람이 교회다

마태복음 16장 16-18절

교회 첫 예배를 시작하며 몇 가지 감사의 고백을 드리고 싶습니다. 우선 14년간의 군종 목사 사역을 마치고 민간에서도 목회를 이어갈 수 있도록 허락하신 하나님께 감사를 드립니다. 군대에서는 성도가 없고 교회가 없어서 고민해 본 적이 없었습니다. 저보다 먼저 전역하신 분 중에는 종종 임지가 없어 오랜 시간 목회를 쉬는 분들을 보며 남의 일 같지 않았습니다. 그런데 이렇게 좋은 분들과 함께 신앙의 공동체를 이루어 갈 수 있게 해 주시니 감사의 고백을 드릴 수밖에 없습니다. 더불어서 아내와 두 딸에게도 감사를 드립니다. 단 한 번도 아내와 딸들 때문에 목회에 대해 고민해 본 적이 없었기 때문입니다. 건강하게 그리고 늘 흔들림 없이 함께 해 주어 고맙습니다. 그리고 작은 개척 교회 성도로 함께 해 주신 분들께 감사를 드립니다. 아무도 없이 개척 목회를 시작하는 분들도 많은데 여러분 덕분에 저는 참 좋은 출발점에서 사역을 시작해 나갈 수 있게 된 것 같습니다. 군대에서 가끔은 군 간부나 가족 신자가 없는 병사들만 출석하는 교회에 부임했던 때도 있었습니다. 신자가 없으면 편할 것 같지만 그렇지 않습니다. 교회와 신앙에 대해 함께 고민을 나눌 성도가 없을 때가 목사로서 가장 힘겨운 시기였기 때문입니다.

무엇보다 이 교회의 첫 예배를 축하해 주시기 위해 오신 친지 분들과 군인 교회에서 함께 신앙생활했던 분께도 감사를 드립니다. 예배 시간 내내 제가 설교하는 것이 아니라 여러분의 권면과 축복의 말을 듣는 것이 더 좋을 것 같다는 생각이 들기도 합니다. 저와 아내에 대해 오직 사랑과 관용으로 품어 주시는 여러분 덕분에 이렇게 용기를 낼 수 있었고 또 빚을 지게 되었습니다. 끝으로 전역을 하고 개척 사역을 시작하며 기도 부탁을 드렸을 때 응원의 메시지를 보내 주신 분들이 계시는 데 너무 많아서 일부만 그 내용을 주보에 올렸습니다. 주신 격려의 글들을 항상 기억하며 목회의 지침으로 삼겠습니다.

교회는 건물이나 시스템이 아니라 바로 예수 그리스도를 주인으로 고백하는 사람입니다. 예수님께서 마태복음 16장 15절에서 "그러면 너희는 나를 누구라고 하느냐?"라고 베드로를 비롯한 제자들에게 물으셨습니다. 베드로가 "선생님은 살아 계신 하나님의 아들 그리스도십니다."라고 합니다. 그리스도라는 말의 뜻이 무엇입니까? 그리스어로 '기름 부은 자'라는 뜻입니다. 이스라엘 사람들의 단어로 '메시아'이며 우리말로는 '구원자'입니다. 베드로는 예수님을 구원자이며 하나님의 아들로 고백하고 있습니다. 그 뒤 예수님의 말씀이 이어집니다. 17절 말씀에 "시몬 바요나야, 너는 복이 있다. 너에게 이것을 알려 주신 분은 사람이 아니라 하늘에 계신 나의 아버지시다."라고 하셨습니다. 믿음은 결코 우리의 노력과 업적의 결과가 아니라는 것입니다. 믿음은 오직 하나님이 주신 은혜의 선물입니다.

8여러분은 믿음을 통하여 은혜로 구원을 얻었습니다. 이것은 여러분에게서 난 것이 아니요, 하나님의 선물입니다. 9행위에서 난 것이 아닙니다. 그러므로 아무도 자랑할 수 없습니다(엡 2:8-9).

선물은 노력해서 얻는 것이 아니라 감사함으로 받는 것입니다. 제가 군 생활을 마치고 전역하게 되었을 때 많은 분이 아쉽다고 했습니다. 제가 전역하는 날 부대장님께서 이렇게 말씀하셨습니다.

"제가 목사님이 군 생활을 조금만 더 할 수 있게 도울 수 있는 것이 없어서 안타깝습니다."

그때 저는 이렇게 말씀을 드렸습니다.

"그렇지 않습니다. 저는 군종 목사로 3년만 있을 줄 알고 왔습니다. 그런데 장기근무가 선발되고 진급도 해 보고 그렇게 14년을 했습니다. 3년 하러 왔던 사람이 14년 했으니 11년을 더 군 선교하고 나가는 복 받은 사람입니다."

우리는 항상 잃어버린 것, 손해 본 것들만 생각하느라 주신 것에 대해 감사를 잊고 살아갈 때가 많습니다. 베드로는 자신의 지식과 경험을 초월하는 믿음이라는 선물을 받았습니다. 자기 앞에 계신 예수님이 구원자이며 하나님의 아들이라는 사실을 알았기 때문입니다.

나도 너에게 말한다. 너는 베드로다. 나는 이 반석 위에다가 내 교회를 세우겠다. 죽음의 문들이 그것을 이기지 못할 것이다(18절).

예수님은 베드로의 고백, 즉 베드로의 신앙고백을 든든한 반석이라 하시고 그런 믿음의 반석 위에 교회를 세울 것이라고 말씀하셨습니다. 건물을 세울 때 가장 중요한 것은 기초 토대를 잘 다져 두는 것입니다. 아무리 좋은 자재와 비용을 투자해도 기초가 부실하면 다 무너져 버립니다. 교회의 머리는 예수 그리스도입니다. 그리고 그 교회는 건물이 아니라 바로 예수님을 믿는 사람입니다. 그래서 교회가 사람입니다. 그 사람들의 신앙고백이 교회의 반석이 됩니다. 개역개정에서는 "음부의 권세가 이기지 못하리라."라고 하셨습니다. '음부의 권세'를 공동번역은 '죽음의 힘'으로, 새번역성경은 '죽음의 문'으로 번역하고 있습니다. 예수님을 구원자로 고백하는 교회의 신앙고백은 유대교의 견고함과 로마제국의 탄압과 중세 시대의 타락과 각종 이념과 비난과 물질주의가 가장 극에 달한 현재까지도 여전히 유효하고 유일한 구원의 방식입니다. 우리가 중심을 흐트러뜨리지 않고 바른 믿음을 고백하며 살아가야 할 이유입니다.

들풀교회의 목표는 '선교하는 작은 교회', '쉼이 있는 가정 교회'입니다. 그리고 '사람이 교회다!'라는 성경의 가르침대로 건물을 꾸미거나 좋은 시설을 갖기 위해 노력하지 않을 것입니다. 개척 당시 교우들과 함께 이야기하며 정했던 교회의 중심 세 가지는 이것입니다.

첫째, 누구에게나 열린 교회가 되어야 합니다. 『교회, 나의 고민 나의 사랑』에서 필립 얀시는 교회에 대해 이렇게 정의하고 있습니다.

> 하나님의 교회는 한없이 크고 한없이 작다. 크므로 겸손한 자들이 와서 높임 받는 곳, 작으므로 높은 자들이 낮고 낮아져야 들어올 수 있는 곳. 교회는 실로 이와 같다.

모든 사람이 주님 앞에 낮아지고 주님 때문에 높임 받는 그런 교회를 함께 만들어 가길 소망합니다.

둘째, 한 생명을 소중히 여기는 교회가 되어야 합니다. 조대현의 『개척 교회는 재미있다』라는 책이 있습니다. 개척 교회를 세우고 목회에 대한 여러 가지 생각과 다양한 경험을 기록해 두고 있습니다. 그 책의 끝에 제 마음을 잡아 두는 한 이야기가 있었습니다. 저자는 어느 날 아는 장로님에게서 전화 한 통을 받았답니다. 장로님의 후배 중에 다니던 교회에서 상처를 입고, 새로운 교회를 찾는 부부가 있는데 목사님 교회를 소개해 주었으니 잘 지도해 주시면 좋겠다는 전화였습니다. 목사님은 장로님의 전화를 받고 나서 '온몸의 세포가 요동치며 살아나는 느낌'을 받았답니다. 작은 개척 교회에 누군가 새로운 사람이 온다는 사실이 무척이나 감격스럽기 때문이죠.

주일 아침부터 교회 입구에서 목사님은 부부를 기다렸습니다. 그런데 예배 시간이 다 되어도 오지 않더랍니다. "언제 올까?" 궁금했는데 결국 예배를 마치는 시간까지도 오지 않았습니다. 그리고 그날 밤 장로님에게 다시 전화가 왔답니다. 이번 주는 사정이 있어 못 갔으니 다음주에 꼭 갈 거라는 연락이었습니다. 그 전화를 받고 나서 목사님은 "더 기도하고 새로운 성도를 만나길 원하시는 것 같다."라는 결론을 내립니다. 그리고 기도원을 찾아 금식기도를 하고 다시 주일을 기다리고 있다는 내용이었습니다. 그 글의 끝은 이렇습니다.

나는 지금 주일 예배를 기다리고 있다. 하나님이 보내 주시는 한 영혼을 기다리고 있다. 한 사람이 찾아온다는 말에 가슴이 뛰는 나는 개척 교회 목사다.

우리도 그렇게 한 사람을 소중히 여기는 작은 신앙 공동체가 되기를 소망합니다.

셋째, 언제나 하나님과 말씀 중심의 교회가 되어야 합니다. 개척을 시작한다고 하자 이런저런 조언을 해 주시는 분들이 많았습니다. 요즘은 치킨 집보다 개척 교회가 더 빨리 문을 닫는다거나 열에 아홉은 실패하고, 그나마 하나도 대형 교회에서 분립한 교회만 살아남는다는 이야기도 들었습니다. 교회가 성공하는 것은 뭐고 실패하는 것은 뭘까요? 신학을 배우면 기초 중의 기초로 가르침을 받는 것이 교회론입니다. '교회는 건물이 아니라 신앙을 고백하는 자들의 모임이다. 사람이 많고 적음에 상관없이 교회는 그리스도에게 속한 교회다.' 그러나 언제부턴가 하나님의 말씀을 지키고 따른다는 사람들조차 예배당의 크기와 모이는 사람의 숫자로 하나님의 응답 여부를 판단하는 세속적 잣대를 가지고 성공과 실패를 이야기합니다.

저는 얼마 전 생긴 5천 원 지폐를 소중히 보관하고 있습니다. 그 많은 돈 중에 왜 하필 5천 원이냐고요? 군대를 전역하면서 그동안 살던 군 숙소에서 퇴거해야 했습니다. 이사 준비를 하면서 고민 끝에 군대에서 입고 신던 옷과 신발을 모두 버리기로 했습니다. 부대 마크, 계급,

명찰, 병과 표시 등의 부착물을 제거한 전투복, 정복, 근무복, 단화, 전투화 등을 모아 자원센터(고물상)에 가져갔습니다. 고물상 사장님이 저울에 올려 보라고 하더군요. 저는 시키는 대로 저울에 제가 가져간 물건을 올렸습니다. 저울의 무게를 보던 사장님은 더 계산해 주는 거라며 주머니에서 꼬깃꼬깃한 5천 원짜리 지폐 한 장을 주셨습니다. 그 5천 원을 받는 순간 지난 세월이 스쳐 지나갔습니다. 저울에 있는 물건들은 14년 동안 내 신분을 알려 주던 옷과 계급장이었습니다. 내가 달고 있는 계급장을 보고 사람들이 경례했습니다. 어떤 분들은 군복을 입고 있는 저를 부러워하기도 했습니다. 그런데 그렇게 나를 자랑스럽게 만들어 주던 옷과 물건들이 고물상에서는 달랑 5천 원이었습니다. 이 세상에서 추구하며 누리는 물질과 명예가 이렇게 허망한 것은 아닌가 싶은 생각이 듭니다. 세상 좋은 것이 아니라 오직 주님과 하나님의 말씀만을 바라보며 살아가는 것이 진정한 복이라는 사실을 깨닫고 살아가는 우리가 되기를 바랍니다.

나는 나다

창세기 2장 4-9절
마태복음 6장 25-34절
베드로전서 5장 8-11절

창세기 2장 1절은 "하나님은 하늘과 땅과 그 가운데 있는 모든 것을 다 이루셨다."고 말합니다. '만물(체바암)'이라는 단어는 본래 '무리, 모임(차바)'이라는 뜻입니다. 그런데 이 무리나 모임은 단순히 어쩌다 모인 오합지졸이나 우연한 집합체가 아닙니다. 예를 들면 전쟁과 같은 어떤 특별한 목적을 위해 구성된 조직을 의미합니다. 또한 '다 이루어지니라(칼라)'는 말은 두 가지 의미가 있는 단어인데요. '끝났다(finish)'라는 뜻과 함께 '완료되었다(accomplish)'라는 뜻도 있습니다. 그래서 창세기 2장 1절은 "준비 완료!"라는 말과 같은 것입니다. 그리고 2장 2절에는 이 모든 것을 마치고 하나님께서 안식하셨습니다. '일곱째 날'이라는 말 역시 유대인들에게는 완성, 완전을 의미하는 완전수, 즉 신의 숫자입니다. 그렇다면 무엇을 위한 준비 완료일까요?

마가복음 2장 27절에서 예수님은 "그리고 예수께서는 그들에게 말씀하셨다. 안식일이 사람을 위하여 생긴 것이지, 사람이 안식일을 위하여 생긴 것이 아니다."라고 하셨습니다. 안식일, 즉 세상의 창조는 사람을 위한 것입니다. 오늘 우리가 제1본문으로 읽은 창세기 말씀 역시 '사람을 위해서'라고 말하고 있습니다. 땅이 땅으로서의 의미가 있게 된 것은 바로 인간의 창조 이후입니다. 창세기 2장 5절을 보면 "여호와 하나님이 땅에 비를 내리지 아니하셨고 땅을 갈 사람도 없었으므로 들에는 초목이 아직 없었고 밭에는 채소가 나지 아니하였으며"라고 합니다. 사람이 없으니 아무것도 없었다는 것입니다. 그런데 7절에 하나님께서 사람을 지으면서 상황이 달라집니다. 8절은 에덴에 동산을 창설하셨고, 9절은 "주 하나님은 보기에 아름답고 먹기에 좋은 열매를 맺는 온갖 나무를 땅에서 자라게 하시고, 동산 한가운데는 생명나무와 선과 악을 알게 하는 나무를 자라게 하셨다."라고 합니다. 그야말로 사람 때문에 하나님께서 바빠졌습니다. 하나님께서 사람을 위해 만들어 두신 것이 있습니다. 그게 바로 9절의 '생명나무와 선과 악을 알게 하는 나무'입니다.

생명나무는 무엇일까요? 독일의 종교개혁자 루터는 '실제로 인간의 생명을 강건하게 하는 특별한 나무'라고 했습니다. 그러나 또 다른 종교개혁자인 칼빈은 생명나무를 '성례전'으로 이해합니다(『기독교강요 하』 14장 성례 18장 광의의 성례). 성례전이라는 말은 가톨릭이나 성공회에서는 성사라고도 하는데 눈에 보이지 않는 하나님의 은혜를 체험하게 하는 거룩한 의식입니다. 기독교에서는 예수님의 살과 피를 기념하는 성찬과 죄인의 거듭남을 상징하는 세례의 두 성례전을 통해 하나님께서 생명의 주인 되심과 예수 그리스도를 통해 참된 생명을 주시는 은혜를 고백하게 합니다. 칼빈은 생명나무를 이런 성례전으로 이해했습니다. 그러면서 이 생명나무와 같은 구약의 상징을 홍수 후에 하나님께서 노아에게 보여 주셨던 무지개라고 합니다. 무지개는 물로 심판하지 않겠다는 약속, 일종의 생명 약속입니다. 노아와 그 후손들은 무지개를 볼 때마다 하나님의 약속을 떠올렸을 것입니다. 우리에게도 그런 상징이 있지 않습니까? 건물에 십자가가 달려 있으면 교회구나! 저사람은 군복을 입고 있으니 군인이구나! 하는 것처럼 무지개는 약속의 상징이고 창세기의 생명나무 역시 그런 약속의 상징입니다. 결국 생명나무는 창조주 하나님을 기억하고 순종하는 사람에게는 생명의 상징이지만 그렇지 못한 자들에게는 그 반대의 상징이 되는 것입니다. 헤르만 바빙크는 『개혁교의학』이라는 책에서 "생명은 하나님에 대한 지식"이라고 말합니다. 그 지식은 노력이나 경험을 통해 얻거나 시험문제를 알아맞히는 그런 지식이 아닙니다. 딱 하나입니다. 무한하신 하나님과 유한한 인간의 차이를 알고 인정하는 것입니다. 그래서 성경은 하나님을 증명하지 않습니다. 하나님은 이러저러한 분이니 믿으라고 하지 않습니다. 그냥 선포합니다. 그럼 하나님은 어떤 분일까요?

출애굽기 3장을 보면 이집트로 가라는 명령을 받은 모세가 하나님께 질문하는 장면이 나옵니다.

"이집트에 가서 사람들에게 하나님을 어떻게 설명할까요?"

그때 하나님은 "나는 스스로 있는 자"라고 하셨습니다(출 3:14). 영어로 "I am who I am."입니다. '나는 나다.'입니다. 세상의 그 무엇으로도 규정되거나 단정 지을 수 없는 초월적 존재라는 것입니다. 하나님의 국적은 어디인가요? 피부색은? 어디 학교 출신이고 직업은 무엇이며 나이는? 취미는? 재산은 얼마인가요? 세상의 모든 권력과 지식과 물질 앞에서도 규정당하지 않는 신은 오직 하나님 한 분 뿐입니다. 그런데 우리는 그 하나님의 형상대로 만들어진 존재입니다(창 1:27). 그래서 창세기 2장 7절은 "주 하나님이 땅의 흙으로 사람을 지으시고, 그의 코에 생명의 기운을 불어넣으시니, 사람이 생명체가 되었다."고 말합니다. '생령(네페쉬 하야)'은 단순히 숨 쉬고 살아가는 생명체라는 의미에서 인간과 동식물은 차이가 없어 보입니다. 그러나 인간과 동식물에는 아주 근본적인 차이가 있습니다. 다른 동식물들은 말씀으로 창조하셨지만, 인간은 그 코에 생기를 불어넣은 존재, 즉 하나님과 소통을 할 수 있는 존재라는 점입니다. 그래서 '나는 나다!'라고 선언하신 하나님께서 창조하신 인간 역시 존엄한 존재가 되는 것입니다. 그래서 사람을 국경, 전통, 피부, 민족, 물질, 계급, 권력 등으로 구별하고 차별하는 그것이야말로 생명을 파괴하는 것입니다.

이제 창세기 2장 9절의 에덴동산에 있던 또 다른 나무인 선악을 알게 하는 나무는 무엇일까 생각해 보겠습니다. 선악을 알게 하는 나무가 있는 곳은 에덴입니다. 창세기 2장 8절 말씀을 보면 "주 하나님이 동쪽에 있는 에덴에 동산을 일구시고, 지으신 사람을 거기에 두셨다." 라고 되어 있습니다. 에덴은 '기쁨'이라는 뜻입니다. 그 기쁨의 땅 에덴에 만든 동산은 히브리어로 '간'이라고 하는데 이 '간'에서 영어의 '가든'이라는 말이 유래되었습니다. 즉 '울타리를 치다'라는 말에서 유래된 '울타리가 있는 정원'이 에덴입니다. 울타리를 치는 목적이 무엇인가요? 무언가를 보호하고 구별하기 위함입니다. 기쁨의 땅에 울타리가쳐 있다는 것은 지나친 기쁨, 한계를 초월한 욕망 추구가 위험하다는 사실을 우리에게 경고하고 있습니다.

이재철 목사의 『회복의 목회』라는 책에서 에덴동산에 있던 선악과에 대해 이렇게 설명합니다. 본래 에덴이라는 말이 기쁨이라는 뜻이지만 히브리어의 문법 중에 재귀동사(再歸動詞)가 있다고 합니다. 재귀동사란 모든 행위의 결과가 자신에게만 돌아오게 하는 동작을 말하는 것인데 '기쁨'을 뜻하는 '에덴'이 재귀동사가 되면 '주색잡기에 빠진다.' 란 완전히 다른 의미의 '에단'이 된다는 것입니다. 그래서 지난주에도 잠시 말씀드렸지만 죄란 무엇인가요? 바로 자기 집중과 의로움에 사로잡힌 것이며, 자기 부인이 없는 것입니다. 이재철 목사님의 설명을 조금 더 보면 이렇습니다.

> 에덴에는 하나님과 아담의 차이를 명확하게 보여 주는 나무가 한 그루 있었다. 그 나무야말로 하나님께서는 창조주시요. 인간은 하나님의 말씀에 절대복종해야 할 피조물임을 증거 하는 표적이었다. 하나님과 나 사이의 차이를 인정하지 않는 것이 바로 죄였다.

선악을 구분하는 것은 인간의 일이 아니라 하나님의 일입니다. 누군가를 정죄하고 판단하고 심판하는 것 역시 내가 해야 할 일이 아니란 점입니다. 생명나무가 생명의 근원이 바로 하나님이라는 사실을 알려 주는 것이라면 선악을 알게 하는 나무는 하나님과 나 사이의 차이점을 인정하라는 것입니다.

> 그러므로 내가 너희에게 말한다. 목숨을 부지하려고 무엇을 먹을까 또는 무엇을 마실까 걱정하지 말고, 몸을 감싸려고 무엇을 입을까 걱정하지 말아라. 목숨이 음식보다 소중하지 아니하냐? 몸이 옷보다 소중하지 아니하냐?(마 6:25)

사람에게 목숨보다 소중한 것이 있을까요? 수학이나 컴퓨터 프로그램 언어에는 상수와 변수가 있습니다. 상수는 변하지 않지만, 변수는 변합니다. '목숨'으로 표현된 인간의 소중함은 언제나 우선되어야 할 상수입니다. 그러나 입고, 먹고, 마시는 것들은 변수입니다. 인생이 불행해지는 것은 삶의 상수와 변수가 뒤집어지기 때문입니다. 25절 말씀을 잘 보십시오. 목숨과 몸을 위하여 염려하지 말라는 것입니다. 가끔은 아니 어쩌면 자주 인간은 이런 삶의 변수들에 사로잡혀 자신의 존재를 잊고 살아갈 때가 참 많습니다.

오규원 시인은 "죽고 난 뒤의 팬티"라는 시에서 겁쟁이가 된 자신의 모습을 이렇게 묘사합니다. 교통사고를 세 번이나 겪고서 그 후유증 때문에 이젠 타고 있는 차량의 속도가 조금만 빨라져도 무언가를 꼭 움켜쥐고 걱정부터 한다고 말합니다. 그 걱정은 내가 언제 팬티를 갈아입었는지 확인한다는 것입니다. 죽은 다음에 입고 있는 팬티가 뭐가 중요하다고 남이 볼까 싶어 그런 것을 다 걱정한다는 것이죠. 무슨 저리 걱정을 많이 하나 싶다가도 많은 염려와 고민을 하고 살아가는 내 모습을 비교해 보니 별반 다를 바 없다는 생각이 듭니다. 우리는 참 쓸데없이 과도한 걱정과 염려 속에 살아갑니다. 그런데 염려하지 마십시오. 이런 염려 속에서도 생명나무와 선악과를 두셔서 우리가 어떤 존재인지를 알게 하신 하나님은 그 아들 예수 그리스도를 통해 공중의 새(26절), 들의 백합화(28절), 들풀(30절)을 이야기하시면서 사람이 얼마나 소중한 존재인지를 알게 하십니다.

　물론 현실은 어렵습니다. 오늘 우리가 읽은 제3본문의 시작인 베드로전서 5장 8절은 "정신을 차리고, 깨어 있으십시오. 여러분의 원수 악마가, 우는 사자 같이 삼킬 자를 찾아 두루 다닙니다."라고 말합니다. 마귀는 우리가 자신의 존엄성을 망각하고 하나님과 멀어지게 할 강력한 무기를 지녔습니다. 바로 무엇을 먹을까, 마실까, 입을까에 대해 끝없이 고민하게 합니다. 그게 어느 정도 해결되면 그때부터는 비교하게 합니다. 비교에는 만족이 없습니다. 이게 가장 비참한 삶이 아니겠습니까? 제가 군종 목사 초임지에서 군종병으로 만났던 A형제가 있습니다. 지금은 10년째 콩고에서 사업을 하면서 복음 전하는 평신도 선교사로 사역 중입니다. 그 형제가 몇 년 전에 모 선교 단체에 올렸던 글을 내용이 조금 길지만 읽어 드리겠습니다.

　후진국 사람들의 전형적인 특징 중의 하나는 시간 약속을 잘 지키지 않는다는 것이다. 콩고도 예외는 아닌데 콩고 사람들의 시간 개념을 이야기해 보고 싶다. 약속하고 정해진 시간에 약속 장소에 도착하여 10분간 기다리다 전화를 해 보면 그 시간에 당장 약속 장소로 오겠다며 큰소리를 치거나 때로는 약속 자체를 잊고 있을 때가 태반이다. 콩고에 와서 처음에 이런 식으로 바람을 너무 맞다 보니 계획한 일들도 진행이 안 되고 한국사람 특유의 '빨리빨리'가 안 되다 보니 스트레스를 많이 받았었다. 특히 주말에는 결혼식이 많이 잡혀 있는데 연회장에 오후 6시까지 오라는 초대장을 받아서 가 보면 아무 준비도 안 되어 있고 어떨 때는 연회장이 텅 비어 있는 일도 있었다. 6시라고 적어놓았지만 실제로 사람들이 들어오는 시간은 밤 10시 이후부터 조금씩 들어오고 자정이 다 되어서야 신랑과 신부가 입장한다. 그리고 밤새 음악에 맞춰 춤추고 새벽 5시나 되어야 파티는 끝이 난다. 새벽 5시까지 하는 이유도 5시 이후에나 대중교통을 이용할 수 있기 때문이다. 이런 상황을 처음에 몰랐던 나는 시작하지도 않은 연회에 혼자 덩그러니 앉아 나를 이상하게 보는 현지인들의 시선을 듬뿍 받으며 5-6시간 기다린 적이 있다. 요즘은 나도 살아남기 위해 먼저 연회장에 정보원(?)을 심어 놓고 실시간 좌석 상황을 확인한 뒤에 신랑과 신부가 나타나면 그제야 주인공같이 등장하고 있다.

재미있는 사실 하나는 비가 오면 모든 것이 용서된다는 것이다. 비가 오면 아무리 약속 시각에 늦게 오거나 안 와도 상대방은 이해해 주며 회사에서 출근을 안 하거나 늦게 와도 이날만큼은 면죄부를 준다. 비가 오면 교통수단이 다 마비가 되고 어떤 현지 동네에는 고압선이 땅으로 노출이 되어 비가 오면 감전된다고 하여 밖으로 나오지를 않는다. 검찰이나 경찰이 체포영장을 발부하여 사람을 잡으러 올 때도 비가 오면 비가 그치기를 기다리던지 체포 날짜를 연기한다. 공무원들도 감사하거나 각종 조사를 위해 회사에 와서 기업들을 괴롭히는(?) 날도 비가 오면 모든 것이 다 백지로 돌아간다.

현지인들의 시간 개념을 내 나름대로 분석을 해 보았는데 몇 가지 이유를 적어 보겠다. 첫 번째로는 계절의 변화가 없다 보니 오늘이 내일 같고 내일은 오늘 같고 하는 분위기가 만연해 있다. 사계절이 있는 우리는 항상 계절의 변화를 겪다 보니 그다음에 올 계절들을 준비하기 위해서 하루하루를 시간을 쪼개서 잘 쓰는 거 같은데 이 더운 나라 사람들은 매일 날씨가 큰 변화 없이 꾸준하다 보니 '오늘 이 일을 꼭 해야 되겠다.'라는 의지가 좀 부족해 보인다.

두 번째는 하루하루 먹고살기가 힘들다 보니 당장 생존과 관련된 눈앞의 일들만 신경을 쓸 수밖에 없다. 그러다 보니 2-3일 전 약속은 크게 중요성을 두고 있지 않은 것 같다. 매일 매일 생활전선에서 벌지 못하면 굶어야 하는 분위기이기 때문에 미리 하는 약속은 이들의 생존에 큰 영향을 못 미치는 것 같다.

마지막으로 이곳 현지 언어인 링갈라(LINGALA)를 보면 특이한 점이 있는데 링갈어로 어제는 로비(LOBI)이고 내일도 로비(LOBI)이다. 어제와 내일을 같은 단어로 사용하는 것이다. 그리고 오늘은 렐로(LELO)라고 한다. 어제와 내일은 같고 오늘은 특별하다는 것이다. 이들에게는 오늘이 의미가 있고 구분되는 특별한 날이지만 어제와 내일을 같이 취급하는 것이 언어에서도 나타나 있다. 이 얼마나 재미있는 구조인가? 어제와 내일을 같다고 하니…

그래서 사람을 만나기 위해서는 먼저 기다리는 연습부터 해야 한다. 나도 이제 적응이 되어서 그런지 모르겠지만 앉아서 2-3시간 기다리는 것은 이제 견딜 만하다. 당장 오늘이 중요한 현지인들은 갑자기 자기 상황에 맞춰 약속을 취소하거나 변경할 수 있다. 한국에서 온 지 얼마 되지 않은 분들이 현지인들의 시간 약속 지키지 않는 것에 대해서 매우 비판적이시고 야만인 취급을 하는 것 같은데 앞서 말한 이런 배경과 상황을 좀 이해하면 좀 넓은 마음으로 받아들일 수 있을 것이다. 주님이 우리 마음의 문을 두드리시고 그 문이 열릴 때까지 기다리시는 마음이 마치 우리가 막막하게 약속 장소에서 언제 올지 모르는 현지인들을 기다리는 그런 마음이 아닐까 생각해 본다.

A 형제의 마지막 문장이 마음에 와 닿았습니다. 내가 누군가를 향해 비난하는 모습이 결국은 하나님 앞에 내 모습이 아닐까 하는 마음입니다. 고난이 깊어질수록 사람은 더 외롭다고 생각합니다. 그저 그날그날 눈앞에 보이는 것만을 추구하며 살아가는 인생을 행복하다고 할 수 없습니다. 그러나 베드로는 고난을 겪는 형제를 이야기합니다.

믿음에 굳게 서서, 악마를 맞서 싸우십시오. 여러분도 아는 대로, 세상에 있는 여러분의 형제자매들도 다 같은 고난을 겪고 있습니다(벧전 5:9).

궁극적으로 그리스도를 통해 우리를 강하고 견고하게 하시는 하나님을 보라고 합니다. 베드로전서 5장 10절은 "모든 은혜를 주시는 하나님, 곧 그리스도 안에서 여러분을 자기의 영원한 영광에 불러들이신 분께서, 잠시동안 고난을 받은 여러분을 친히 온전하게 하시고, 굳게 세워 주시고, 강하게 하시고, 기초를 튼튼하게 하여 주실 것입니다."라고 말합니다.

우리는 소중한 존재로 부름을 받은 자들입니다. 비록 삶은 고단하고 먹고 마시고 입는 것 때문에 지칠 수 있지만, 그 모든 것은 말씀처럼 '잠깐의 고난들'일 뿐입니다. 믿음의 사람은 그저 오늘 당장 눈앞의 것들만 바라보며 사는 삶이 되어서는 안 됩니다. 나의 지난 과거의 실수와 죄를 용서해 주신 주님의 십자가를 기억해야 합니다. 그리고 무엇보다 미래에 언젠가 다시 오실 주님을 소망하며 살아가는 삶이 되어야 합니다. 지난 시간의 은혜와 다시 오실 주님을 소망하는 사람이야말로 오늘 최선을 다해 살아갈 수 있는 것입니다. 오늘도 나를 묵묵히 기다리시며 온전하게 굳건하게 강하게 견고하게 해 주시는 주님께 감사의 고백을 드리며 살아가는 삶이 되시길 바랍니다.

은혜를 담은 그릇

이사야 49 장 1 –6 절
로마서 10 장 9 –17 절
요한복음 9 장 35 –41 절

요한복음 9장에는 태어날 때부터 앞을 보지 못하던 사람의 이야기가 등장합니다. 하지만 앞을 보지 못하는 것보다 그를 더 힘들게 하는 일은 사람들의 반응이었습니다. 요한복음 9장 2절을 보면 제자들이 예수님께 "선생님, 이 사람이 눈먼 사람으로 태어난 것이, 누구의 죄 때문입니까? 이 사람의 죄입니까? 부모의 죄입니까?"라고 묻습니다. 이런 흑백논리식의 질문은 답변하기 곤란합니다. 세상을 살아가는 데 흑백의 이분법적 사고방식이 편리할 때가 있습니다. 답을 빨리 찾을 수 있기 때문이기도 하지만 은근히 내 편이 생겼다는 안도감도 주기 때문

은혜를 담은 그릇

41

입니다. 어찌 보면 우리가 사는 세상의 모든 것이 이분법으로 설명할 수 있는지도 모릅니다. 영화, 드라마, 소설, 운동경기도 반으로 나뉘게 됩니다. 우리 삶의 어떤 갈등을 일으키는 것들을 보면 그렇습니다. 심지어 신앙마저 이런 구분이 가능해 보입니다. 성공과 실패를 하나님의 축복과 심판의 상징으로 판단해 버리는 것이지요. '교회 건물이 크고 사람이 많이 모이면 하나님의 복을 받은 것이지만, 그렇지 못하면 무언가 문제가 있다.'라는 식의 반응이겠지요? 흑백이 아닌 제3의 길이라는 아예 존재하지도 않는 것처럼 여겨집니다. 제자들도 이런 흑백논리식 질문을 예수님에게 합니다.

그런데 예수님의 답변은 전혀 예상하지 못한 것입니다. 이 사람이 앞을 못 보는 것은 "누구의 '죄' 때문이냐?"라는 그들의 물음에 요한복음 9장 3절에 "이 사람이 죄를 지은 것도 아니요, 그의 부모가 죄를 지은 것도 아니다. 하나님께서 하시는 일들을 그에게서 드러내시려는 것이다."라고 말씀하십니다. '세상적 성공과 실패는 곧 하나님의 축복과 저주'라는 등식으로 세상을 살던 제자들에게 '세상적 성공과 실패 속에서도 하나님은 함께 하신다'라는 전혀 다른 해석을 주신 것입니다. 그러나 예수님 때문에 눈을 뜨게 된 이 사람을 기다리고 있던 것은 축복과 격려가 아니라 도리어 불행과 고통의 시작이었습니다. 우리는 우리가 고민하는 문제 하나가 해결되면 또 다른 문제가 기다리고 있는 것을 경험할 때가 많습니다. 근본적으로 인간은 만족을 모르는 욕망의 존재이기 때문입니다. 더구나 눈을 뜬 이 사람을 억압하는 종교적 굴레라는 짐이 드리워지게 됩니다.

하필이면 예수님께서 그 사람의 눈을 뜨게 한 날이 안식일이었습니다(요 9:14). 당시 안식일 규정에는 의료행위가 일하는 것에 포함되었기 때문에 예수님의 기적은 졸지에 가장 큰 불경죄가 되고 말 위기에 처한 것입니다. 위로와 축하를 받아야 할 자리가 조사와 심문의 장소로 바뀌어 버리고 맙니다. 요한복음 9장 16절부터 바리새파 사람들끼리 안식일을 지키지 않은 예수님에 대해 죄인이냐? 아니냐? 논쟁하더니 급기야 눈을 뜬 사람의 개안(開眼)을 의심하기까지 했습니다. 그 부모를 불러 "당신 아들이 맞는가? 어떻게 눈을 뜨게 되었는가?" 추궁합니다. 그리고 눈뜬 사람을 두 번째 불러 다시 심문합니다. 우리는 모세의 제자인데 너는 예수라는 사람이 죄인이라는 사실을 알고 있었는가? 하더니 나중에는 너는 앞이 안 보이게 태어났으니 죄인이라며 추방해 버립니다(34절 참조). 바리새인들에게 앞을 못 보는 사람은 하나님의 저주를 받은 죄인이라는 편견이 자리 잡고 있었던 것입니다. 앞을 볼 수 없게 태어난 것보다 더 힘겨운 것은 '넌 쓸모없는 죄인'이라는 사람들의 정죄와 수군거림이었을지 모릅니다. 저는 요한복음 9장의 이 사건을 묵상하면서 예수님을 삶으로, 온몸으로 만난 자와 그렇지 못한 자의 차이점에 대해 생각해 보게 되었습니다. 신영복 교수가 쓴 『나무야 나무야』라는 책이 있는데요. 그분이 감옥살이하는 동안 만났던 노인 목수를 소개하는 글을 읽어 드리겠습니다.

나와 같이 징역살이를 한 노인 목수 한 분이 있었습니다. 언젠가 그 노인이 내게 무얼 설명하면서 땅바닥에 집을 그렸습니다. 그 그림에서 내가 받은 충격은 잊을 수 없습니다. 집을 그리는 순서가 판이하였기 때문입니다. 지붕부터 그리는 우리들의 순서와는 거꾸로였습니다. 먼저 주춧돌을 그린 다음 기둥, 도리, 들보, 서까래, 지붕의 순서로 그렸습니다. 그가 집을 그리는 순서는 집을 짓는 순서였습니다. 일하는 사람의 그림이었습니다. 세상에 지붕부터 지을 수 있는 집은 없습니다. 그럼에도 불구하고 지붕부터 그려온 나의 무심함이 부끄러웠습니다. 나의 서가(書架)가 한꺼번에 무너지는 낭패감이었습니다. 나는 지금도 책을 읽다가 '건축'이라는 단어를 만나면 한동안 그 노인의 얼굴을 상기합니다.

머리로 사는 삶과 온 몸으로 사는 삶은 다를 수밖에 없습니다. 지식인을 부끄럽게 만든 것은 유명 대학의 학위를 가진 자의 이론도, 엄청난 비용과 권력을 소유한 힘 있는 사람의 압제(壓制)도 아니었습니다. 어찌 보면 평범하고 그저 그런 우리 삶의 주변에서 흔히 볼 수 있는 사람들의 모습 중 하나입니다. 앞을 못 보던 사람이 예수님 때문에 눈을 떴지만, 사람들은 다시 그에게 율법의 굴레를 짐 지우려 했습니다. 육신과 율법의 굴레에서 눈을 뜬 사람에게는 오직 예수님만이 온전한 구원자였습니다. 그래서 그는 거듭 예수님을 향한 믿음을 고백하고 있지만, 영혼의 시각장애인들이었던 바리새인들은 여전히 예수님을 이해하지 못하고 있는 것을 보게 됩니다. 그러나 역설적이게도 자신들만의 기준과 규칙으로 소외시킨 자에게서 하나님의 임재 역사가 일어난 것입니다. 하나님 말씀과 가장 가까이 있을 것 같은 바리새인들이 하나님의 이름을 빙자하며 왜 이렇게 하나님 말씀과 상관없는 삶을 살아가고 있을까요?

제1본문인 이사야 49장 1절은 "너희 섬들아, 내가 하는 말을 들어라. 너희 먼 곳에 사는 민족들아, 귀를 기울여라. 주님께서 이미 모태에서부터 나를 부르셨고, 내 어머니의 태 속에서부터 내 이름을 기억하셨다."는 말로 시작합니다. 섬들은 섬에 사는 자들이나 땅의 가장 변두리인 바닷가에 사는 사람(공동번역)을 그렇게 부른 것입니다. 섬에 사는 사람이나 먼 지방에 사는 사람들은 이방인(『매튜 헨리 주석』)이거나 중심에서 밀려난 자들입니다. 제1본문의 핵심은 소외된 자들에게 선포되는 구원입니다. 제2본문에서 앞을 못 보던 사람에게 하나님의 살아 계심을 나타내신 예수님의 역할은 이미 구약의 말씀에서도 같이 나타나고 있었던 것입니다. 예수님이 유일한 구원자이심에 대해 사도 바울은 제3본문인 로마서 10장 9-17절에서 이렇게 입증합니다.

9당신이 만일 예수는 주님이라고 입으로 고백하고, 하나님께서 그를 죽은 사람들 가운데서 살리신 것을 마음으로 믿으면 구원을 얻을 것입니다. **10**사람은 마음으로 믿어서 의에 이르고, 입으로 고백해서 구원에 이르게 됩니다. **11**성경은 "그를 믿는 사람은 누구나 부끄러움을 당하지 않을 것이다" 하고 말합니다. **12**유대 사람이나, 그리스 사람이나, 차별이 없습니다. 그는 모든 사람에게 똑같이 주님이 되어 주시고, 그를 부르는 모든 사람에게 풍성한 은혜를 내려주십니다. **13**"주님의 이름을 부르는 사람은 누구든지 구원을 얻을 것입니다." **14**그런데 사람들은 자기들이 믿은 적이 없는 분을 어떻게 부를 수 있겠습니까? 또 들은 적이 없는 분을 어떻게 믿을 수 있겠습니까? 선포하는 사람이 없으면, 어떻게 들을 수 있겠습니까? **15**보내심을 받지 않았는데, 어떻게 선포할 수 있겠습니까? 성경에 기록한 바 "기쁜 소식을 전하는 이들의 발걸음이 얼마나 아름다우냐!" 한 것과 같습니다. **16**그러나 모든 사람이 다 복음에 순종한 것은 아닙니다. 이사야는 "주님, 우리가 전하는 소식을 누가 믿었습니까?" 하고 말하였습니다. **17**그러므로 믿음은 들음에서 생기고, 들음은 그리스도를 전하는 말씀에서 비롯됩니다.

단 한 문장이나 한 단어도 버릴 것 없는 복음의 내용을 담고 있습니다. 구태여 사족을 달아 설교할 필요가 없을 정도로 구원을 잘 설명해 주고 있습니다. 제1본문의 첫 시작처럼 이 구원은 유대인만을 위한 것이 아니라 소외되고 중심에서 멀어진 모든 이방인과 이웃들이 포함되는 것입니다(12-13절). 그래서 바울은 제3본문에서 '누구든지'라는 말을 반복해서 사용합니다. 우리는 오늘 말씀처럼 하나님에게서 멀어졌고 그 상황을 스스로 깨닫거나 개선할 수도 없는 앞을 못 보던 자와 같은 인생들이었습니다. 그런데 하나님의 긍휼하심과 은혜로 눈을 뜨게 되었습니다. 주님을 믿는다고 하면서 욕심과 욕망에 눈이 가려질 때가 있다면 다시 한번 주님의 십자가와 말씀으로 돌아가야 합니다.

로마서 10장 17절 말씀처럼 믿음은 좋은 건물이나 세상에서 힘 있는 유력한 사람이나 권력자가 만들어 주는 조직의 소속감과 안정감이 아닙니다. 오직 주님의 말씀에 귀를 기울이고 눈을 뜨고 말씀을 내 삶에 담아 낼 때만 온전한 신앙의 삶을 살아갈 수 있는 것입니다. 좋은 음식점에 가면 그릇에 담긴 음식을 눈으로만 보아도 무언가 다른 느낌을 주기에 충분합니다. 손님에게 내어준 반찬이 오래되어 말라 있거나 먼지가 쌓이고 이물질이 들어 있다면 외면 받을 수밖에 없겠지요? 신앙인의 삶 역시 주님과 그분의 말씀을 담아내는 그릇과 같은 존재입니다. 여러분의 삶이 하나님이 베풀어 주신 구원의 은혜를 잘 담아 드리는 좋은 그릇과 같은 삶이 되기를 바랍니다.

길이 되는 사람

이사야 58장 6-7, 10-12절
누가복음 12장 13-21절
고린도후서 9장 6-10절

추석 연휴가 끝나고 지난 수요일에 특수전 사령부 예하의 공수 교육단에 다녀왔습니다. 그 부대에서 근무하는 후배 목사님께서 불러 주셔서 공수 훈련 교육생 400명을 대상으로 안보 교육과 수요예배 설교를 했습니다. 예배 후에 목사님께서 교회 성도에게 저를 소개하면서 이렇게 말했습니다.

"제가 경기도 연천의 전방 초임지에서 고생할 때 오늘 강사 목사님께서 도움을 주셨는데 그때 너무 감사했습니다."

그런데 저는 그 목사님에게 기억에 남을 만큼 마음을 써서 도왔던 기억이 전혀 없었습니다. 그래서 부대를 떠나기 전에 그 목사님에게 여쭤봤습니다.

"제가 언제 목사님께 도움을 드린 적이 있었나요?"

그랬더니 그 후배 목사님께서 "제가 임관하고 얼마 되지 않아 교회 건축 때문에 좀 힘들었습니다. 도움이 필요해서 목사님들 모임 때 제가 그것을 이야기했는데 그때 목사님께서 도와주셨습니다."라는 것입니다. 어렴풋이 기억을 더듬어 보니 경기도 남양주의 모 부대에서 근무할 당시 제가 섬기던 교회 여전도회장님께서 여전도회 예산이 조금 남았는데 연말에 어려운 교회나 부대 위문 등 보람된 일에 쓰면 좋을 것 같다며 저에게 어찌할지 물었던 기억이 납니다. 그래서 그 목사님을 교회에서 모시고 설교를 듣게 되었고 건축비 일부와 강사비를 별도로 챙겨드렸던 일들이 떠올랐습니다. 사실 제가 한 것이라곤 여전도회장님의 말을 듣고 전방 연대 목사님을 소개했던 것뿐입니다. 저는 기억하지도 못했던 나눔이 전방 부대 목사님에게는 위로가 되었던 것입니다.

그리고 그 교회에서 한 가지 일이 더 있었는데요. 다과를 나누는 자리에서 저를 안다는 K 소령 집사님 한 분이 인사를 했습니다. 하지만 그분이 입고 있는 군복의 이름을 보며 아무리 기억을 더듬어도 도무지 알 수 없었습니다. 그렇다고 같은 부대에서 함께 근무한 것도 아니었습니다. 할 수 없이 저를 어떻게 아는지 여쭤보았습니다. K 집사님은 제가 경기도 동두천의 포병 부대에서 근무할 때 강원도 홍천의 기갑부대에서 근무하셨던 분입니다. 어느 날 K 집사님의 부대가 경기도 연천까지 장거리 이동 훈련을 하게 되었는데 마침 주일이 포함된 일정이었습니다. 부대원들과 주일 예배를 드리지 못할 것이 걱정되었던 K 집사님은 자신의 부대 목사님에게 이런 내용을 말하게 되었고 우연히도 그 부대 목사님이 저와 군종 목사 동기였습니다.

동기 목사님 역시 자신의 부대가 경기도와 강원도에 흩어져 훈련했기 때문에 주일 예배를 다 담당할 수 없었습니다. 저에게 이런 사정을 이야기하며 K 집사님이 소속된 부대원들의 주일 예배를 저에게 부탁했습니다. 그런데 문제는 저 역시 주일 사역 일정이 너무 빠듯해서 시간을 내기 쉽지 않았습니다. 당시 제가 근무하던 포병 여단에 속한 교회가 19개나 되었고 거리가 멀어서 주일마다 아침 9시부터 저녁 9시까지 5곳 이상의 교회를 다녀야 했습니다. 그러니 주일에 별도의 예배 시간을 내기가 어려웠습니다. 동기 목사님과 저는 고민 끝에 한 가지 방법을 찾아냈습니다. 주일 늦은 오후 시간, 민간 교회 한 곳을 빌려서 정해진 시간에 부대원들이 모여 찬양을 하고 있으면 제가 지나가다 들러서 설교와 축도를 하고 예배를 마치기로 했습니다. 저는 30분 정도 밖에 시간을 낼 수 없었습니다. 그렇게 아슬아슬한 예배를 마친 후 저는 장병들에게 간식을 나눠 주고 다음 예배 장소를 향해 떠나갔습니다. 그 당시 초급 장교 한 분이 저에게 인사를 하고 잠시 이야기를 했었던 것 같은데 그게 K 집사님이었던 것입니다. 아마 K 집사님이 저에게 인사하지 않았다면 저는 기억조차 못 할 정도로 짧은 만남이었습니다. 그런데 그렇게 10년이 지난 수요일 예배 시간에 저의 이름을 기억하는 그 집사님을 다시 만나게 된 것입니다. 단 한 번 지나가던 길에 들렀던 목사의 이름을 10년 동안 기억하고 있던 K 집사님을 보면서 저는 목사로서 잘 살아야겠다는 생각을 하게 되었습니다. 제가 잘했다는 것을 자랑하려는 것이 아닙니다. 하나님은 내가 기억도 하지 못했던 일 때문에 그분들을 위로받게 하셨고 이젠 군대를 떠난 제가 그분들의 말을 통해 하나님께서 저에게 '너 그때 잘했다'라며 위로해 주시는 것 같았습니다. 제가 그때 그분들의 필요를 그저 흘려듣거나 외면했다면 하나님께 드려야 할 감사의 기회를 잃어버렸을지도 모릅니다. 그리고 오늘 이곳 예배 자리에 나와 함께 말씀을 나누며 신앙의 동역을 해 주시는 여러분들을 보고 있으니 감사하다는 말씀을 드리고 싶습니다. 예배당 건물도 없는 먼 거리를 매주 와 주시는 여러분께 그저 감사하고 또 감사할 뿐입니다.

짐 캐리 주연의 『에반 올 마이티』라는 영화가 있습니다. 하나님과 보편적 구원에 관한 현대적 개념을 잘 전해 주는 영화라고 생각합니다. 평범한 직장인 에반에게 어느 날 흑인 하나님이 나타나 방주를 만들라고 하면서 벌어지는 일련의 사건을 영상에 담고 있는데 방주를 타고 살아남은 에반이 하나님과 대화하는 내용이 등장합니다.

God: How do we change the world?

(우리가 어떻게 세상을 바꿀 수 있을까?)

Evan Baxter: One single act of random kindness at a time

(한 번에 하나씩 베풀어 주는 임의의 선행이요.).

God: [spoken while writing A-R-K on ground with a stick]

One Act, of, Random, Kindness.

(베풀어지는 임의의 선행!)

그러면서 땅에 나타난 글씨는 바로 'ARK', 즉 '방주'라는 단어입니다. 나도 모르게 누군가에게 베풀어지는 선행이 어떤 이에게는 구원의 방주와 같은 역할을 할 수 있습니다. 그러한 사실은 오늘 우리가 읽은 말씀을 통해서도 분명히 확인할 수 있습니다. 제1본문인 이사야 말씀은 금식에 관한 이야기로 시작합니다. 이사야는 금식을 단순히 식사하지 않는 종교 의식적 행위나 개인의 욕망 절제를 의미하는 것이 아니라고 말합니다. 어떤 분은 금식하면 꼭 주변에 광고하시는 분이 있습니다. '나 금식한다! 그러니 내 금식 시간에 맞추어 당신들의 식사시간과 약속 일정을 잡아야 한다.'라며 무언의 압력을 주는 것입니다. 한 번은 여전도회에서 기도원에 갈 일이 있었는데 집회 참석하기 전에 점심을 먹고 가려고 조금 일찍 식당에 들어갔습니다. 그런데 12시까지 금식이라 나는 그 시간 전에는 식사를 못 하겠다고 하시는 분이 계셔서 모두 기다려야 했던 일이 있습니다. 누군가에게 보여 주기 위한 경건의 모습이라면 그건 금식이 아니라 자기의 욕망을 관철하기 위한 일종의 단식 투쟁일 뿐입니다. 오늘 말씀은 금식이 철저히 다른 사람을 위한 것이어야 한다고 말합니다. 이사야 58장 6-7절을 보십시오.

> 6"내가 기뻐하는 금식은, 부당한 결박을 풀어 주는 것, 멍에의 줄을 끌러 주는 것, 압제받는 사람을 놓아 주는 것, 모든 멍에를 꺾어 버리는 것, 바로 이런 것들이 아니냐?" 7또한 굶주린 사람에게 너의 먹거리를 나누어 주는 것, 떠도는 불쌍한 사람을 집에 맞아들이는 것이 아니겠느냐? 헐벗은 사람을 보았을 때에 그에게 옷을 입혀 주는 것, 너의 골육을 피하여 숨지 않는 것이 아니겠느냐?(사 58:6-7)

6절에 분명히 하나님께서 "내가 기뻐하는"이라고 말씀하셨지요? 나의 것을 조금 줄이고 아껴서 누군가에게 베풀고 나누어 줄 때, 그들의 무거운 짐을 덜어 줄 때 그것이 온전히 하나님께 속한 것이 된다는 것입니다. 그러한 삶을 살아가는 자들에게 주시는 최고의 칭찬이 12절에 등장합니다.

> 너의 백성이 해묵은 폐허에서 성읍을 재건하며, 대대로 버려두었던 기초를 다시 쌓을 것이다. 사람들은 너를 두고 "갈라진 벽을 고친 왕!"

"길거리를 고쳐 사람이 살 수 있도록 한 왕!"이라고 부를 것이다.

무너진 것을 고치고 길을 만들며 사람들에게 안식처를 제공해 주는 사람은 희망을 주는 사람입니다. 예수님도 요한복음 14장 6절에서 "예수께서 그에게 말씀하셨다. 나는 길이요, 진리요, 생명이다. 나를 거치지 않고서는, 아무도 아버지께로 갈 사람이 없다."라고 하셨습니다. 주님은 자신을 '길'이라고 하셨습니다. 길을 잃거나 잘 못 들었을 때의 낭패를 경험해 보셨을 것입니다. 그때 누군가 시원스레 알려 주면 참 고맙지요. 예수님은 바로 우리 삶의 길이 되어 주신 분입니다. 죄와 욕망에 눈이 어두워져 방황하는 이들에게 세상과는 다른 삶의 법칙이 있음을 알려 주셨습니다.

그리고 그 주님을 믿는 자들의 사명 역시 누군가의 무너지고 부족하며 단단하지 못한 부분을 고쳐 걸을 수 있게 해 주는 자들이 되어야 합니다. 그래서 교회는 세상처럼 '빨리 빨리'가 통하지 않는 곳입니다. 잘 뛰고 잘 나가는 몇 사람의 교회가 아닙니다. 누군가의 걸음이 느려지면 함께 그 느린 걸음에 속도를 맞춰 가는 것이 교회입니다. 그런데 언제나 욕심이 문제입니다. 제2본문 누가복음 12장 13-21절에는 두 이야기가 등장합니다. 우선 13-15절을 보면 어느 사람이 예수님께 나와서 자신의 형과 재산을 나눌 수 있게 해 달라고 요청합니다. 이유가 무엇인지는 잘 모릅니다. 그러나 억울한 사정이 있었던 것 같습니다.

모세의 율법(신 21:15-21)에 의하면 재산을 상속할 때 장남에게 2/3를 줍니다. 그리고 나머지 1/3을 동생에게 줍니다. 형이 두 배를 갖게 됩니다. 그런데 이게 부당하다고 여기면 랍비에게 찾아가 중재를 요청할 수 있었습니다. 예수님에게 찾아온 이 사람이 예수님을 선생님(랍비)이라고 부른 것을 보면 억울하다고 생각한 것이지요. 그런데 예수님의 답변이 전혀 뜻밖입니다. 나는 그런 일 하는 사람이 아니라면서 도리어 탐심을 물리치라고 하십니다.

누가복음 12장 15절 말씀을 보면 "그리고 사람들에게 말씀하셨다. 너희는 조심하여, 온갖 탐욕을 멀리하여라. 재산이 차고 넘치더라도, 사람의 생명은 거기에 달려 있지 않다."고 하십니다. 억울한 사람의 사정을 외면하시는 것 같습니다. 그러면서 16-21절에서 어느 부자의 비유를 들어 주십니다. 이 부자는 열심히 일하는 사람입니다. 그리고 풍년이 들었습니다(16절). 그러자 이 사람은 고민에 빠집니다. 곡식을 쌓아 둘 곳이 없어서 고민이었습니다(17절). 그가 궁리 끝에 찾아낸 방법은 창고를 넓히는 것이었습니다(18절). 그리고 스스로 위로합니다. "그리고 내 영혼에게 말하겠다. 영혼아, 여러 해 동안 쓸 많은 물건을 쌓아 두었으니, 너는 마음 놓고, 먹고 마시고 즐겨라(19절)." 사실 여기까지 보면 이 부자는 아무 문제없는 사람입니다. 그저 열심히 일해서 거둬들인 것을 잘 보관하고 자신의 미래를 위해 준비했으니 오히려 착실한 사람인지도 모릅니다. 그런데 이 사람에게는 두 가지 특징이 있습니다. 첫째는 모으는 것에만 관심이 있습니다. 모여진 것을 보며 즐거워할 뿐 그 밖의 다른 기쁨은 아무것도 없습니다. 그건 불안한 기쁨입니다. 둘째는 주변에 아무도 없습니다. 제2본문에는 여러 번 '내가'라는 말이 반복됩니다. 심지어 19절에는 함께 즐길 사람이 없어서 자기가 자기 영혼을 향해 말하는 장면까지 등장합니다. 이것은 마치 '나에게는 돈만 있으면 돼!'라고 하는 것과 같습니다. 그는 소유물을 빼면 아무것도 없는 그저 외로운 사람일 뿐입니다. 그의 수고와 노력은 주님의 말씀 하나로 모두 물거품이 됩니다.

> **20**그러나 하나님께서 말씀하셨다. '어리석은 사람아, 오늘밤에 네 영혼을 네게서 도로 찾을 것이다. 그러면 네가 장만한 것들이 누구의 것이 되겠느냐?' **21**자기를 위해서는 재물을 쌓아 두면서도, 하나님께 대하여는 부요하지 못한 사람은 이와 같다(20-21절).

소유가 많다고 만족스러워하는 사람에게 어느 날 하나님이 나타나서 목숨을 달라고 하면 그간 모은 재물이 무슨 소용이 있겠냐는 물음을 각자에게 적용해 보십시오. 저도 이 어리석은 부자의 경험을 간접적으로 할 기회가 있었습니다. 군대에서 군인들은 표창장을 받기 위해 열심히 노력합니다. 노력이 인정받는 기쁨도 있지만, 진급이나 사기 진작 차원에서 표창장을 주는 경우도 많습니다. 저도 군종 목사로 지내면서 부대장이 주는 표창장을 받기 위해 노력을 많이 했습니다. 그런데 군에서의 사역을 마치고 나오니까 딱 두 가지 처치 곤란한 물건이 있었습니다. 하나는 군대에서 입고 쓰던 전투복과 신발들 같은 의류품이었고 두 번째가 14년 동안 받았던 수십 장의 표창장들이었습니다. 저는 제 마음속으로 군대에서 표창을 많이 받았다고 스스로 자부하며 살아왔습니다. 표창이 많아지면서 어리석은 부자가 곡식 창고를 만들었던 것처럼 표창만 따로 보관하는 상자를 따로 만들기도 했습니다. 그런데 군대를 마치고 보니 그 많은 표창장은 그저 종잇조각에 불과했습니다. 표창장들을 바라보며 이게 과연 내 삶을 보장해 주는 것이 될 수 있을까? 생각해 보니 전혀 그럴 것 같지도 않았습니다. 사회에 나오니 군대에 있는 동안 받았던 표창장들은 그저 정리해야 할 '짐'일 뿐이었습니다. 제2본문인 누가복음 12장 15절을 보십시오.

그리고 사람들에게 말씀하셨다. "너희는 조심하여, 온갖 탐욕을 멀리하여라. 재산이 차고 넘치더라도, 사람의 생명은 거기에 달려 있지 않다."

그렇습니다. 우리가 정말 두려워하고 살아야 할 것은 세상에서 좀더 소유하지 못하고 높이 오르지 못하는 것이 아니라 오늘밤 당장 생명을 거둬 가실 수 있는 하나님이라는 사실입니다. 이 사실을 잊어버

사람이 교회다

리고 살 때가 참 많습니다. 왜 그렇게 인색하고 욕심 내며 살았을까요? 추석 기간에 신영복 교수의 『감옥으로부터의 사색』이라는 책을 읽었습니다. 거기에 나오는 '여름 징역'이라는 글을 보고 많은 생각을 하게 되었습니다. 조금 길지만 읽어 드리겠습니다. 참고로 예전 교도소에는 자해나 무기가 될 우려 등의 이유로 선풍기를 설치하지 않았습니다. 그 뜨거운 여름, 선풍기도 없는 교도소에서의 무더위 경험은 어떠했을까요?

없는 사람이 살기는 겨울보다 여름이 낫다고 하지만 교도소의 우리들은 없이 살기는 더합니다마는 차라리 겨울을 택합니다. 왜냐하면 여름 징역의 열 가지 스무 가지 장점을 일시에 무색케 해버리는 결정적인 사실은 여름 징역은 자기의 바로 옆 사람을 증오하게 한다는 사실 때문입니다. 모로 누워 칼잠을 자야 하는 좁은 잠자리는 옆 사람을 단지 37℃의 열 덩어리로만 느끼게 합니다. 이것은 옆 사람의 체온으로 추위를 이겨 나가는 겨울철의 원시적 우정과는 극명한 대조를 이루는 형벌 중의 형벌입니다. 자기의 가장 가까이에 있는 사람을 미워한다는 사실, 자기의 가장 가까이에 있는 사람으로부터 미움 받는다는 사실은 매우 불행한 일입니다. 더욱이 그 미움의 원인이 자신의 고의적인 소행에서 연유된 것이 아니고 자신의 존재 그 자체 때문이라는 사실은 그 불행을 매우 절망적인 것으로 만듭니다. 그러나 무엇보다도 우리 자신을 불행하게 하는 것은 우리가 미워하는 대상이 이성적으로 옳게 파악되지 못하고 말초감각에 의하여 그릇되게 파악되고 있다는 것, 그리고 그것을 알면서도 증오의 감정과 대상을 바로잡지 못하고 있다는 자기혐오에 있습니다. 자기의 가장 가까운 사람을 향하여 키우는 '부당한 증오'는 비단 여름 잠자리에만 고유한 것이 아니라 없이 사는 사람들의 생활 도처에서 발견됩니다. 이를 두고 성급한 사람들은 없는 사람들의 도덕성의 문제로 받아들여 그 인성(人性)을 탓하려 들지도 모릅니다. 그러나 우리는 알고 있습니다. 오늘 내일 온다온다 하던 비 한 줄금 내리고 나면 노염(老炎)도 더는 버티지 못할 줄 알고 있으며, 머지 않아 조석의 추량(秋凉)은 우리들끼리 서로 키워 왔던 불행한 증오를 서서히 거두어 가고, 그 상처의 자리에서 이웃들의 '따뜻한 가슴'을 깨닫게 해 줄 것임을 알고 있습니다. 그리고 추수(秋水)처럼 정갈하고 냉철한 인식을 일깨워 줄 것임을 또한 알고 있습니다.

글을 보고 있자니 왠지 저의 삶을 들킨 듯해서 부끄러워집니다. 작가가 한여름 징역살이를 하며 절망한 것은 무더위가 아닙니다. 인간의 존재 자체가 가장 가까운 이에게 미움과 불행의 원인이라는 점 그리고 그 원인은 이성적 판단이 아니라 말초감각에 의한 '부당한 증오'란 점입니다. 그건 여름 잠자리만 국한된 것이 아니란 점에서 우리의 삶은 서글픕니다. 그러나 조금 더 시간이 지나면 가을이 주는 서늘함이 다시금 이웃의 소중함을 일깨워 줄 것이라고 말합니다. 불행의 절망은 결코 항구적일 수 없습니다. 오직 내 감정과 욕망에만 천착(穿鑿)하며 살던 사람도 결국 주변을 돌아볼 날이 올 것이라 말하는 것 같습니다. 이런 부당한 편견과 자기집중의 감옥에서 벗어나는 길은 오직 하나님께서 주시는 은혜가 아니면 경험할 수 없습니다. 제3본문 고린도후서 9장 6-7절의 말씀을 보십시오.

> [6]요점은 이러합니다. 적게 심는 사람은 적게 거두고, 많이 심는 사람은 많이 거둡니다. [7]각자 마음에 정한 대로 해야 하고, 아까워하면서 내거나, 마지못해서 하는 일은 없어야 합니다. 하나님께서는 기쁜 마음으로 내는 사람을 사랑하십니다.

흔히 헌금을 강조할 때 주로 사용되는 구절입니다. 본래 헌금의 목적은 이웃을 위한 구제 즉 도움입니다. 일종의 나눔입니다. 왜 성경에는 이런 나눔에 관한 이야기가 많이 등장할까요? 마태복음 6장 21절을 보면 "네 보물 있는 그곳에는 네 마음도 있느니라."고 합니다. '마음'은 가치관이나 판단의 기준이 될 수 있습니다. 재물은 이 세상에서 인간이 누릴 수 있는 쾌락과 번영, 힘과 권력을 보장해 주는 확실한 것입니다. 그래서 사람들은 어떻게든 많은 소유로 자신을 지키고 자랑하려 합니다. 그러다 보니 경쟁해야 하고 가질 수 없을 때는 가진 사람을 부러워하거나 미워합니다.

신영복 교수가 말한 것처럼 가까운 사람을 향하여 키우는 '부당한 증오'는 비단 여름 잠자리만이 아니라 삶의 모든 영역에서 그렇게 나타나는 것입니다. 그런데 그렇게 자신의 삶을 보장해 주는 재물을, 없으면 불안한 물질을, 나만 쓰기에도 풍족하지 못한 그것을, 나 아닌 다른 사람을 위해 내려놓을 수 있다는 것은 일종의 자기 부인이며 신앙고백과 같은 것입니다. 바울은 '인색함이나 억지로' 하지 말라고 합니다. 인색함(뤼페스)이라는 말은 본래 '근심'이라는 의미가 있는 단어입니다. 근심도 그냥 근심이 아니라 경제적 손실로 인한 근심에서 유래되어 '타인에게 베풀기를 꺼린다.'는 뜻을 갖게 되었습니다. 공동번역에서는 '아까워하며'라고 번역했습니다. 더불어 '억지로'라는 말은 '마지못해서'라고 했는데 계산하면서 신앙을 빙자하지 말라는 것입니다.

하나님께서는 여러분에게 온갖 은혜가 넘치게 하실 수 있습니다. 그러하므로 여러분은 모든 일에 언제나, 쓸 것을 넉넉하게 가지게 되어서, 온갖 선한 일을 얼마든지 할 수 있습니다(8절).

언제나 우리에게 은혜를 베푸시는 주님을 잊지 않고 사는 사람은 자신에게 주어진 물질과 능력이 내 소유가 아니라는 것을 고백하고 나눌 수 있어야 합니다. 그저 만나기만 해도 마음이 편해지고 넉넉한 느낌이 드는 사람이 있지 않습니까? 구약의 이사야가 말했던 길을 내는 사람은 바울에 이르러 착한 일이 넘치는 자로 묘사되고 있습니다. 그들은 물질을 많이 드려서가 아니라 언제 어디서나 내 삶을 주관하시는 주님의 은혜를 아는 자들이기에 가능했던 것입니다. 주님의 이름으로 선한 길을 만들어 가는 삶이 되기를 바랍니다.

그들의 믿음을 보시고

창세기 15장 1-6절
마태복음 9장 1-8절
야고보서 5장 13-16절

제1본문인 창세기 15장 1절에서 하나님은 아브람에게 두려워하지 말라고 하십니다. 아브람은 무엇을 두려워했을까요? 1절은 "이런 일들이 일어난 뒤에"라는 말로 시작됩니다. 앞에 있었던 어떤 사건을 전제로 이야기가 시작되는 것입니다. 그렇다면 앞에 있었던 사건을 잠시 언급하는 것이 좋을 것 같습니다. 창세기 12장 1-3절을 보면 하나님께서 아브라함(당시 아브람)을 부르시는 장면이 등장합니다. 창세기 12장 2절에 이런 약속하셨습니다.

나는 너를 큰 민족이 되게 하리라. 너에게 복을 주어 네 이름을 떨치게 하리라. 네 이름은 남에게 복을 끼쳐주는 이름이 될 것이다.

75세의 아브람은 여호와의 말씀을 따라갔습니다(창 12:4). 그때 조카 롯도 함께 떠납니다. 그 후 가나안 땅에 들어간 아브람에게 하나님께서 자손을 주겠다 약속을 했고 아브람은 제단을 쌓고 여호와의 이름을 부르기 시작합니다(창 12:7). 그 뒤 이집트(12:10-20)에 갔다가 13장에서 목자들의 영역 분쟁을 조정하기 위해 조카 롯은 소돔으로, 아브람은 헤브론으로 각자의 길을 가게 됩니다. 그런데 14장으로 넘어오면 조카 롯이 있던 소돔이 속한 5개 동맹국과 엘람을 비롯한 4개 동맹국이 전쟁을 벌이게 됩니다. 소돔은 이 전쟁에서 패하게 되고 롯은 포로가 됩니다. 그것을 아브람이 사병 318명을 이끌고 가서 회복합니다(창 14:14-16). 이를 계기로 소돔 왕 등이 아브람을 환대하지만, 아브람은 본의 아니게 소돔 편을 들어주게 된 것입니다. 한쪽의 환영을 받으면 다른 쪽의 미움을 받기 마련입니다. 졸지에 아브람은 조카를 구하기 위해 싸웠던 이들의 보복을 두려워해야 하는 처지가 되었습니다. 하나님께서 주시겠다는 땅에서 더불어 살던 이웃들과 불편해진 것입니다. 그러면 불안하겠지요? 이런 배경 속에서 오늘 제1본문 창세기 15장 1절을 보아야 합니다.

사람이 교회다

이런 일들이 일어난 뒤에, 주님께서 환상 가운데 아브람에게 말씀하셨다. "아브람아, 두려워하지 말아라. 나는 너의 방패다. 네가 받을 보상이 매우 크다."

환경이 불편한 것은 참아도 사람 불편한 것은 참기 어렵단 말처럼 불안에 떨고 있는 아브람에게 하나님이 용기를 주시고 있습니다. 그런데 아브람이 하나님의 약속을 불안해하던 한 가지 이유가 더 있는데요. 2절 말씀을 보면 자녀를 주시지 않는 것이었습니다. 고대 사회에서 신의 축복은 땅과 자손으로 나타납니다. 하나님도 아브람에게 '땅을 주겠다, 자손을 주겠다.' 했는데 현실은 그 약속과는 점점 반대로만 되어 가고 있는 것입니다. 여러분은 말씀대로 살아 보려고 몸부림치는데 언제나 침묵하시고 내가 기대했던 것과는 전혀 거리가 먼 결과만 주시는 하나님 때문에 실망할 때가 있지 않습니까?

『원 마일 클로저』라는 책이 있습니다. 어느 방송사의 인기 프로그램에 출연했던 영국 청년 제임스 후퍼(James Hooper)가 지었습니다. 그는 영국인 최연소 에베레스트 등정과 pole to pole, 즉 북극에서 남극까지 무동력 탐험 등의 경력을 자랑합니다. 놀랍게도 에베레스트 등정은 고등학생 시절에 완성한 것입니다. 그가 지구를 탐험하면서 깨달은 진리는 딱 하나입니다. Step by step! 한 걸음씩 목표를 향해 가면 된다는 것입니다. 에베레스트에 오르기 위해 3년 동안 도서실에서 등산을 공부하고, 아르바이트로 필요한 장비와 원정 비용을 마련하고, 가까운 노르웨이 자전거 원정, 프랑스 몽블랑 등정, 파키스탄과 네팔 등의 산을 오르며 목표인 에베레스트에 조금씩 가까이 다가섭니다. 이 책은 성공을 자랑하려고 쓴 책이 아니라 실패하는 사람들에게 자기의 실패와 시행착오를 이야기하면서 용기를 내라고 말합니다. 책에 나오는 내용 중에 그가 에베레스트에 오르면서 경험했던 특별한 이야기를 소개해 드리겠습니다. 에베레스트는 8,848미터로 세계에서 가장 높은 산입니다. 기압과 산소가 부족해서 훈련받지 않은 사람은 바로 갈 수 없는 곳입니다. 제가 유럽 성지 순례를 갔을 때 스위스 융프라우를 방문할 일이 있었습니다. 높이가 3,454미터입니다. 가이드 분께서 여긴 고산지대니까 관람 중에 절대로 뛰지 말고 걸으라고 주의시켰습니다. 그런데 관람하던 중에 한 어린이가 쓰러져 있는 것을 봤습니다. 여기저기 뛰어다니며 구경하다가 고산병 증세가 온 것입니다. 그런데 에베레스트는 그보다 두 배 이상 높은 곳이니 더 위험하겠지요? 제임스 후퍼가 에베레스트 정상을 500여 미터 남겨 둔 8,300미터 지점을 지나면서부터 시신들이 보이기 시작하더랍니다. 몇 주 전에 자신들과 함께 있다가 미리 출발한 다른 팀 대원의 시신부터 훨씬 더 오래전에 사망한 시신들이 있었고 정상이 가까워질수록 더 많은 시신이 있었다는 것입니다. 저는 그동안 정복한 사람들의 무용담만 듣다 보니 이런 장면은 상상하기 힘들었습니다. 궁금해서 인터넷을 찾아봤더니 매년 10명 정도

되는 등산객들이 산에서 사망하고 그 시신이 방치되고 있다고 합니다. 그리고 좀 충격적인 사진들이 많았습니다. 책에서 제임스 후퍼는 고산병 때문에 잠시 쉬려고 앉았다가 영원히 일어서지 못한 시신들을 보고 "정상을 밟으려면 어떤 위험을 감수해야 하는지 극명하게 보여 주고 있었다."라고 기록합니다.

필립 멜란히톤(1497.2.16.-1560.4.19.)이라는 신학자가 있는데요. 이분은 독일에서 루터(1483.11.10.-1546.2.18.)와 함께 대표적인 종교개혁자로 불립니다. 루터보다 어렸지만, 그의 동료로서 함께 했는데, 1517년 그가 만 20세가 되던 해 종교개혁이 일어났고 그로부터 4년 뒤인 만 24세가 되던 1521년 개신교 최초의 조직신학 서적인 『신학총론』(loci communes)이라는 책을 출간합니다. 그는 책에서 믿음에 대해 이렇게 정의를 내리고 있습니다.

믿음은 그저 그리스도의 이야기를 아는 것을 의미하지 않는다. 믿음은 구주 그리스도에게 기대는 것이다. 우리가 '믿음으로 죄 용서를 받고 칭의받았다.'고 말할 때, 이것은 우리가 믿음이라고 부르는 이 행위 때문에 용서를 받았다는 의미가 아니라, 우리가 의존하는 주 그리스도의 순종과 공로 때문에 용서를 받았다는 의미이다. 믿음이라는 그것으로 우리가 주 그리스도를 보며, 그것으로 그의 공로를 우리에게 적용하고 우리 것으로 만드는(전유) 수단인 것이다.

멜란히톤의 주장은 한 마디로 인간에게는 구원받을 만한 어떤 믿음의 행위조차 있을 수가 없다는 것입니다. 우리가 구원을 얻는 것은 오직 예수 그리스도께서 유일한 구원자라는 사실, 그의 십자가 공로가 우리를 구원한다는 그 사실 하나를 보는 것이라고 합니다. 믿음은 주님을 바라보는 것입니다. 주님을 본다는 것은 언제나 그분의 사랑을 기억하고 그분의 용서를 생각해 내는 것입니다. 그래서 그 사랑과 용서를 이웃에게로 흘려보내는 것입니다. 믿음은 그 자체가 특별한 것이 아니라 물을 흘려보내는 관(tube) 같은 것입니다. 그러니 믿음의 양식과 방식은 시대와 상황에 따라 얼마든지 변할 수 있는 것입니다. 절대 변함없이 흘러야 하는 것은 오직 하나님의 사랑과 유일한 구원자이신 예수 그리스도의 십자가입니다. 가끔 좋은 믿음을 위해 새벽기도, 성경통독, 전도, 봉사, 헌금, 특정한 정치적 성향 등을 주장하시는 분들이 있습니다. 그런데 그건 사실이 아닙니다. 우리가 무엇을 해서 구원을 얻는다고 주장하는 것은 전부 가짜 복음입니다. 멜란히톤이 행위 때문에 용서받을 수 없다고 말했지만 멜란히톤만의 주장이 아닙니다. 다른 종교개혁자들 역시 같은 주장을 했고 성경에도 의인은 없다고 했습니다. 우리가 무엇을 해서가 아니라 구원해 주신 은혜에 감사해서 기도하고 말씀도 보고 전도하고 헌금도 하는 것입니다.

이걸 거꾸로 하면 율법주의가 되는 것입니다. 아브람이 새벽기도 했나요? 헌금은 얼마나 했을까요? 주일 예배는 몇 시에 어디서 했을까요? 아브람은 모세보다 더 먼저 사람이기 때문에 십계명도 몰랐습니다. 안식일 개념도 없습니다. 예수님 십자가는 더 몰랐습니다. 그러니 그가 믿었다고 할 때 그 믿음이 지금 우리보다 더 뛰어날 거라고 말할 수 있을까요? 형식도 규칙도 없는 아브람의 믿음을 하나님은 '그의 의로' 여기셨다고 합니다. 이것은 아브람이 잘 해서가 아니라 그냥 하나님께서 일방적으로 그렇게 하신 것입니다.

그렇다면 아브람의 '의'에 대해서도 생각해 봐야겠지요? 한신대학교 김이곤 교수의 『신의 약속은 파기될 수 없다』라는 책이 있습니다. 저자는 이 책에서 의를 두 가지 개념으로 접근합니다. 하나는 '하나님의 의'고 다른 하나는 '인간의 의'입니다. 구약에서 하나님은 의로운 분이라고 할 때 그 의는 이념적인 것이 아니라 '인간에게 유익을 주는 어떤 힘'이라는 것입니다. 인간에게 가장 유익한 것이 무엇입니까? 구원입니다. 그래서 이사야 45장 21절의 말씀을 보면 "너희는 앞 일을 말하고 진술하여 보아라. 함께 의논하여 보아라. 누가 예로부터 이 일을 들려주었으며, 누가 이전부터 이 일을 알려 주었느냐? 나 주가 아니고 누구냐? 나 밖에 다른 신은 없다. 나는 공의와 구원을 베푸는 하나님이니, 나 밖에 다른 신은 없다."라고 하시는데 아예 하나님의 의를 구원과 동일한 개념으로 설명하고 있습니다. 그래서 하나님의 의는 언제나 구원행위와 연관이 되는 것입니다. 그렇다면 아브람과 우리에게도 같이 적용할 수 있는 인간의 의는 무엇일까요? 김이곤 교수에 따르

면 인간의 의는 절대적 개념이 아닌 공동체적 관계성에 의해서만 판단
되는 상대적 개념이라는 것입니다.

> 공동체가 요구하는 바에 바르게 대응하는 것, 그것이 곧 의였다. 그러
> 므로 의는 고유한 도덕적 성격이나 어떤 주관적 성격의 경건을 의미하
> 지 않고 공동체적 관계에의 성실을 의미했다.

관계성에 성실한 의로움에 대해 성경의 예를 들면 이런 것입니다.
창세기 35장에 다말이라는 여인이 등장합니다. 유다에게 두 아들이 있
었는데 하나는 엘이고 하나는 오난입니다. 유다는 가나안 여인 다말을
데려와서 엘과 혼인을 시킵니다. 며느리로 삼은 것이지요. 그런데 하
나님께서 죄를 범한 엘을 죽이십니다. 당시 전통에 따라 남편이 죽었
으니 다말은 그 동생 오난의 부인이 되어야 합니다. 그렇게 형의 후손
을 이어가야 합니다. 그런데 오난은 자신과의 사이에서 형수가 아이를
낳아도 형의 아이가 되기 때문에 자신에게 돌아올 몫이 없을 거라 여
겼는지 임신을 시키지 않습니다. 그러자 역시 하나님께서 오난도 죽이
셨습니다. 그러자 다말은 자신을 창녀로 속여 시아버지 유다와 관계를
해서 쌍둥이 아들을 낳았습니다. 이 여인을 의롭다고 말할 수 있을까
요? 우리의 정서로는 문란한 음담패설 정도로 여길 것입니다. 그런데
시아버지 유다는 다말의 이런 행위를 옳다고 여깁니다(창 38:26). 죽은

남편의 가족 공동체에 더 성실했기 때문입니다. 이게 바로 관계성에 성실한 것입니다. 이렇게 성경에서 말하는 인간의 의는 다른 문화권에 있는 이들은 이해하기 어렵습니다. 사람들을 죽였는데 의롭다고 하는 것 역시 마찬가지로 배경을 알아야 이해가 됩니다.

인간의 의는 관계성에 따라 판단된다는 그의 주장에 따르면 다말이 부끄러움과 수치심 등을 무릅쓰고라도 자녀를 낳았던 것처럼, 아브람은 하나님과의 관계성에 최선을 다하기 시작했습니다. 멜란히톤의 믿음에 대한 정의처럼 교회 시설도 종교적 의식도 성경 말씀도 없던 시절에 아브람은 하나님께 자신을 기대고 하나님과의 관계성에 따라 삶의 가치들을 추구하며 살아간 것입니다. 아브람의 이런 삶의 태도는 당시의 다른 사람들에게는 무의미한 것이었을지 모릅니다. 오직 하나님과 아브람에게만 의미 있는 외로움이었을지 모릅니다. 하나님께서 이런 아브람을 의롭게 여기셨습니다.

이제 아브람 못지않은 절망적인 상황에서 주님만을 의지했던 또 다른 무리의 사람들을 볼 수 있습니다. 그들은 바로 중풍병에 걸린 사람과 그를 데려온 이들입니다. 오늘 우리가 읽은 제2본문은 마가복음 2장, 누가복음 5장에도 등장합니다. 복음서 세 곳에 등장한다는 것은 지어낸 이야기가 아닌 실제 사건이고 예수님이 누구신가를 알려 주는 중요한 기록입니다. 예수님이 계신 곳에 사람이 많아 가까이 갈 수 없던 중풍병자와 그를 데리고 온 사람들은 지붕을 뚫는 기발한 발상으로 예수님을 만납니다. 마태복음 9장 2절은 "사람들이 중풍병 환자 한 사람을, 침상에 누인 채로, 예수께로 날라 왔다. 예수께서 그들의 믿음을 보시고, 중풍병 환자에게 말씀하셨다. 기운을 내라, 아이야. 네 죄가 용서받았다."라고 되어 있습니다.

믿음을 보셨다고 하는데 믿음이 눈에 보이는 걸까요? 아픈 사람을 예수님께 데려온 것이 믿음이 있는 행동인가요? 아니면 지붕을 뚫는 건가요?

그래서 어떤 분들은 사람들이 많은 곳에서 창의적인 방법으로 지붕을 뚫어 내렸으니 '지붕을 뚫는 믿음'이나 노력을 하면 응답을 받을 것이라거나 장애나 환경을 극복하고 주님을 만나게 하자! 예수님을 알지 못하는 영적 장애인 같은 이들에게 복음을 전하자는 식의 설교를 하곤 합니다. 그런데 우리는 이미 아브람의 사건을 보고 왔습니다. 인간은 행위가 아니라 은혜로 구원을 얻는 존재들입니다. 더구나 아픈 사람에게 몸이 회복되었다거나 치료가 되었다고 하면 될 것을 예수님은 왜 '죄 사함을 받았다!'라고 하셨을까요? 몸이 아프고 병든 것이 죄란 말입니까? 주님은 왜 이런 말씀을 하시는 걸까요? 성경은 믿음을 정의하고 죄를 용서하시는 예수님이 바로 하나님의 아들이라는 사실을 설명해 주고 있습니다. 아브람을 의롭다고 인정하신 하나님께서 인간에게 구원을 베푸시는 절대 의의 존재이신 것처럼 예수님 역시 우리에게 구원을 베풀고 의를 선포하실 수 있는 분이라는 사실입니다.

중풍 병자가 치료된 것보다 더 큰 문제가 '신성모독'이라고 사람들이 생각할 정도였습니다. 이런 종교 지도자들의 마음을 아시고 마태복음 9장 6절에서 예수님은 이렇게 말씀하셨습니다. "그러나 인자가 세상에서 죄를 사하는 권능이 있는 줄을 너희로 알게 하려 하노라 하시고 중풍병자에게 말씀하시되 일어나 네 침상을 가지고 집으로 가라 하시니" 제2본문의 핵심은 사람들의 노력이나 병의 치유가 아닙니다. 예수님은 누구신가?입니다. 병이 치유되었다는 측면에서 병자에게 구원을 베푸신 것입니다. 죄 용서를 선포하셨다는 점에서 마음의 상처와 두려움이 있던 이들에게 구원을 선포하신 것입니다. 그러니 서기관들은 신성 모독이라 의심할 수밖에 없습니다. 자신들이 정한 규칙과 율법을 지키는 행위를 잘 해야만 구원을 얻을 수 있다고 가르쳤는데 예수님은 간단하게 그들의 신념을 무너뜨리고 계신 것입니다.

누군가의 필요를 채워 주는 것이 구원이고 복음이 될 수 있습니다. 외로운 이와 함께 하고 눈물 흘리는 사람의 눈물을 닦아 주는 것, 허기진 사람의 배를 채워 주는 것 등이 구원이 될 수 있습니다. 편 가르기에 익숙한 세상에서 전전긍긍하며 두려워하고 소위 '빽'이 없고 돈이 없고 능력이 없어서 멍든 채 서 있는 이들 곁에 함께 서는 것이 구원입니다. 사랑이라는 말을 사전에 찾아보면 '어떤 사람이나 존재를 몹시 아끼고 귀중히 여기는 마음 또는 그런 일'이라고 설명하고 있습니다. 하지만 성경이 말하는 사랑은 감정의 움직임만을 뜻하는 것이 아닙니다. 사랑은 구체적으로 도움을 주고 지원을 아끼지 않는 행위를 뜻합니다. 사랑에는 수고가 빠질 수 없습니다. 예수님이 바로 그런 삶을 살아내신 것입니다. 하나님을 섬긴다고 하는 종교인들이 사람들의 그런 아픔을 철저히 외면하고 있는 그 자리에서 예수님은 자신에게 기대려고 하는 그들의 처절함을 보신 것입니다. 그런 몸부림을 이제 제3본문인 야고보서를 통해 확인할 수 있습니다.

야고보서를 말씀드리기 전에 이 야고보서의 전반적 배경을 잠시 살펴보겠습니다. 저자인 야고보는 예수님의 동생으로 초기 교회의 지도자입니다. 야고보서는 사도행전 7장의 스데반 집사의 순교와 박해가 일어난 주후 30-49년 예루살렘 종교회의 사이에 기록된 것으로 보는 견해가 많습니다. 예를 들면 예루살렘 종교회의에서 다루었던 이방인 구원의 문제나 교회와 같은 용어가 보이지 않고 교회의 직분에 대한 구분이 없이 장로라는 말만 사용이 되고 있기 때문입니다. 더구나 야고보는 예루살렘 종교회의에서 교리적인 정리를 했던 사람이라 이런 내용이 빠질 리 없기 때문입니다(참조 행 15:12-21). 박해가 일어나자 많은 사람이 예루살렘을 떠나 로마제국의 각 지역으로 흩어져 이방지역이나 기존의 유대인 공동체에 스며들게 됩니다. 대부분이 유대교의 전통에 따라 살던 사람들이라 기독교적인 개념을 갖추기 어렵던 시기입니다. 율법을 준수하는 것이 구원받는 길이라고 배웠던 이들에게 믿음으로 구원을 얻는다는 개념은 어려운 것입니다. 이렇게 흩어진 성도들에게 야고보는 편지를 보냅니다. 그들이 사는 곳은 아브람이 처한 상황과 다를 바 없습니다. 이방인은 말할 것도 없고 동족 유대교 신봉자들에게도 핍박을 받던 시기라 자연스레 유대교로 다시 돌아가던지 감추고 살아야 했습니다.

제3본문 야고보서 5장 13-16절에서 야고보는 기도에 대해 강조를 합니다. 기도를 강조한다는 것은 기도가 없었다는 방증입니다. 인간적인 방법을 찾거나 아예 기도가 아닌 율법적 행위에 익숙한 이들에게는 예수의 이름으로 기도한다는 것 자체가 불가능한 일입니다. 13절에 "여러분 가운데 고난을 받는 사람이 있습니까? 그런 사람은 기도하십시오. 즐거운 사람이 있습니까? 그런 사람은 찬송하십시오." 하는데 기도나 찬송이나 하나님께 마음을 돌리라는 것입니다. 그리고 14절부터 16절까지 해석하기 어려운 이야기를 합니다.

14여러분 가운데 병든 사람이 있습니까? 그런 사람은 교회의 장로들을 부르십시오. 그리고 그 장로들은 주님의 이름으로 그에게 기름을 바르고, 그를 위하여 기도하여 주십시오. 15믿음으로 간절히 드리는 기도는 병든 사람을 낫게 할 것이니, 주님께서 그를 일으켜 주실 것입니다. 또 그가 죄를 지은 것이 있으면, 용서를 받을 것입니다. 16그러므로 여러분은 서로 죄를 고백하고, 서로를 위하여 기도하십시오. 그러면 여러분은 낫게 될 것입니다. 의인이 간절히 비는 기도는 큰 효력을 냅니다.

병들었는데 치료하라는 말도 없이 기도하라고 합니다. 아직 교회의 직분이 구성되기 전이라 목회자 역할을 하는 사람을 장로라 불렀는데 그를 청해서 기도하고 눈에 보이게 기름을 바르라고 합니다. 기름을 바르는 것은 하나님의 임재와 은총을 기원하는 일종의 종교 의식적 행동입니다. 그리고 병이라는 단어도 자주 등장하고 병과 죄를 연관된 것으로 이해합니다. 의인의 기도는 역사하는 힘이 크다는 말도 합니다. 고대 사회에서 인간이 통제할 수 없는 힘과 영역을 복음서에서는 주로 '귀신'으로 표현합니다. 그래서 귀신들린 자들의 이야기가 많이 등장합니다. 요즘 같은 시대에는 정신병, 우울증, 정신 장애 등으로 세분화시켜 구분하지만, 그 당시에는 그런 구분이 없었습니다. 그러면 인간이 통제할 수 없고 치료할 수 없는 그런 귀신의 영역은 하나님과는 상관없는 것이고 결국 하나님에게서 멀어진 자들 혹은 죄를 범한 자들이 그런 상태가 된다고 믿었고 율법을 지키지 않아서라고 가르쳤습니다. 야고보가 말하는 병도 비슷한 개념으로 접근해야 합니다.

그는 16절에서 의인의 간구는 역사하는 힘이 크다고 했는데 의인(디카이오스)은 제1본문을 설명해 드리면서 이야기했었습니다. 인간의 의는 절대적 개념이 아니라 상대적 개념이라고요. 아브람은 하나님과의 관계를 우선시하며 살았기 때문에 하나님께서 그것을 의롭게 여기신 것입니다. 마찬가지로 야고보서의 의인은 하나님과의 관계를 최우선에 두고 있는 사람을 말합니다. 복음서에 등장하는 귀신처럼 역시 인간의 영역, 자신의 한계를 초월한 질병과 같은 것을 누가 다스리고 이길 수 있느냐는 것입니다. 예수님이 바로 그런 사역을 하셨고 그 이름으로 기도하라는 것입니다. 어떤 조건과 상황에서도 예수님을 찾을 수 있는 사람이 바로 의인입니다. 자신의 경험과 계획과는 전혀 다른 일들이 벌어지는 순간에도 주님을 찾는 사람의 기도는 하나님께서 받으시고 도우실(역사/에네르구메네) 것이라는 점입니다.

아브람처럼 사면초가의 위기에 빠져 있습니까? 중풍 병자처럼 예수님께 가는 길이 결코 쉽지 않은 환경에 처해 있습니까? 야고보서처럼 나의 경험과 능력을 초월하는 힘든 일들 때문에 쓰러지기 일보 직전입니까? 슬퍼서 힘들어서 절망스러워서 울면서 하나님을 원망하는 중인가요? 그렇게 하십시오. 하나님을 아예 알지도 못하는 사람들의 슬픔과 원망과 두려움보다 그래도 우리의 절망, 두려움, 슬픔은 그것조차도 은혜를 흘려보내는 믿음의 통로가 될 수 있기 때문입니다. 어떤 상황에도 주님을 기억하십시오. 원망과 미움조차도 다른 사람에게 상처와 눈물로 떠넘기지 말고 주님께 드리십시오. 두려워하던 아브람을 의롭게 여기시고 병든 자의 몸부림을 믿음으로 바라보셨고 온전한 신앙의 모습도 없었던 초대교회의 성도들을 도우셨던 주님께서 오늘 우리의 삶의 모습을 믿음과 의로 여기실 것이고 함께 하실 것입니다.

거기에 내가 있다

미가 6장 6-8절
마태복음 18장 15-20절
요한일서 2장 15-17절

미가('누가 여호와 같으리요'의 미카야후의 단축형/주전 740-670년) 선지자는 지난주 살펴본 하박국 선지자보다 전대(前代)에 활동했던 사람입니다. 미가의 내용 중에는 북이스라엘이 멸망할 것을 예언하는 내용이 등장하기 때문에 적어도 주전 722년 전후로 활동을 했을 것이고 출신도 귀족이나 왕족이 아닌 남유다의 모레셋이라는 블레셋 사람들과의 접경지역에 있던 작은 시골 마을 출신이었습니다. 그리고 목자들의 생활과 관련된 말들이 자주 등장하는 것으로 봐서 목축과 관련된 직업을 가지고 있었을 가능성이 큽니다. 무엇보다 부모나 조상에 대한 언급이

거기에 내가 있다

81

없는 것을 보면 그리 자랑할 만한 것이 없는 가문 출신입니다. 그러다 보니 예언 자체가 비슷한 시기에 활동했던 귀족 출신 이사야와 달리 별로 꾸밈이 없습니다. 표현이 직설적이라 이해하기 쉽습니다.

미가는 북이스라엘과 남유다 모두 하나님으로부터 멀어져서 심판을 받겠지만 다시 회복시켜 주실 것이라는 소망을 전하고 있습니다. 그러면서 오늘 제1본문에서 하나님께서 원하시는 것이 무엇인지 분명하게 말합니다. 하나님은 어떤 분입니까? 이사야 40장 15절은 "그에게는 뭇 나라가, 고작해야, 두레박에서 떨어지는 한 방울 물이나, 저울 위의 티끌과 같을 뿐이다. 섬들도 먼지를 들어 올리듯 가볍게 들어 올리신다."라고 말합니다. 사람들이 대단하다고 말하는 것들이 하나님 앞에서는 물 한 방울이나 티끌처럼 아무것도 아니란 것입니다. 그런데 오늘 말씀에 등장하는 사람들의 대단한 정성을 보세요. 미가 6장 6절의 '일 년 된 송아지'는 가장 좋은 제물의 상징입니다. 당연히 가격도 비쌉니다. 어떤 일이 벌어지면 비용부터 계산하는 사람들이 있지요? 보상금은 얼마고 보험은 얼마에 들어 있다면서 사람들의 목숨을 두고 계산기부터 두드려 보는 것입니다. 신앙생활도 그렇게 보상 심리를 가지고 하면 기쁨이 있을 수 없습니다. 매번 머릿속은 계산하느라 복잡한데 언제 감사하고 감격하겠습니까?

7절은 설상가상입니다.

수천 마리의 양이나, 수만의 강 줄기를 채울 올리브 기름을 드리면, 주님께서 기뻐하시겠습니까? 내 허물을 벗겨 주시기를 빌면서, 내 맏아들이라도 주님께 바쳐야 합니까? 내가 지은 죄를 용서하여 주시기를 빌면서, 이 몸의 열매를 주님께 바쳐야 합니까?

양이 수천 마리라면 생각나는 사람이 있습니다. 바로 일천번제를 드린 솔로몬 왕입니다. 이 일천번제를 오해한 사람들은 솔로몬이 마치 천 번이나 하나님께 정성을 들인 것으로 착각을 해서 천 일 동안 헌금을 합니다. 그러나 안타깝게도 이것은 성경을 잘못 읽고 잘못 가르쳤기 때문에 일어난 실수입니다. 열왕기상 3장 4절을 보십시오.

기브온에 제일 유명한 산당이 있었으므로, 왕은 늘 그곳에 가서 제사를 드렸다. 솔로몬이 그때까지 그 제단에 바친 번제물은, 천 마리가 넘을 것이다(왕상 3:4).

천 마리가 넘을 것이라는 것은 일종의 상징입니다. 정성을 많이 들였다는 것입니다. 숫자도 명확하지 않습니다. 비슷한 예로 사무엘상 18장 7절을 보면 "사울은 수천 명을 죽이고, 다윗은 수만 명을 죽였다."라는 표현이 있습니다. 이런 표현들은 성경 곳곳에서 찾아볼 수 있습니다(시 68:17; 단 7:10; 계 5:11). 솔로몬의 일천번제 역시 많음을 나타내는 관용적 표현이지 정확한 것은 아닙니다. 간혹 '천 가지의 제물'로 표현하기도 하지만 이것 역시 정성의 양을 표현하는 것일 뿐입니다. 그런데 더 중요한 것이 솔로몬이 이런 제물을 드린 장소가 어디입니까? 기브온에 있는 제일 유명한 '산당(山堂)'입니다. 왜 성전이 아니고 산당일까요? 열왕기상 3장 3절은 이렇습니다.

솔로몬은 주님을 사랑하였으며, 자기 아버지 다윗의 법도를 따랐으나, 그도 여러 산당에서 제사를 드리며 분향하였다.

솔로몬은 다윗을 잘 따라 했는데 다윗이 하지 않던 일을 하나 했습니다. 그게 바로 산당에서 제사를 하는 것입니다. 그것도 여러 산당에서 했다는 것을 보면 나라를 안정시키기 위해 정치적 의도를 가지고 종교 시찰을 했던 것으로 해석할 수 있습니다. 산당은 이미 이스라엘 사람들이 가나안에 정착하기 이전부터 있었던 이방 종교의 우상 숭배 장소입니다. 그래서 하나님은 산당을 모두 파괴하고 그곳에서의 제사를 금지했습니다. 그런데 이스라엘 사람들은 하나님의 말씀을 듣지 않았습니다. 자기들에게는 종교의식을 할 만한 성전도 없었기 때문에 가나안 사람들의 산당을 빌려 암암리에 제사를 드리기 시작했습니다. 그러다 이런저런 우상을 넣기도 하고 나중에는 왕들도 이런 산당 제사를 묵인하고 심지어 자기들도 산당에서 제사를 드리게 된 것입니다. 여러분 예배드릴 장소가 없어서 주일 예배를 불교 사찰에서 드리자고 하면 그렇게 하시겠습니까? 산당 제사는 바로 종교 혼합주의의 상징입니다. 솔로몬은 지금 우상 숭배의 장소에서 이방의 종교의식을 행하고 있는 것입니다. 그리고 산당에서 자다가 꿈에 하나님께서 "무엇을 주기를 바라느냐?" 해서 지혜를 달라고 했다는 내용이 이어지는데 그 어떤 선지자도 솔로몬의 이런 일을 옳다고 말하지 않습니다. 왕이 그렇다고 말하면 그런가 보다 해야겠지요?

다시 미가서 말씀을 보겠습니다. 미가 6장 7절은 "수천 마리의 양이나, 수만의 강줄기를 채울 올리브기름을 드리면, 주님께서 기뻐하시겠습니까? 내 허물을 벗겨 주시기를 빌면서, 내 맏아들이라도 주님께 바쳐야 합니까?"라고 말합니다. 모두가 하나님과는 상관없는 인간의 노력과 정성뿐입니다. 그런 우상의 자리, 인간의 욕망이 자리한 곳에 하나님이 계실 리 만무합니다.

> 너 사람아, 무엇이 착한 일인지를 주님께서 이미 말씀하셨다. 주님께서 너에게 요구하시는 것이 무엇인지도 이미 말씀하셨다. 오로지 공의를 실천하며 인자를 사랑하며 겸손히 네 하나님과 함께 행하는 것이 아니냐!(8절)

'공의'를 실천하며 '인자'를 사랑하고 '겸손'히 하나님 앞에 서는 것입니다. '공의'는 다른 사람의 실수에 대해 정죄하고 심판한다는 의미가 아닙니다. 내가 하나님 앞에서 올바로 살기 위해 애쓰는 것입니다. 남 걱정하지 말고 너나 잘하라는 것입니다. '인자'는 사람의 아들이라는 뜻의 인자(人子)가 아니라 사람들에게 친절하고 자비를 베푸는 선행 즉 인자(仁慈/헤세드)함입니다. '겸손'은 두 가지 의미가 있는데요. 첫째는 '내가 하나님 앞에 아무런 가치가 없는 존재구나'라는 사실을 인정하는 것이 겸손이고, 둘째는 '그런데도 내가 선행할 수 있는 것은 내 힘이 아니라 하나님께서 주신 능력입니다'라고 인정하는 것입니다. 하나님께서 원하시는 것이 무엇입니까? 하나님을 찾겠다면서 정성 들이는 것도 좋지만 우선은 하나님께서 나와 함께 있다는 것을 잊지 말아야 합니다. 미가 선지자의 이런 생각을 예수님도 똑같이 제자들에게 말씀하고 계십니다. 제2본문인 마태복음 18장 15-20절에서 예수님은 누군가와 갈등의 관계가 벌어졌을 때 적극적으로 해결해야 한다고 말씀하고 있습니다.

15"네 형제가 [너에게] 죄를 짓거든, 가서, 단 둘이 있는 자리에서 그에게 충고하여라. 그가 너의 말을 들으면, 너는 그 형제를 얻은 것이다. 16그러나 듣지 않거든, 한두 사람을 더 데리고 가거라. 그가 하는 모든 말을, 두세 증인의 입을 빌어서 확정지으려는 것이다. 17그러나 그 형제가 그들의 말도 듣지 않거든, 교회에 말하여라. 교회의 말조차 들

지 않거든, 그를 이방 사람이나 세리와 같이 여겨라." **18**"내가 진정으로 너희에게 말한다. 무엇이든지, 너희가 땅에서 매는 것은 하늘에서도 매일 것이요, 땅에서 푸는 것은 하늘에서도 풀릴 것이다. **19**내가 [진정으로] 거듭 너희에게 말한다. 땅에서 너희 가운데 두 사람이 합심하여 무슨 일이든지 구하면, 하늘에 계신 내 아버지께서 그들에게 이루어 주실 것이다. **20**두세 사람이 내 이름으로 모여 있는 자리, 거기에 내가 그들 가운데 있다."

15절을 보면 잘못을 저지른 사람의 마음이 상하지 않도록 개인적으로 충고하라고 합니다. 왜냐하면 '너에게' 죄를 지은 것이기 때문입니다. 15절은 개역개정 성경이나 개역한글 성경을 보면 '너에게'라는 부분이 빠져 있어서 종종 사회적 범죄로 오해하기 쉬웠습니다. 하지만 새번역은 좀 더 정확하게 죄의 실체를 일대일의 개인적 관계로 국한합니다. '충고(엘렝코)'는 '밝게 드러낸다'라는 의미로 단순히 꾸짖는다(에피티몬)는 말과 구별이 되는 말로 상대를 배려하며 문제에 관해 이야기하는 것을 말합니다. 그러나 듣지 않는다면 16절은 두세 증인을 데려가라고 하는데 이것은 이해관계가 전혀 없는 제 3자를 개입시켜 문제 해결을 시도하는 것이고 이것마저 거부하면, 17절에는 공동체의 조언을 들어야 한다고 말합니다. 그래도 듣지 않으면 "그를 이방 사람이나 세리와 같이" 여기라고 말합니다. 그런데 잘 생각해 보세요. 이 정도로 남의 말을 듣지 않는 사람이라면 자기밖에 모르는 사람이고 결국 공동체에 해가 되는 사람일 것입니다. 그러니 멀리하는 것이 좋습니다. 그러나 주님은 충고하는 이에게 요구하는 것이 있습니다. 그건 바로 형제를 얻으려는 마음입니다. 사과를 받아 내라는 것이 아니라 그가 새롭게 될 수 있는 사랑의 기회를 주라는 것입니다. 사랑을 배경으로 하지 않는 충고는 오히려 더 큰 거리감을 만들기 일쑤입니다. 사랑이 전제되지 않은 바른말은 때로 칼이 되어 상대방의 마음을 찌릅니다. 하지만 사랑이 실린 바른말은 오해와 미움의 종기를 도려내는 수술 칼이 될 수 있습니다. 그러면서 18절에 이렇게 말씀하십니다.

내가 진정으로 너희에게 말한다. 무엇이든지, 너희가 땅에서 매는 것은 하늘에서도 매일 것이요, 땅에서 푸는 것은 하늘에서도 풀릴 것이다.

이 말씀은 베드로의 신앙고백 후에 주님께서 베드로에게 하늘나라의 열쇠를 맡기면서 하신 말씀인데(마 16:19) 여기서 똑같이 반복되고 있습니다. 주님께서 베드로와 우리에게 열쇠를 주신 이유는 잠그는 용도가 아니라 푸는 용도로 주신 것입니다. 왜 풀어야 할까요? 풀지 못하는 마음이 지옥이기 때문입니다. 어떤 분들은 말씀으로 자기 마음을 단단히 잠가 버리기도 합니다. 미가 선지자를 통해 하나님 앞에 어떻게 서야 할 것인지를 말씀하신 것처럼 누군가를 용서해야 하는 이유 역시 내가 하나님 앞에 서 있음을 잊지 말아야 하기 때문입니다.

수원에서 개척 목회를 하는 친구 목사가 있습니다. 제가 개척하기 전에 그 친구의 개척 경험을 듣고 싶어서 이런저런 이야기를 하던 중에 그 교회에 출석한다는 연세 지긋하신 어느 여자 성도분에 대해 듣게 되었습니다. 평소 사모님과 목사님께 반말하는 것은 물론 가끔은 늦은 밤에 자기 아내에게 전화해서 "TV 몇 번 채널 틀어 봐! 거기 물건 파는 거 있는데 그거 좀 주문해 줘!"라고 한다는 것입니다. 누군가 새로 교회에 오면 이분 때문에 상처를 입고 떠나게 만드는 분이라 했습니다. 듣고 있던 제가 화가 나서 "그런 사람을 왜 데리고 있냐?" 했더니 그 친구 목사가 이렇게 말했습니다.

"그래도 그분은 일 년 52주일 중에 50주는 좋으셔! 2주 정도 가끔 그러는 데 그때만 지나면 좋아져. 그렇게라도 꾸준하게 나와 주는 것이 어디야. 나도 예수님 앞에서는 그런 사람이었을 텐데, 뭐…"

전 그 친구의 이야기를 듣는 순간 신앙생활은 세상에서 자기의 힘과 계획을 의지하는 것이 아니라 하나님의 힘과 가치를 인정함이라는 생각을 하게 됩니다. 미가도 공의와 인자와 겸손을 이야기했지요? 그런 깨달음을 얻기까지 얼마나 힘겨웠을지 조금 알 수 있을 것 같았습니다. 예수님 말씀을 조금 더 보겠습니다. 마태복음 18장 20절입니다.

두세 사람이 내 이름으로 모여 있는 자리, 거기에 내가 그들 가운데 있다.

이 말에서 우리는 힘겨운 세상살이에서 소망을 발견합니다. 주님이 함께 하는 자리는 단순히 기분 좋은 예배의 자리만이 아니라 마음을 여닫아야 하는 힘겨운 자리이고 두세 사람의 적은 무리라도 서로서로 마음으로 돌보는 자리임을 알려 주고 계십니다. 그렇다면 믿음의 동역자들이 서로 의지하며 맨몸으로 맞서며 살아야 하는 세상은 어떤가요? 제3본문을 보겠습니다.

15여러분은 세상이나 세상에 있는 것들을 사랑하지 마십시오. 누가 세상을 사랑하면, 그 사람 속에는 하늘 아버지에 대한 사랑이 없습니다. 16세상에 있는 모든 것, 곧 육체의 욕망과 눈의 욕망과 세상 살림에 대한 자랑은 모두 하늘 아버지에게서 온 것이 아니라, 세상에서 온 것이기 때문입니다. 17이 세상도 사라지고, 이 세상의 욕망도 사라지지만, 하나님의 뜻을 행하는 사람은 영원히 남습니다(요일 2:15-17).

세상이라는 말이 무려 8번이나 반복되고 있습니다. 요한이 말하는 세상(코스모스)은 하나님께서 창조하신 것이 아니라 하나님에게 저항하는 가치와 조직의 세상을 말합니다. 단순히 예배 열심히 다니고 헌금과 봉사를 잘하는 것과 성경 지식을 많이 채워 가는 것으로 세상 욕망과 가치에서 벗어날 수 있을까요? 미가가 겸손하여지라고 했던 말씀을 기억한다면 인간은 스스로 거룩해질 수 없는 존재란 사실을 잊지 말아야 합니다. 교회 안에는 아주 세련되고 신앙적으로 보이는 교만이 더 많기 때문입니다. 하나님의 이름을 빙자해 자기의 욕망을 드러내는 경우가 바로 그런 것이죠.

저는 군대에 있는 동안 안수집사, 권사의 임직식을 4번 했습니다. 14년 군 목회 기간 1-2년에 한 번씩 하시는 분과 비교해 그리 많은 것은 아닙니다. 교회의 직분을 세우는 것은 목회자와 함께 예수 그리스도의 몸 된 교회의 일을 돕는 봉사의 직분입니다. 그래서 임직은 교회의 인기 있는 사람이나 소위 세상적으로 힘 있는 사람을 세우지 않습니다. 우리나라 기독교 역사 중에는 부유한 가문의 장로님이 자기 집의 머슴 출신을 교회의 담임 목사로 모신 사례도 있습니다. 세상의 법칙이 아닌 신앙의 법칙과 말씀에 순종했기 때문에 가능한 일입니다. 그래서 직분자들은 철저히 하나님 말씀 앞에 교회를 위해 봉사할 수 있는 분들을 세우는 것입니다. 이런 직분들을 교회에 항상 있어야 하는 직분이라고 해서 항존직(恒存職)이라고 하는데요. 성경에는 장로와 집사가 있습니다(딤전 5:17). 장로 중에 말씀을 전하고 가르치는 장로를 나중에 목사로 부르게 되었고 다스리고 섬기는 이를 일반적인 장로로 호칭하게 된 것입니다.

또 교회의 필요에 따라 우리나라에서는 권사 직분을 세우기도 하는데요. 초기 교회에서는 이런 직분들이 목숨을 걸고 해야 하는 가시관을 쓰는 일이었습니다. 그런데 언제부터인지 이런 직분들이 감투나 군대의 진급과 같은 황금 면류관으로 변해 버렸습니다. 교인들이 많이 모이는 예배당에서 행하는 임직식은 볼만 합니다. 축하 화환과 임직 축의금이 있고, 임직을 받는 분들은 교회에서 정하는 일정액의 헌금이나 필요한 물건을 내야만 합니다. 이게 암묵적인 전통이 되었죠. 그런데 그 비용이 상식을 넘어서는 경우가 많고 신앙 수련이나 인격적으로 부족한 분들을 세우다 보니 교회의 분란이 되거나 사회적으로 손가락질의 대상이 되기도 합니다.

각종 비리와 뇌물, 이권 개입 등에 연루된 사람들이 교회의 중요 직분자라는 소식을 들을 때마다 얼굴이 화끈거립니다. 물질과 권력과 숫자의 크기에 연연하는 성직자들의 문제는 더 말할 필요도 없을 만큼 부끄럽습니다. 언론에 공개된 것만 그렇습니다. 이렇게 인간은 부족합니다. 하나님 영광을 위해 살겠다고 다짐하고 세워진 분들이 돈과 명예와 권력과 욕망의 노예로 살았으니 잘못된 임직을 한 것입니다. 저는 그래서 임직하는 일을 좀 꺼렸습니다. 문제를 해결하는 방법은 간단합니다. 성경에 나온 대로 하면 됩니다. 말씀에 제시된 그것 중 하나라도 부합되지 않으면 하지 말아야 합니다. 그러다 보니 임직을 하는 것은 신중하게 성경대로 해 보려 노력했습니다. 그런데 딱 한 번 임직과 관련해 부끄러운 경험이 있었습니다.

교회에서 봉사를 열심히 하시고 십일조와 새벽기도도 잘 나오시던 남자 집사님이 계셨는데 육군사관학교 출신이었습니다. 제가 볼 때는 충분히 안수 집사가 되어도 문제가 없을 것 같았습니다. 교인들 선출 투표도 만장일치로 통과되었고 다른 분들과 함께 임직 후보자 교육을 할 때도 말씀 암송, 독서 보고, 전도훈련 등 가장 우수한 분이었습니다. 그런데 정작 이분이 임직 후보자 시험과 면접을 하는 날 돌연 사퇴해 버렸습니다. 이유를 물었더니 주님 보시기에 자긴 자격이 없는 것 같다는 말을 했습니다. 제가 몇 번이나 설득해 보았지만, 소용이 없었고 결국 이분을 제외하고 임직을 하게 되어 마음이 무거웠습니다. 임직 후 한동안 불편한 시간을 보내다가 새벽 기도시간에 하나님께서 저에게 이렇게 말씀하시는 것 같았습니다. "그 사람이 안수집사 되는 것이 내 계획이냐? 너의 계획이냐?" 하시는 것입니다. 그래서 저는 "하나님 계획입니다!" 했더니 "아니다!" 하시는 것입니다. 곰곰이 생각해 보니 육군사관학교 출신에 소위 잘 나가는 그런 분을 안수집사로 세우면 "그 사람 내가 세웠다!" 하면서 자랑거리가 될 것 같았습니다. 다른 목사님들에게도 내가 임직하는 수준이 이렇다며 뽐내고 싶어 하는 마음이 깊은 곳에 뱀처럼 웅크리고 있는 것을 보았습니다. 가장 크게 회개한 것은 그분이 사퇴한다고 했을 때 보였던 내 마음의 반응이었습니다. 설득해도 '내' 말을 듣지 않으니 '나를 무시하나?'라는 옹졸한 교만이 튀어나왔습니다.

임직 후보자 투표에서 떨어진 분들은 교회를 떠나는 일도 있습니다. 그리고 일 년에 한 번씩 임명하게 되어 있는 서리 집사는 남발이라고 표현을 해도 될 만큼 쉽게 주어지는 경우가 많습니다. 교회 몇 년 다녔다고 나이 좀 들었다고 심지어 계급이 높다고 해서 집사 직분을 주기도 합니다. 호칭이 애매하니 편하게 집사님으로 부르는 것이지요. 교회가 직분이 많아지고 그것 때문에 말들이 나온다면 건강하지 못하다는 증거입니다. 계급처럼 왜곡된 것입니다. 들풀교회에서는 교우들 간에 형제와 자매로 호칭하고 있습니다. 직분 때문에 교우들 사이에 서열이 정해지는 일이 없기를 바랍니다. 언젠가 꼭 필요해서 임직을 하더라도 성경 말씀대로 모든 교회가 함께 기뻐하고 감사할 수 있는 잔치의 날이 되도록 하고 싶습니다. 군 목회를 할 때부터 지켜왔던 원칙대로 임직받는 분이 교인 총회에서 만장일치로 통과된 후 얼마를 내야 하는 그런 임직이 아니라 교회가 모든 비용을 감당하는 원칙을 지켜갈 것입니다. 제3본문을 다시 보십시오.

여러분은 세상이나 세상에 있는 것들을 사랑하지 마십시오. 누가 세상을 사랑하면, 그 사람 속에는 하늘 아버지에 대한 사랑이 없습니다 (요일 2:15).

사람이 교회다

세상이나 세상에 있는 것들은 저의 부끄러운 고백처럼 교회 공동체 안에서도 쉽게 찾아볼 수 있습니다. 욕망이나 욕심 없이 살 수는 없습니다. 다만 우리들의 그러한 욕망과 욕심의 방향이 어디로 향하고 있는가를 늘 살펴야 합니다. 요한일서 2장 17절을 보십시오.

이 세상도 사라지고, 이 세상의 욕망도 사라지지만, 하나님의 뜻을 행하는 사람은 영원히 남습니다.

어제 2015년 10월 31일은 매년 전 세계 개신교에서 지키는 종교개혁 기념일입니다. 1517년 그러니까 지금부터 498년 전, 마틴 루터를 통해서 종교개혁이 본격화되었습니다. 종교개혁의 3대 정신은 '오직 믿음, 오직 말씀, 오직 은혜'입니다. 인간의 노력, 인간의 업적, 인간의 계획을 내려놓는 것이 진정한 개혁의 출발점입니다. 그렇다면 오늘을 사는 우리는 무엇을 개혁하며 살아야 할까요? 미가 선지자의 외침처럼 '하나님 앞에서 어떻게 살아갈 것인가?'를 고민하는 사람, 예수님의 말씀처럼 눈에 보이는 '가까운 이들을 얻으려는 마음'을 소유하고 살아갈 때, 요한의 권면처럼 '하나님과는 상관이 없는 세상의 욕망을 포기'하는 순간 우리는 영원하신 하나님! 언제나 함께 하셨던 하나님을 발견할 수 있고 그분을 위해 살아갈 수 있을 것입니다.

어디서나 누구에게든

예레미야 18장 1–10절
누가복음 17장 20–24절
로마서 14장 7–9절

예레미야(뜻:여호와는 멀다)는 요시야 13년부터 시드기야 11년까지 약 42년간(주전 628-586년) 남유다 왕국에서 활동했던 선지자입니다(렘 1:1-3). 무엇보다 남유다 왕국 말기의 악한 임금이었던 여호야김(본명 엘리아김/주전 609-598년)이 통치하던 시기를 경험했습니다. 여호야김의 아버지는 요시야 임금으로 남유다 왕국의 마지막 개혁 군주였습니다. 그는 성전보수 중 하나님 말씀의 두루마리를 발견하고 종교개혁을 일으키며 남유다 왕국뿐 아니라 이미 멸망해 버린 북이스라엘 지역에도 상당한 영향력을 끼쳤던 인물입니다. 그가 전성기를 구축해 가고 있을 무렵 북방의 앗시리아 제국이 약해진 틈을 타서 이집트는 북진정책을 펴게 됩니다. 안타깝게도 요시야는 이집트와의 전투 중 전사하고 그 아들 여호아하스가 왕이 됩니다. 그러나 나라를 지탱할 만한 힘이 사라져 버린 남유다는 이집트의 내정간섭에 휘둘리게 됩니다. 요시야의 후계자였던 여호아하스는 단 3개월 만에 이집트로 끌려가고 그 이복형제 '엘리아김'이 새 임금이 됩니다. 그러나 허수아비 왕이었던 엘리아김은 이집트에 요구대로 이름도 '여호야김'으로 바꾸고 그들의 과도한 조공 요구를 충당하기 위해 남유다 백성의 고혈을 짜내게 됩니다.

하박국 말씀을 묵상하면서 여호야김이 왕이 되고서 했던 것은 딱 두 가지라 말씀드렸었습니다. 바로 조공을 위한 '세금 증세'와 자신의 자리를 보전하기 위한 '우상 숭배'였습니다. 예레미야는 여호야김의 이런 독선적 통치와 하나님을 떠난 행위들을 비판합니다. 요시야 임금 시대에 발견한 성경 두루마리를 여호야김 임금에게 보내 하나님 말씀을 지킬 것을 요구하지만 임금은 그 두루마리를 칼로 파내어 태워 버립니다(렘 36:23). 그런데 예레미야를 더 허탈하게 만든 것은 하나님 말씀을 대하는 남유다 백성들의 반응이었습니다.

백성이 나를 두고 이르기를 "이제 예레미야를 죽일 계획을 세우자. 이 사람이 없어도 우리에게는 율법을 가르쳐 줄 제사장이 있고, 지혜를 가르쳐 줄 현자가 있으며, 말씀을 전하여 줄 예언자가 있다. 그러니 어서 우리의 혀로 그를 헐뜯자. 그가 하는 모든 말을 무시하여 버리자"
합니다(렘 18:18).

하나님 말씀을 전하는 예레미야를 향해 사람들은 눈과 귀와 마음
을 닫아 버렸습니다. 오히려 자신들에게 좋은 말, 듣고 싶은 말만 하는
거짓 선지자들이 더 좋다고 하며 예레미야를 죽이려고 합니다. 이런
일은 예레미야가 사역하는 동안 지속되었습니다.

백성이 저에게 빈정거리는 말을 들어 보십시오. "주님께서는 말씀으
로만 위협하시지, 별 것도 아니지 않으냐! 어디 위협한 대로 되게 해
보시지!" 합니다(렘 17:15).

이런 조롱과 빈정거림에 예레미야도 지쳤는지 하나님 앞에서 분
노를 표출합니다. 어서 재앙을 내리셔서 멸망시켜 달라고 합니다(렘
17:18). 칭찬을 해 줘도 쉽지 않은 일을 비난받으면서까지 할 수 있는
사람이 얼마나 될까요? 하나님 말씀이라고 해서 사람들에게 말했더니
도리어 비난과 고통만 가중되었고 목숨마저 위태롭게 되었습니다. 이
렇게 지치고 원망과 분노 가운데 있던 예레미야에게 하나님께서 난데
없이 토기장이의 집으로 가라고 하십니다. 거기서 말씀을 선포하겠다
는 것입니다(렘 18:2). 사람들이 많이 모이는 예루살렘 성전이나 왕궁

입구라면 몰라도 토기장이의 집이라니 다소 뜨악한(마음과 맞지 않아 서먹하다) 상황입니다. 예레미야가 도착해 보니 토기장이는 진흙으로 그릇을 만드는 중이었습니다. 그런데 예레미야의 눈길을 사로잡는 장면이 펼쳐집니다.

> 그런데 그 토기장이는 진흙으로 그릇을 빚다가 잘 되지 않으면, 그 흙으로 다른 그릇을 빚었다(4절).

이 4절은 우리가 읽은 새번역 성경보다 개역개정 성경이 더 사실적으로 묘사되어 있습니다.

> 진흙으로 만든 그릇이 토기장이의 손에서 터지매 그가 그것으로 자기 의견에 좋은 대로 다른 그릇을 만들더라.

진흙으로 그릇을 만들다 보면 한쪽이 튀어나오면서 터질 수 있지요? 그럼 토기장이는 그 진흙을 버리지 않고 다시 뭉쳐서 '자기 의견(소견)에 좋은 대로' 다른 그릇으로 만드는 것을 보았습니다. 터져버린 진흙에서 예레미야는 지쳐 버린 자신과 망해가는 남유다 왕국의 모습을 보았습니다. 그리고 망가진 진흙을 다시 빚어서 다른 그릇을 만들어 내는 토기장이의 손놀림에서 하나님의 돌보심과 사랑을 깨닫게 됩니다. 바울은 에베소서에서 이렇게 말합니다.

> 우리는 하나님의 작품입니다. 선한 일을 하게 하시려고, 하나님께서
> 그리스도 예수 안에서 우리를 만드셨습니다. 하나님께서 이렇게 미리
> 준비하신 것은, 우리가 선한 일을 하며 살아가게 하시려는 것입니다
> (엡 2:10).

우리는 하나님의 작품입니다. 작품은 부차적인 설명을 하지 않아도 만든 이의 솜씨를 알 수 있습니다. 누군가가 하나님의 작품이라면 그의 삶에 나타나는 하나님의 형상을 보면 됩니다. 베풀고 나누고 사랑하며 돌보는 모습일 것입니다. 우리는 바울의 이 고백을 자신에게 물어보아야 합니다. "나는 하나님의 작품으로 살아가고 있는가?" 좀 부족하고 만족스럽지 못해도 그렇다고 고백할 수 있어야 합니다. 하나님께서는 우리가 욕망과 욕심으로 터져서 엇나갈 때마다 다시 돌이키길 원하시면서 나의 계획과 바람들을 새롭게 빚어내기 위해 내 삶을 뭉개실 때가 있습니다. 뭉개는 것으로 그치지 않고 물도 뿌립니다. 굳어지면 쓸 수 없기 때문이죠. 나의 소망과 계획과 기대가 뭉개져 힘겨운 상황 속에서 설상가상으로 눈물과 한숨이라는 물을 뿌리시기도 하는 분이 바로 하나님입니다. 그러면 '하나님 도대체 저에게 왜 이러시는 겁니까?' 따져 묻고 싶을 것입니다. 하지만 우리는 이런 삶의 역설

을 잘 알고 있습니다. 건강이 약해지면 약 대신 더 강한 처방으로 주사를 맞기도 합니다. 아이들은 주사를 무서워하지만, 자녀를 사랑하는 부모는 아이를 그 무서운 곳에 꼭 데려갑니다. 잠깐 따끔해야 다시 회복할 수 있기 때문입니다. 6절 말씀을 보겠습니다.

이스라엘 백성아, 내가 이 토기장이와 같이 너희를 다룰 수가 없겠느냐? 나 주의 말이다. 이스라엘 백성아, 진흙이 토기장이의 손 안에 있듯이, 너희도 내 손 안에 있다.

내 의도와 계획과 경험이 허무하게 실패하고 절망적인 상황에 빠진 것보다 더 중요한 것은 그런데도 여전히 '나는 하나님의 손 안에 있다!'라는 사실입니다. 이런 관점에서 이어지는 7-10절은 신앙의 인과응보를 말하거나 하나님은 그 뜻을 조삼모사로 바꾸시는 분이라는 의미가 아닙니다. 하나님께서 뜻을 바꾸시는 것처럼 보이는 것은 우리가 항상 변덕을 부리기 때문입니다. 하나님은 '나는 너희들의 연약함, 변덕스러움을 그대로 수용해 주겠다. 그러니 멀어지지 말고 내가 언제나 함께 있다는 것을 잊지 말아라! 다시 기회를 줄 터이니 돌이켜라!' 말씀하는 것입니다. 제2본문인 누가복음 18장 20-24절은 '예레미야'를 '예수님'으로, '백성들'을 '바리새인'으로 역할만 바꿔 본다면 같은 상황이 전개되는 것을 볼 수 있습니다. 누가복음 18장 20절 전반부의 말씀을 보면 바리새파 사람들이 "하나님의 나라가 언제 오냐?"며 따지듯 묻습니다. 그런데 예수님의 답변이 의외입니다. 20-21절입니다.

> ²⁰바리새파 사람들이 하나님의 나라가 언제 오느냐고 물으니, 예수께서 그들에게 대답을 하셨다. "하나님의 나라는 눈으로 볼 수 있는 모습으로 오지 않는다. ²¹또 '보아라, 여기에 있다' 또는 '저기에 있다' 하고 말할 수도 없다. 보아라, 하나님의 나라는 너희 가운데에 있다.

바리새파 사람들에게 '하나님 나라'는 로마제국이나 다윗 왕국처럼 자기들이 기대하는 정치, 문화, 민족, 종교적인 특징을 가지고 있는 제도화된 왕국이었습니다. 그러나 예수님의 '하나님 나라' 개념은 전혀 다릅니다. 제가 예전에 의정부의 미군 부대에 근무하시는 목사님을 만난 적이 있습니다. 부대 안에 있는 커피 전문점에서 차를 마신 후 계산을 하고 영수증을 받았는데 주소가 경기도 의정부가 아니라 미국 캘리포니아(California)로 찍혀 나왔습니다. 그래서 제가 그 목사님께 물어봤습니다. "영수증에 여기가 미국이라고 나오는데요?" 그랬더니 "네. 이 부대는 한국이 아니고 미국의 통제를 받는 미국 땅입니다."라고 하셨습니다. 예수님이 말씀하신 하나님 나라에 대한 개념은 이와 비슷한 통치, 주권의 개념입니다. 이 땅에 살지만, 소속은 여기가 아닙니다. 그들에게 이 땅은 잠시 머물렀다 가야 하는 곳일 뿐입니다. 사람들은 곧 떠날 곳에 미련을 두지 않습니다. 이 하나님 나라에 대해서 예수님은 볼 수도(20절), 말할 수도(21절) 없으며, 심지어 '너희 가운데에 있다'라고 하셨습니다. 가운데(엔토스)라는 말은 '안에(within)', '가운데(among)'라는 뜻인데 특정한 영역, 기간, 거리, 한계에 상관없이 '이미 있었다.'라는 것입니다. 인간이 '믿습니다.' 해서 있는 것도 아니고 '안 믿겠다.' 해서 사라지는 것도 아닙니다. '너희 가운데 있다.'라고 할 때 '있다'라는 말은 문법적으로 '현재완료'를 사용합니다. 현재완료는 과거에 시작된 동작이 현재는 끝나있는 상태입니다. 이미 우리가 알든 모르든 하나님은 변함없이 계셨던 분입니다. 다시 한번 말씀드리면, 인간이 무엇을 한다고 해서 하나님 나라가 오거나 거부된다는 것은 있을 수 없습니다. 그래서 22-23절에서 예수님은 이렇게 말씀하십니다.

22그리고 제자들에게 말씀하셨다. "너희가 인자의 날들 가운데서 단 하루라도 보고 싶어 할 때가 오겠으나, 보지 못할 것이다. 23사람들이 너희더러 말하기를 '보아라, 저기에 계신다', [또는] '보아라, 여기에 계신다' 할 것이다. 그러나 너희는 따라 나서지도 말고, 찾아다니지도 말아라.

이 세상에는 평안과 위로를 줄 것 같은 사람과 일들이 참 많습니다. 그래서 이게 좋다, 저게 좋다 하지만 사람들이 하는 일이라고는 결국 거기서 거기인 욕망의 추구뿐입니다. 그렇기 때문에 따라나서거나 찾아다니지 말라고 하셨습니다. 그리고 예수님이 재미있는 표현을 하셨지요? 24절입니다.

마치 번개가 하늘 이 끝에서 번쩍하여 하늘 저 끝까지 비치는 것처럼, 인자도 자기의 날에 그러할 것이다.

잠을 자거나 책을 읽다가 혹은 TV를 보거나 각자 자기 일을 하다가 번쩍하고 우르릉 꽝! 하는 소리에 소스라치게 놀란 경험이 있을 것입니다. 그런 상황은 모든 사람이 '천둥 번개가 친다!'라고 말할 수 있습니다. 그래서 『WBC 주석』에서는 '번개는 돌연함과 무슨 일이 일어났는지를 모른다고 하기 불가능 한 것'이라고 말합니다(『WBC 주석 누가복음』 737쪽). 우리가 사는 하늘 아래서 벌어지는 자연 현상도 이러한데 세상을 창조하신 하나님께서 하시는 구원의 사역이 특정한 장소와 일부의 사람들에게만 나타난다고 주장하는 것은 모두 거짓입니다.

예레미야 시대의 백성이 듣고 싶은 말만 골라 들으려 했던 것처럼, 예수님 시대에 바리새인들 역시 자기들만의 하나님 나라를 기대했을 뿐입니다. 그렇게 편견과 아집에 빠져 여기저기 기웃거리는 이들에게는 하나님은 물론이거니와 이웃들도 눈에 들어올 일이 없을 것입니다. 제가 제주도에 처음 갔을 때, 소위 도깨비 도로라 불리는 착시 현상을 경험하고 한동안 그 후유증을 겪어야 했습니다. 안내하던 가이드의 한 마디가 제 마음에 각인되었기 때문입니다.

"제주도에는 이런 도깨비 도로가 몇 군데 더 있습니다."

그래서 저는 어딘가 있을지 모를 도깨비 도로를 마음에 담아두고 여행하면서, 도로가 조금만 이상해 보여도 차를 세우고 여기가 도깨비 도로가 아닐까 하고 확인하기를 수차례나 반복했던 일이 있었습니다. 함께 여행 중이던 아내가 "그만 좀 하라!"고 할 정도였습니다. 그런 착시의 혼란을 줄이는 방법은 관심을 끊는 것밖에는 없습니다.

누군가를 불안에 떨게 하고 겁을 주어서 믿음을 강요하려 한다면 그것은 가짜입니다. 일상적인 삶에서 벗어나도록 공포심을 조장하는 것 역시 건강하지 못한 것입니다. 가짜일수록 더 요란스럽게 자신들이 특별하다고 주장하지만 그건 쭉정이일 뿐입니다. 매일 나에게 주어지는 일과 사람들이야말로 거룩한 것이고 하나님의 선물이라는 사실을 고백하며 사는 사람들이 바로 하나님을 높여 드리는 자들입니다. 절망과 두려움 가운데 있던 예레미야에게 하셨던 '너(희)는 내 손 안에 있다.'라는 말씀과 예수님께서 "하나님 나라는 너희 안에 있다."라고 하신 말씀을 하나로 묶어서 바울은 제3본문에서 이렇게 고백합니다.

8우리는 살아도 주님을 위하여 살고, 죽어도 주님을 위하여 죽습니다. 그러므로 우리는 살든지 죽든지 주님의 것입니다. 9그리스도께서 죽으셨다가 살아나신 것은, 죽은 사람에게도 산 사람에게도, 다 주님이 되시려는 것이었습니다(롬 14:8-9).

어떤 상황에서도 주님을 위해 살겠다고 고백할 수 있는 이유가 무엇입니까? 언제 어디서나 누구에게든 예수님은 유일한 구원자이기 때문입니다. 나뿐만 아니라 내 이웃도 사랑하시는 분이 바로 하나님이십니다. 우리의 외형적 업적과 조건들이 아니라 그 내면을 바라보시고 '하나님의 나라는 너희 가운데 있다.'라고 하시는 분이 바로 예수님입니다. 그러므로 오늘 우리가 그분께 드릴 수 있는 것은 감사밖에 없는 것입니다. 그리고 더불어 살아가는 이들 또한 주님께서 주신 선물임을 고백하는 것입니다. 인터넷에서 청소업을 하시는 분이 올린 글을 하나 보게 되었습니다. 글을 보면서 신앙인의 삶의 자세가 이래야 하지 않을까 하는 생각이 들었습니다.

며칠 전 지하철 역사의 긴 복도를 걸어오는데 어떤 분이 신발을 벗어 손에 들고 가시더라고요. 뒤에 따라가는 저는 '시멘트 바닥이라 발도 시릴 텐데. 요즘 같은 세상에 신발 닳는 것이 아까워 들고 가는 것도 아닐 테고 왜 저러지?' 의아했습니다. 그런데 엘리베이터 앞에 도착하자 양말을 벗고 신발을 신는 것입니다. 함께 엘리베이터를 타게 되었는데 자신이 지금 진흙밭에 일하고 오는 길이라 신발에 흙이 많이 묻

었대요. 그런데 그 흙을 이 깨끗한 바닥에 떨어뜨려 놓으면 청소하는 사람이 얼마나 더 힘들겠냐는 것이었어요. 그날 느꼈습니다. '아! 세상은 이런 사람들 때문에 따뜻한 온도를 유지하고 있구나.'라고….

누가 알아주든 말든 보이지 않는 누군가의 수고를 염려할 줄 아는 사람이야말로 맑은 사람이라 할 수 있습니다. 믿음의 사람들은 고난과 외로움 가운데서도 보이지 않지만, 여전히 나를 붙잡고 계신 하나님을 고백하는 자가 되어야 합니다. '여기에 있다', '저기에 있다' 하며 눈에 보이는 욕망만을 추구하는 세상에서 하나님의 백성임을 당당히 인정하고 세상과는 다른 가치관을 갖고도 얼마든지 살아갈 수 있음을 증명하는 자들이 되어야 합니다. 하나님의 사람들은 세상의 성공과 실패에 초연하며 살아가는 자들이 되어야 합니다. 왜냐하면 사나 죽으나 우리는 주님의 사람들이고 하나님의 가치 있는 작품이기 때문입니다.

나를 찾아라 그러면 산다

아모스 5장 4-14절
마태복음 25장 31-46절
로마서 8장 8-21, 14-18절

괴테가 쓴 소설 『젊은 베르테르의 슬픔』에서 주인공 베르테르는 이미 정혼자가 있던 로테라는 여인을 사랑합니다. 이루어질 수 없는 안타까운 현실과 달리 그의 마음속 사랑은 점점 커져만 갑니다. 베르테르가 친구 빌헬름에게 보낸 편지에는 이런 내용이 등장합니다.

오늘 나는 로테에게 갈 수 없었네. 피치 못할 모임이 있었기 때문이지. 내가 뭘 할 수 있었겠나. 나는 하인을 로테에게 보냈어. 오늘 그녀 가까이 있던 사람이라도 내 곁에 두고 싶은 생각에 말일세. 얼마나 마음을 죄며 그 하인이 돌아오기를 기다렸는지 모른다네. 이윽고 그가 돌아오는 것을 보고 나는 가슴 설레도록 반가웠다네. 체면 때문에 차마 그러지는 못했지만, 그의 목을 껴안고 키스를 해 주고 싶었다네. 사람들 말에 따르면, 형광석은 햇빛을 흡수해서 밤이 되어도 얼마 동안은 빛을 발한다고 하더군. 그 젊은 하인이 나에게 있어서는 그와 같은 존재였네. 그녀의 눈길이 그의 얼굴, 그의 뺨, 그의 겉저고리 단추, 그리고 그의 외투 깃에 닿았다고 생각하니, 그 모든 것이 나에게 신성하고 소중한 것으로 여겨졌네. 그 순간, 누가 천 달러를 준다고 해도 나는 그 하인을 딴 사람에게 넘겨주지 않았을 걸세.

이 글을 읽다가 문득 나는 하나님을 이렇게 간절히 찾고 있을까? 하는 생각이 들었습니다. 하인에게서 사랑하는 여인의 흔적을 찾아내는 베르테르처럼 '나는 일상의 모든 것들 속에서 얼마나 하나님을 찾고 있을까?'를 묵상해 보았습니다. 나라 안팎으로 마음을 무겁게 하는 소식들이 가득한 일주일이었습니다. 교과서 문제로 정치는 분열되고 우울한 소식들로 사람의 삶은 점점 각박해져 갑니다. 금요일에 프랑스에서 날아든 비참한 테러 소식은 신앙인으로 이 세상을 어떻게 살아야 할지 더 고민하게 합니다. 그런 점에서 아모스가 했던 하나님을 찾아야 살 수 있다는 외침이 더 크게 다가옵니다.

아모스(무거운 짐을 진 자)는 활동 기간이 몇 개월 정도로 매우 짧았

사람이 교회다

다고 합니다. 그는 자신을 '집에서 간단한 목축과 뽕나무(돌무화과나무)를 재배하는 사람(암 7:14)'으로 소개하고 있는데 아마도 오랜 시간 선지자로 준비되었다기보다는 어느 날 갑작스레 하나님께 쓰임 받았던 것 같습니다. 무엇보다 남유다 출신임에도 북이스라엘에서 활동했습니다. 그가 활동한 시기는 남유다의 웃시야(주전 791-739년) 왕과 북이스라엘의 여로보암 2세(주전 793-753년)의 통치 시기였습니다(암 1:1). 특히 북이스라엘의 여로보암 2세는 40년 치세기간 동안 군사, 정치, 경제, 문화 등에서 최고의 황금기를 이루었습니다(왕하 14:23-29). 하지만 통치자로서의 성공과 상관없이 성경은 그가 '하나님 보시기에 악을 행했다'라는 짧은 한 줄 평을 남겨 둡니다(왕하 14:24). 비참하지 않습니까? 여로보암의 인생은 한 마디로 외형적 번영과 성공이 하나님의 축복이라고 착각하지 말라는 교훈을 줍니다. 여로보암 2세의 악행에 대해 아모스 선지자는 이렇게 경고합니다.

> 11너희가 가난한 사람을 짓밟고 그들에게서 곡물세를 착취하니, 너희가 다듬은 돌로 집을 지어도 거기에서 살지는 못한다. 너희가 아름다운 포도원을 가꾸어도 그 포도주를 마시지는 못한다. 12너희들이 저지른 무수한 범죄와 엄청난 죄악을 나는 다 알고 있다. 너희는 의로운 사람을 학대하며, 뇌물을 받고 법정에서 가난한 사람들을 억울하게 하였다(암 5:11-12).

어느 시대나 부패해서 망하는 나라의 특징은 한결같습니다. 조세의 타락과 권력의 부패입니다. 가혹한 세금 징수와 부패한 공직자(권력자)들은 패망의 전조라 해도 과언이 아닙니다. 무엇보다 북왕국 이스라엘은 물질주의와 번영주의 사상이 팽배했고, 거짓 종교인들의 평화 주장과 우상 숭배가 만연해 있었습니다(암 6:1-3). 그들의 위선적 종교 행사에 대해 아모스 선지자는 이렇게 말합니다.

> 21나는, 너희가 벌이는 절기 행사들이 싫다. 역겹다. 너희가 성회로 모여도 도무지 기쁘지 않다. 22너희가 나에게 번제물이나 곡식 제물을 바친다 해도, 내가 그 제물을 받지 않겠다. 너희가 화목제로 바치는 살진 짐승도 거들떠보지 않겠다. 23시끄러운 너의 노랫소리를 나의 앞에서 집어치워라! 너의 거문고 소리도 나는 듣지 않겠다(암 5:21-23).

하나님의 이름을 빙자해 멋대로 자기들의 욕망을 추구하는 종교 행위들에 대해 '역겹다'라며 경종을 울리고 있습니다. 21절의 '기쁘지 않다.'라는 말은 '냄새를 맡다(루아흐/흠향하다)'라는 말에서 유래가 된 것인데 원어 성경에는 부정의 의미가 두 개나 붙어서 '냄새조차 맡기 싫다'라는 강한 부정의 뜻이 되었습니다. 우리식 표현으로 '꼴도 보기 싫다'라는 뜻입니다. 인간이 하나님께 이런 말을 듣기는 쉽지 않습니다. 힘없는 이들에게서 빼앗은 것, 옳지 못한 방법으로 취한 것을 하나님께 드리는 것이야말로 가장 큰 죄악입니다. 1993년에 상영된 "투캅스"라는 영화가 있습니다. 자신의 담당 구역에 있는 상인들에게서 뇌물을 받고 각종 이권에 개입하는 비리 경찰(안성기 분)이 등장하는데요. 좀 황당한 것은 비리 경찰이 주일에는 교회 예배에 열심히 참여하는 집사입니다. 그가 어느 날 경찰서에서 헌금 봉투에 돈 넣는 것을 보고 후배(박중훈 분)가 비꼬듯 말합니다.

"교회 집사도 짭짤한가 보죠?"

어느 주일날 목사님의 설교 내용은 지위와 권력을 이용해 다른 사람에게서 재물 등을 뺏고 괴롭히는 사람들은 회개해야 한다는 내용이었는데 주인공은 연신 '아멘'을 외칩니다. 그리고 예배가 끝난 후 자기 아내에게 "목사님 말씀, 틀린 거 하나 없어."라고 말합니다. 자신의 잘못을 회개하는 것이 아니라 정의감에 불타는 신출내기 후배 형사가 자신의 비리를 문제 삼자 오히려 자신이 고난을 겪는다며 위로를 받은 것입니다. 적반하장입니다. 코믹하게 그려지고 있지만 실제로 주변에 그런 사람이 있다면 어떨까요? 세상이 교회를 향해 비난하는 것은 예수님의 십자가와 말씀 그 자체가 아닙니다. 섬김과 낮아짐의 예수 십자가와는 다른 이중적인 신앙의 모습과 하나님 말씀을 나에게가 아니라 남에게 적용하는 유체이탈식 신앙을 문제 삼는 것 아니겠습니까? 아모스는 이처럼 잘못된 모든 것을 바로 잡을 수 있는 길은 오직 하나님 앞에 나아가는 것이라고 말합니다. 아모스 5장 4절을 봅니다.

나 주가 이스라엘 가문에 선고한다. 너희는 나를 찾아라. 그러면 산다.

하나님과의 관계가 멀어질 때마다 이스라엘은 위기를 경험합니다. 엄밀히 말해 이스라엘이 하나님을 멀리하는 것 자체가 위험한 일이었습니다. 살 수 있는 유일한 길은 세상의 성공과 권력이 아니라 오직 하나님과 바른 관계밖에 없음을 말합니다. 일전에 성경이 말하는 의(義)는 관계성 속에서 파악되는 것이라고 말씀드렸습니다. 인간의 의로움은 그 사람이 속한 공동체에 충실한 상대적 의로움입니다. 이쪽에서 옳다는 것이 다른 쪽에서는 틀렸다고 말할 수 있는 것이 바로 '인간의 의'입니다. 대표적으로 정치를 보면 그렇지요? 같은 사건을 대하는 태도가 서로 다르고 자기들이 옳다고 주장합니다. 그러나 하나님의 의로움은 인간과 하나님의 관계 속에서 평가되는 절대적 의로움, 즉 인간의 구원과 관련된 것입니다. 그래서 기독교에서 구원은 필연적으로 '하나님과 내가 어떤 관계를 맺고 있으며 그 바른 관계가 이웃과의 관계, 즉 삶에 어떻게 영향을 끼치고 있느냐?'입니다.

오스트리아의 유대계 철학자 마틴 부버(Martin Buber, 1878-1965)는 『나와 너』에서 '모든 참된 삶은 만남'이라고 말합니다. 우리가 어떤 만남의 관계를 맺어가고 있느냐에 따라 우리 삶의 수준이 결정됩니다. 마찬가지로 예수님을 믿는다는 것은 단순히 그분을 역사적 인물로, 그의 삶을 그저 훌륭한 삶 정도로 인정한다는 것이 아니라 내가 그렇게

사람이 교회다

살아가겠다는 결단이고, 그분의 삶에 대해 '동의'가 아닌 '동참'이 될 때 주님과 바른 관계가 형성되는 것입니다. 그렇다면 어떻게 사는 것이 하나님을 찾고 그분의 뜻에 합당한 삶이 될까요? 찰스 쉘던이 지은 소설 『예수라면 어떻게 할 것인가?』(In His Steps)에서는 주님을 삶의 한복판에 모시고 살아가는 방법을 가르쳐 주고 있습니다. 엘리트 출신에 평안하게 성공 가도를 달리던 맥스웰 목사는 어느 날 교회에 찾아와 '예수라면 어떻게 할 것인가?'를 묻고 쓰러져 죽은 어느 실직자의 물음에 충격을 받습니다. 그리고 교인들과 함께 그 물음대로 1년 동안 살아 보기로 합니다. 그는 다양한 사람들과 만남에서 '예수라면 어떻게 할 것인가?'를 묻고 실천합니다. 이 작은 실천 습관이 결국 교회를 뛰어넘어 도시 전체를 변화시켜 나가게 된다는 줄거리입니다. 책에는 사업을 하던 밀턴 라이트라는 사람의 고백이 등장합니다.

우선 종업원들에 대한 내 생각부터 바꿔야겠다는 것입니다. 저는 서약을 한 주일 다음날인 월요일 아침에 이 점포로 내려와서, '예수님이라면 이 점포의 점원, 경리사원, 사환, 배달원, 외판원들과의 관계에서 어떻게 처신하실까? 예수님이라면 내가 20여 년 동안 이들과 변함없이 지속해 온 인간관계와는 전혀 다른 인간관계를 확립하려고 하실까? 하고 저 자신에게 물어보았답니다. 그리고 저는 그러실 것이다.'라고 금방 대답했어요(107쪽).

그저 평범했던 아니 어쩌면 관심 밖에 있던 이들을 '주님은 어떻게 이들과 관계를 맺기 원하실까?'를 묻게 되자 변화가 일어납니다. 달라진 것은 딱 하나밖에 없습니다. 기존에 있던 이들과의 관계가 아니라 바로 예수님께 어떻게 살아야 하는지를 묻기 시작한 것뿐이었습니다. 그런데 그 하나가 모든 것을 변화시키기 시작했습니다. 소설은 우리가 흔히 무시하고 별것 아니라 여기는 모든 상황 속에서 예수님을 묵상할 수 있다면 큰 변화를 경험하게 될 것이라 말합니다. 오늘 두 번째 본문인 마태복음에는 이런 사실들이 구체적으로 묘사되고 있습니다.

> 31인자가 모든 천사와 더불어 영광에 둘러싸여서 올 때에, 그는 자기의 영광의 보좌에 앉을 것이다. 32그는 모든 민족을 그의 앞에 불러모아, 목자가 양과 염소를 가르듯이 그들을 갈라서, 33양은 그의 오른쪽에, 염소는 그의 왼쪽에 세울 것이다(마 25:31-33).

아모스를 통해 시련의 시기가 다가올수록 하나님과 바른 관계에 집중하라고 했던 것처럼 심판의 날에 주님은 목자가 양과 염소를 가르듯 심판받을 사람과 칭찬받을 사람을 갈라놓을 것이라고 말합니다. 여기서 말하는 양과 염소는 일종의 상징입니다. 유대인들은 양을 의인이나 구원받는 사람의 상징으로, 염소를 버림받고 심판받는 자의 상징으로 여겼습니다. 두 집단을 나누는 기준은 딱 하나입니다. '지극히 보잘것없는 사람 하나'를 대하는 태도입니다(40, 45절).

> 35너희는, 내가 주릴 때에 내게 먹을 것을 주었고, 목마를 때에 마실 것
> 을 주었으며, 나그네로 있을 때에 영접하였고, 36헐벗을 때에 입을 것
> 을 주었고, 병들어 있을 때에 돌보아 주었고, 감옥에 갇혀 있을 때에
> 찾아 주었다' 할 것이다(마 25:35-36).

내용을 보면 뭐 그리 대단한 일들이 아닙니다. 보잘것없어 보이는 이웃에게 무언가를 나누고 돌봄이 베풀어지는 자리가 바로 은총의 자리임을 말씀하고 있습니다. 반대로 마음을 닫아걸고 자기만 생각하고 서로를 미워하는 곳이야말로 심판의 자리입니다. 종종 뉴스를 통해 소위 갑질 논란을 많이 접하게 되는데요. 얼마 전에 어느 아파트에서 40대 초반의 입주민이 50대 후반의 경비원을 폭행한 사건이 있었습니다. 이유는 자신을 알아보지 못하고 차량 출입을 통제하는 데 화가 났다는 것입니다. 그런데 그가 폭행하며 내뱉은 말은 "내가 준 관리비로 월급받는 주제에 일을 똑바로 못하느냐?"였습니다. 소유가 인간의 가치를 결정하고 지극히 보잘것없는 사람으로 만드는 세상의 단면을 보여 주는 것입니다. 세 번째 본문을 보십시오.

> 14하나님의 영으로 인도함을 받는 사람은, 누구나 다 하나님의 자녀입

니다. 15여러분은 또다시 두려움에 빠뜨리는 종살이의 영을 받은 것이 아니라, 자녀로 삼으시는 영을 받았습니다. 그래서 우리는 그 영으로 하나님을 "아빠, 아버지"라고 부릅니다. 16바로 그때에 그 성령이 우리의 영과 함께, 우리가 하나님의 자녀임을 증언하십니다. 17자녀이면 상속자이기도 합니다. 우리가 그리스도와 함께 영광을 받으려고 그와 함께 고난을 받으면, 우리는 하나님이 정하신 상속자요, 그리스도와 더불어 공동 상속자입니다. 18현재 우리가 겪는 고난은, 장차 우리에게 나타날 영광에 견주면, 아무것도 아니라고 나는 생각합니다(롬 8:14-18).

14-15절에 의하면 하나님은 그저 우리 신앙의 대상으로만 존재하시는 먼 곳에 계신 분이 아니라 우리가 아버지라고 부를 수 있는 가까이 계신 분이라고 말합니다. 우리는 은혜로 하나님의 자녀가 되었습니다. 자녀는 부모로부터 재산을 상속받게 되죠? 그런데 16-17절을 보면 우리가 예수님과 함께 공동으로 상속받는 재산 목록에는 '영광'과 더불어 '고난'이 있습니다. 어렵게 하나님의 자녀가 되었는데 고난이라니요? 이것은 좀 피하고 싶은 유산이 아닐까 생각합니다. 그런데 바울이 말한 17절의 고난은 예수님처럼 채찍에 맞고 십자가에 죽는 것처럼 무언가 고통스러운 행위들을 말하는 것이 아닙니다. 자기 욕심을 채우지 못하거나 물질과 권력이 부족해 나만 손해를 보는 것 같은 억울한 고통이 아닙니다. 17절의 고난(파스코)이라는 말은 '고생'과 '손

해' 또는 '-영향을 받는다.'라는 의미입니다. 개인의 이익을 위해서가 아니라 철저히 자기가 아닌 타인을 위해, 사랑하는 이들을 세워 주기 위해 고생하고 손해 보고 섬기는 수고를 말하는 것입니다. 그러나 그 어려움은 내가 혼자 짊어지고 가야 하는 굴레가 아니라 '그리스도께서 함께 하시는 고난'입니다(17절). 그래서 흔들리고 방황할 수 있지만 견뎌낼 때까지 주님은 함께 하시겠다고 말씀하고 있는 것입니다. 모든 상황과 시련 속에서도 주님을 볼 수 있는 눈과 마음을 가지고 오늘 내가 만나는 이들을 섬길 수 있는 사람이 바로 하나님의 사람이라는 것입니다. 그렇다면 참된 신앙인은 어떤 생각과 마음을 가지고 살아야 할까요? 권정생 선생님의 『우리들의 하느님』에 등장하는 어느 아주머니의 이야기입니다.

얼마 전에 가까운 시내에 나갔다가 돌아오려는데 버스비가 모자라 할 수 없이 완행기차를 타고 왔다. 그런데 기차 안에서 어떤 아주머니가 자리를 내주면서 앉으라고 권했다. 나는 가까운 두 정거장만 가면 내릴 테니 괜찮다고 사양을 했지만 아주머니는 기어코 앉기를 권해서 황송하게 자리에 앉았다. 나는 앉아서 무심코 아주머니께 혹시 교회 나가시는 분이 아니냐고 여쭈었더니 아주머니는 금방 반색하면서 그렇다는 것이다. 어떻게 알았는지 신기해하면서 기뻐하며 묻지도 않은 말을 들려주기 시작했다. 아주머니의 말에 따르면 의성지방 시골교회 집사님인데 한 십 년 전에 이상한 체험을 했다는 것이다. 들어보니 꼭 옛날이야기 같은 내용이었다. 어느 날 아주머니는 몹시 바쁘게 집안일을 하고 있는데 어떤 거지가 구걸을 하러 왔다. 정신없이 일에 몰두하고 있던 아주머니는 자기도 모르게 귀찮아서 퉁명스럽게 지금은 바쁘니 다른 데나 가 보라고 거지에게 박대를 하며 내쫓은 것이다. 그런데 그 거지가 돌아서 나가는 뒷모습을 힐끗 보니 놀랍게도 틀림없는 예수님이었다. 깜짝 놀란 아주머니는 하던 일을 그만두고 허겁지겁 쌀을 한 대접 떠서 달려나가 보니 거지는 그새 어디론지 사라지고 보이지 않았다. 혹시나 해서 옆집으로 또 옆집으로 샅샅이 살펴보았지만 역시 허사였다. 집으로 돌아온 아주머니는 주저앉아 통곡했다. 그때부터 아주머니의 눈에는 어떤 낯선 사람도 예수님으로 보이게 된 것이다. 그렇게 아주머니는 십 년을 하루 같이 만나는 사람을 모두 예수님으로 알고 대접을 했다. 이야기를 다하고 나서 아주머니는 말했다. "세상 사람이 다 예수님으로 보이니까 참 좋아요. 내가 할 수 있는 것은 다 해 드리고 싶어예(『우리들의 하느님』 128-129쪽)."

권정생 선생님은 동화의 주인공 같은 그 아주머니를 오랫동안 쳐다보았고 설교 중에도 진짜 설교를 들었다고 말합니다. 그날은 꼭 천국에 사는 기분이었고 그분이 가장 복된 은혜를 받고 사는 사람인 것 같다고 말합니다. 그런 마음과 눈을 가진 사람이라면 비록 삶은 고단

할지라도 어디서나 평화를 만드는 사람이 될 것입니다. 하나님은 멀리 계신 분이 아닙니다. 그렇다고 우리가 찾아다녀야 하는 분도 아닙니다. 그분은 우리의 어려움과 아픔 가운데 이미 함께 하고 계신 분입니다. 언제 어디서나 그런 주님을 고백하며 살아가는 삶이 되기를 바랍니다.

대림절/성탄절

그날이 오고 있다

예레미야 33장 14-16절
데살로니가전서 3장 9-13절
누가복음 21장 25-36절

그리스의 수도는 아테네입니다. 신약성경에서는 '아덴'이라 부릅니다. 2천 년 전이나 지금이나 아테네는 그리스 제1의 도시입니다. 그아덴에서 북쪽으로 쭉 올라가다 보면 데살로니가라는 도시가 있습니다. 사도 바울이 활동하던 당시 제2의 항구 도시였고 주변 지역을 마케도니아 지방이라 하는데 그 지방의 수도였습니다. 지금도 100만의 인구가 밀집해 사는 대도시입니다. 로마제국 시대에도 항구 도시로서 무역, 정치, 경제, 군사적으로 중요한 곳이었습니다. 유대 땅에서 이주해온 유대인들은 데살로니가에 회당을 세웠습니다. 초기 기독교 전파는 각지에 세워진 유대인의 회당을 중심으로 시작되었는데 바울도 마케도니아 지역의 복음 전초 기지로 데살로니가의 회당을 이용해 복음을 전합니다. 빌립보에 이어 유럽지역에 두 번째로 세워질 만큼 데살로니가는 초기 기독교 역사에서 의미가 있는 교회입니다. 교회가 세워졌다고 해서 사람들이 흔히 상상하는 그런 예배당은 아닙니다. 야손이라는 사람의 가정집을 이용해 모였으니 교인들의 수는 그리 많지 않았을 것입니다. 역사 연구가들에 따르면 바울 시대 교회에 모이는 인원은 십여 명에서 100명을 넘지 않았을 거라고 합니다. 그런데 그 적은 인원이 모여서 예배하는 것을 탐탁지 않게 여기던 이들이 있었습니다. 바로 유대교를 믿고 있던 유대인들입니다. 그들이 바울과 데살로니가 교회를 방해하기 시작했습니다. 사도행전 17장 5-6절을 보면 그 당시의 상황을 이렇게 말합니다.

5그러나 유대 사람들은 시기하여, 거리의 불량배들을 끌어 모아다가 패거리를 지어서 시내에 소요를 일으키고 야손의 집을 습격하였다. 그리고 바울 일행을 끌어다가 군중 앞에 세우려고 찾았다. 6그러나 그들을 찾지 못하고, 야손과 신도 몇 사람을 시청 관원들에게 끌고 가서, 큰 소리로 외쳤다. "세상을 소란하게 한 그 사람들이 여기에도 나타났습니다.

기가 막힌 일이지요? 예배 장소로 사용되던 야손의 집을 '습격'했다고 나옵니다. 그리고 5절에 보면 '바울 일행을 끌어다가 군중 앞에 세우려고 찾았다.'라고 나오지요? '군중'이라는 말은 헬라어로 '데몬'이라고 하는데 이것은 '자유 시민'이라는 뜻입니다. 유대교나 기독교와는 전혀 상관이 없는 사람들을 지칭하는 것입니다. 신앙의 문제를 신앙과 상관없는 이들 앞에 끌어내서 모욕과 망신을 주겠다는 비열한 행동입니다. 그러면서 가져다 붙인 누명이 '세상을 소란하게 한다.'는 것이었습니다. 이것은 한마디로 로마제국의 질서를 어지럽게 한다는 것이고 결국 황제 질서에 도전하는 반역자라는 뜻입니다.

데살로니가의 유대교를 신봉하는 유대인에게 중요한 것은 하나님 말씀도 같은 유대민족이라는 동질감이나 종교적 진리의 추구도 아니었습니다. 오직 그들이 집중하고 있는 것은 '무엇이 이익이 되는가? 어떻게 안전을 보장받을 것인가?'였습니다. 생명의 위협을 느낀 바울과 그의 동역자 실라는 아덴으로 급히 몸을 피하게 됩니다. 이제 막 믿음의 씨앗을 키워가던 교회 역시 위기를 맞이하게 됩니다. 모이는 인원이 얼마 되지 않았다 해도 유대인보다 개종한 이방인들이 많았고, 여타의 항구 도시들이 그러했듯이 무역 거래가 빈번하다 보니 황금만능주의와 성적인 타락과 우상 숭배의 풍조가 연약한 교회를 흔들 것이 자명했기 때문에 바울은 마음이 아플 수밖에 없었습니다. 결국, 바울은 아덴에서 디모데를 보내 데살로니가 교회를 살피게 합니다. 바울의 심정을 이렇게 말합니다.

> 5그러므로 내가 참다못하여, 여러분의 믿음을 알아보려고, 그를 보냈습니다. 그것은, 유혹하는 자가 여러분을 유혹하여 우리의 수고를 헛되게 하지 못하게 하려는 것이었습니다. 6그런데 지금 디모데가 여러분에게서 우리에게로 돌아와서, 여러분의 믿음과 사랑의 기쁜 소식을 전하여 주었습니다. 또, 여러분이 우리를 늘 좋게 생각하고 있어서, 우리가 여러분을 간절히 보고 싶어 하는 것과 같이, 여러분도 우리를 간절히 보고 싶어 한다고 전하여 주었습니다. 7그러므로 형제자매 여러분, 우리는 여러분을 보고, 우리의 모든 곤경과 환난 가운데서도, 여러분의 믿음으로 말미암아 위로를 받았습니다. 8여러분이 주님 안에 굳게 서 있으면, 이제 우리가 살아 있는 셈이기 때문입니다(살전 3:5-8).

디모데가 바울에게 전해 준 소식은 두 가지였습니다. 데살로니가의 교우들은 여전히 신앙에서 떠나지 않았으며 굳건히 주님 안에 머물러 있다는 소식입니다. 6절을 보면 데살로니가의 교인들은 여전히 바울을 그리워하고 있다는 것입니다. 그건 아직 바울이 전해 준 신앙에서 흔들리지 않고 있다는 것입니다. 바울은 7절에서 큰 위로를 받았다고 말합니다. 그리고 또 다른 소식 하나는 8절에 오히려 주님 안에 굳게 서 있다는 사실입니다. 바울은 교회가 어찌 될까를 걱정하고 있었지만 이미 하나님께서 그들을 돌보시고 있다는 사실을 알게 된 것입니다. 그렇게 염려하던 바울은 두 번이나 위로를 얻습니다. 그리고 데살로니가의 교인들을 위해 바울은 기도합니다.

첫째, 철저한 자기 부인의 신앙을 고백합니다.

> 하나님 우리 아버지와 우리 주 예수께서 우리의 길을 친히 열어 주셔서, 우리를 여러분에게로 가게 해 주시기를 간구합니다(11절).

이전에는 자기의 힘과 능력을 의지해서 무언가 해 보려 했지만 디모데를 통해 듣게 된 소식은 교회와 신앙의 일은 하나님께서 함께 하시는 것이기에 온전히 내려놓을 수 있어야 한다는 것입니다. 바울은 깨닫죠. '아! 교회는 내가 걱정하고 염려한다고 해서 어떻게 되는 것이 아니구나! 하나님께서 세우시고 돌보시는 곳이 교회구나!'라는 것을 고백합니다. 그래서 '내가 세운 교회니까 여러분에게 가고 싶습니다.'라고 하지 않습니다. 하나님 아버지와 성자 예수 그리스도께서 길을 열어 주시면 가겠다고 철저히 자신의 의지와 계획과 경험을 내려놓습니다.

저에게도 그런 경험이 있었습니다. 군종 목사 3년 차가 되던 해 전방에서 군인 교회 예배당을 건축했습니다. 하지만 예배당 건축은 순수한 의도로만 되는 것은 아닙니다. 목회자나 성도들의 과시욕이 숨어 있을 수 있고 '내가 했다.'라는 일종의 자기 업적주의도 도사리고 있습니다. 특히나 '교회가 건물이 아니라 예수 그리스도를 주님으로 고백하는 사람들의 모임'이라는 신학의 기초적인 원칙을 지키지 않으면 반드시 문제가 일어나기 마련입니다. 저 역시 예외가 아니었습니다. 처음에는 계획대로 일정이 착착 진행되어서 몇 달 뒤에는 쉽게 완공이 될 줄 알았는데 예상을 빗나가는 일이 벌어졌습니다. 건축을 진행하던 분이 당시 모 중대 군종병 아버지였고 아들 면회를 왔다가 부대 교회가 건축한다는 사실을 알고 돕고 싶다는 뜻을 알리게 된 것입니다. 자신을 서울의 어느 교회 집사로 소개해서 확인도 안 하고 덜컥 믿어 버린 것입니다. 하나님이 아니라 사람을 믿은 것이 문제였습니다.

그분은 공사비를 빼돌리는 사기꾼이었습니다. 건축 비용이 없어 전기 시설 공사가 중단되면 기도했습니다. 방법이 그거밖에 없으니까요. 그러자 사단 목사님께서 전기 공사를 하시는 K 장로님을 소개해 주셨는데 서울에서 화천까지 와서 며칠을 머물며 전기 공사를 다 하셨습니다. 장로님 본인이 하시던 일도 접고 오셨으니 교회 재정이 아무리 부족해도 재료비는 드려야 할 거 아닙니까? 장로님께 전기 시설 공사 금액의 반도 안 되는 비용을 봉투에 담아 드리며 죄송하다고 했습니다. 그랬더니 그 장로님께서 제가 건넨 봉투를 얼른 받으셨습니다. 그리고 "하나님 돈 벌게 해 주셔서 감사합니다." 하시더니 그 돈 봉투를 다시 저에게 주시며 "이건 헌금입니다."하며 도망치듯이 가 버리셨습니다. 저는 그 돈 봉투를 들고 장로님 차량의 뒷모습을 보며 흐르는 눈물을 주체하지 못할 정도로 울었습니다. 예배당 내부에 넣을 집기류들이 필요해서 기도하면 누군가 오셔서 에어컨을 달아 주고 피아노가 생기고 가구가 채워지고 영상 시설과 음향장비 비용이라면서 얼굴도 모르는 분들이 섬겨 주셨습니다. 그 헌신된 물질들의 사연을 다 소개하자면 시간이 부족할 지경입니다. 저는 이런 종류의 간증이 헌신을 강요하는 것 같아 불편하게 생각하던 사람이었지만 그날 이후로 생각이 바뀌었습니다. 그렇게 자기를 자랑하지 않고 주님만 드러내며 사시는 분들의 삶을 거룩하다고 하지 않을 수 없습니다. 적어도 저에게는 그분들이야말로 바울이 8절에서 "여러분이 주님 안에 굳게 서 있으면, 이제 우리가 살아 있다."라고 했던 것처럼 나를 가르치고 살린 분들이기 때문입니다.

저는 단순히 이렇게 헌신하신 분들만 소개해 드리려는 것은 아닙니다. 그분들 때문에 한 사람이 예수님을 영접한 사건이 있었습니다. 사기꾼 건축업자가 빠지고 대신 건축을 담당하게 된 J 소장님이 계시는데 그분은 신앙이 없는 분이었습니다. J 소장님이 누구 때문에 가장 큰 감동을 받았을까요? 바로 전기 공사를 하신 K 장로님이었습니다. 옆에서 같이 공사를 했기 때문에 장로님께서 헌신하시는 그 모습을 보곤 저에게 "교회에 정말 좋은 사람들이 많네요!" 하셨던 말이 생생합니다. 자기 기준으론 이해할 수 없었던 것입니다. 며칠간 고생해서 일

하더니 재료비마저 다 헌금하고 가는 그 모습에 큰 충격을 받은 것입니다. 그 소장님은 교회를 섬기는 분의 헌신을 보고 예수님을 영접한 것입니다. 저는 교회를 세운다는 것이 그저 건물만 세우면 되는 것이라 여겼는데 하나님께서는 자기를 부인하는 사람들이 모인 교회는 이렇게 사람을 세우는 것이라 가르쳐 주신 것입니다.

둘째, 풍성하게 하시는 하나님을 고백합니다.

> 또, 우리가 여러분을 사랑하는 것과 같이, 주님께서 여러분끼리 서로 나누는 사랑과 모든 사람에게 베푸는 여러분의 사랑을 풍성하게 하고, 넘치게 해 주시기를 빕니다(12절).

한 구절에 사랑이라는 단어가 세 번이나 반복적으로 사용되고 있습니다. 사랑이라는 말은 '아가페'라는 단어가 사용되었는데요. 아가페는 '사랑하다'라는 뜻 이외에도 '존경하다', '즐거워하다', '소중히 여기다', '가치가 있다'라는 뜻도 있습니다. 12절에서 제시되고 있는 신앙인들이 누군가에게 베풀어야 하는 호의와 친절의 범위를 잘 보십시오. 바울은 믿는 자들의 선행이 '모든 사람'에게 넘쳐야 한다고 말합니다. 유대인들은 이웃을 자기 민족과 율법을 지키는 자로 제한했습니다. 그래서 병든 사람, 힘없는 사람, 이방인까지 범위를 넓히는 예수님을 용납할 수 없었습니다. 예수님의 삶을 한마디로 요약한다면 저는 '아껴 줌'이라 말하고 싶습니다. 누군가를 아껴 주는 것이야말로 가장 큰 사랑의 고백입니다. 내 능력이 되는 한 누군가의 필요를 채워 주고 아껴 줌을 통해 하나님의 사랑을 증거 하는 것이 우리에게 주신 사명입니다. 이런 나눔의 사랑은 많고 적음의 문제가 아니라 오직 어떤 마음으로 하느냐가 가장 중요합니다. 누군가에게 친절을 베풀 때 어떤 보상이나 대가를 바라지 말아야 합니다. 오직 우리는 주님께 돌려드리는 것일 뿐이라고 고백할 수 있어야 합니다.

셋째, 주님은 다시 오신다는 종말 신앙을 고백합니다.

> 그래서 주님께서 여러분의 마음을 굳세게 하셔서, 우리 주 예수께서 자기의 모든 성도들과 함께 오실 때에, 하나님 우리 아버지 앞에서 거룩함에 흠 잡힐 데가 없게 해 주시기를 빕니다(13절).

예수님이 다시 오실 때, 즉 종말의 시기까지 흠 없이 믿음을 지켜 가자고 합니다. 이것은 실수하지 말고 노력하고 있으라는 말이 아닙니다. 지금 열심히 노력하면 지금의 노력 때문에 언젠가 좋은 시간이 올 거라는 보상을 강조하는 것도 아닙니다. 어거스틴은 그의 책 『고백록』에서 '시간은 현재에서 과거로 흘러가는 것이 아니라 미래에서 현재로 다가오는 것이다.'라고 했습니다. 미래를 아는 자들은 현재를 함부로 살아갈 수 없습니다. 예를 들어 병원에 갔더니 의사에게 당신은 한 달

뒤에 병 때문에 죽을 거라고 시한부 선고를 받았다고 생각해 보십시오. 삶을 대하는 자세가 달라질 수밖에 없을 것입니다. 죽음이 임박한 이들에게는 만나는 사람과 하는 일들이 결코 사소하고 의미 없는 것이 될 수 없습니다. 예수님께서 다시 오신다는 말의 의미는 그것입니다. '종말'이라고 하면 부담스럽게 생각하는 분들이 있습니다. 이단 종교나 광신집단이 연상되기 때문입니다. '종말론'은 마지막 때에 관한 이야기인 것처럼 보이지만, 사실은 '지금'에 대한 이야기입니다. 언제 닥쳐올지 모르는 종말의 때 앞에서 오늘을 어떻게 살 것인가가 종말론의 핵심입니다. 애플의 CEO였던 故 스티브 잡스는 스텐포드대학 졸업 연설에서 자신이 질병 때문에 죽다가 살아난 경험을 이야기하면서 '죽음은 삶이 만든 최고의 발명품'이라고 말했습니다. 나도 끝날 수 있다는 경험이 오늘 하루 최선을 다해 살아가게 만들기 때문이라는 것입니다. 신앙인이 오늘 최선을 다해 살아가야 하는 이유도 마찬가지라고 생각합니다. 끝을 볼 수 있거나 아는 자들은 오늘 현재의 삶을 허투루 살아가지 않게 됩니다. 바울은 오늘 말씀에서 주님은 반드시 다시 오실 것이다. 그러니 미래가 없는 것처럼, 죽으면 모든 것이 끝이라고 생각하지 말라고 합니다.

예수님도 제3본문인 누가복음 21장 25-36절에서 종말의 삶을 사는 자들이 어떻게 살아야 하는지를 설명해 주셨습니다. 그러면서 깨어 있으라고 하셨습니다. 준비하고 있으라는 거죠. 제1본문의 예레미야 역시 같은 주장을 하는 것을 보게 됩니다. 교회력에 따르면 오늘이 예수님의 오심을 기다리는 대림절 첫 주일입니다. 그리스도인들은 예수님의 궁극적인 승리를 믿고 그분이 다시 오신다는 사실을 믿고 고백하고 그에 따라 사는 자들입니다. 미래를 아는 자들은 지금 현재의 삶에 최선을 다하게 됩니다. 대림절은 주님의 오심을 기다리는 훈련과 준비의 기간입니다. 매 주일 모여 예배하는 것 역시 같은 의미입니다. 더 깊이 주님을 묵상하며 주어진 모든 것에 감사의 고백을 드리는 시간이 되기를 바랍니다.

말씀이 광야에 내렸다

말라기 3장 1-4절
빌립보서 1장 3-11절
누가복음 3장 1-6절

　　권정생 선생의 『강아지 똥』이라는 동화가 있습니다. 어느 날 강아지 한 마리가 길에 싸고 간 똥은 '난 아무 쓸모 없이 태어났다.'라며 자신의 존재를 한탄합니다. 지나가던 이들 역시 수군대며 아무도 좋아하지 않습니다. 그런데 자신을 양분 삼아서 민들레가 예쁜 꽃을 피운다는 사실을 알고 난 뒤, 자신도 쓸모 있고 소중한 존재라는 것을 깨닫게 됩니다. 제가 10년 전 경기도 연천의 포병 부대에 근무할 때 있었던 일인데요. 군 생활을 하면서 힘들고 지친 형제들을 모아서 매달 교회에서 비전 캠프를 진행했는데 그때 『강아지 똥』 영상을 보여 주었습니다.

그런데 지금도 기억에 남는 한 형제가 있습니다. 이 친구가 다른 병사들과 달리 영상을 보면서 참 많이 울었습니다. 따로 만나 이야기를 했더니 20여 년 짧은 인생이 너무 서러웠답니다. 어려서 형과 자신을 두고 어머니는 일찍 돌아가시고 아버지는 얼마 후 새로 장가를 드셨는데 집에 들어온 새어머니에게도 아들 형제가 있었습니다. 그리고 아버지와 새어머니 사이에서 또 두 명의 동생들이 태어납니다. 어머니가 서로 다른 육 남매가 한 집에 어울려 살게 되면서 사랑은 부족해지고 갈등은 커졌습니다.

어려서부터 가정이라는 울타리의 안전망이 제거된 이 친구는 가족들에게는 언제나 주변인이었고 자신은 강아지 똥처럼 쓸모없는 인생이고 태어나지 말았어야 한다는 생각에 불량한(이해하고 나면 불우한) 청소년 시절을 보내게 되었습니다. 그렇게 불편한 가족관계를 벗어나고 싶어서 도망치듯 군대에 왔지만, 여전히 마음을 잡지 못하고 방황하다 캠프에 오게 되었는데 영상 속에서 강아지 똥이 민들레에게 녹아 스며드는 장면을 보곤 마음속에 단단하게 굳어 있던 마음속 응어리가 무너져 내리는 경험을 한 것입니다. 자기 존재의 소중함과 더불어 가족들에게 나만 생각하느라, 녹아들지 못했던 것 같다고, 이젠 가족들에게 돌아가고 싶다고 했는데 소망처럼 잘 되었는지 모르겠습니다. 지금쯤 결혼을 했을지? 행복하게 살고 있을지 궁금합니다. 『강아지 똥』을 볼 때마다 그 형제가 생각납니다.

우리도 가끔 세상에 내동댕이쳐진 것 같을 때가 있지 않습니까? 난 외롭고 참 쓸모없는 인생 같다는 생각이 들 때도 있고요. 누가 내가 필요하기나 할까? 싶은 마음에 우울해지기도 합니다. 그러나 동화의 내용처럼 "하나님은 쓸데없는 물건은 하나도 만들지 않으셨어. 너도 꼭 무엇인가 귀하게 쓰일 거야."라는 말이 여러분에게 위로가 되었으면 합니다. 그리고 강아지 똥에게 민들레가 이렇게 말합니다.

꽃을 피우기 위해 너의 몸뚱이를 고스란히 녹여 내 몸속으로 들어와야 해. 그래서 예쁜 꽃이 피게 하는 것은 네가 하는 거란다.

민들레의 이 말에 용기를 얻게 된 강아지 똥은 "내가 너의 살이 되어 줄게!"라고 말합니다. 누군가의 살이 되어 준다는 것은 내가 사라지지 않고는 불가능한 일입니다. 기왕 나온 김에 조금 더 권정생 선생의 글을 소개해 드리겠습니다.

예수는 십자가에 못 박히기 전날, 저녁 먹는 자리에서 빵을 떼어 주며 '이건 내 살이라.' 했고, 포도주를 따라 주면서 '이건 내 피다.'라고 했다. 사실은 빵과 포도주가 예수의 살과 피가 되는 것이 아니라, 하루 뒤에 있어질 자신의 살과 피의 갈 길을 가르쳐준 것이다. 세상의 모든 목숨은 희생이 없이는 살아갈 수 없다. 어머니와 아버지는 자식을 위해 온몸을 희생하고, 그 자식은 또 그 자식을 위해 희생하기 때문에 인간의 역사가 이어져 왔다. 어머니 아버지의 희생만이 아니라 우리가 먹고 있는 모든 먹을거리는 자연에서 얻는다. 공기로 숨을 쉬고 물을 마시고 온갖 동식물을 잡아먹고 산다. 결국, 우리 몸속에는 온갖 것이 다 들어와서 살이 되고 피가 되어 움직인다. 내가 사는 것이 아니라 자연이 함께 내 몸속에서 살고 있다. 그러니 나는 자연의 일부이며 또한 하느님의 한 부분이기도 하다. 예수님이 이 사람들 속에 내가 있고 내 속에 하느님이 계신다고 하신 것은, 백번 옳은 말씀이다(권정생, 『우리들의 하느님』 28쪽).

성만찬에 대한 의미 있는 해석입니다. 내 속에 모든 생명이 녹아들어와 나의 살과 피가 되고 나를 움직이게 한다는 것에는 누구라도 동의할 것입니다. 그래서 작가는 세상의 사소한 것 하나도 귀하고 소중하고 감사한 것임을 말합니다. 쓸모없어 보이고 버려진 것 같은 인생! 세상의 부와 권력과 힘으로부터 밀려나 가치 없어 보이는 인생이라 해도 상관없습니다. 그건 세상의 가치일 뿐 하느님께는 작은 생명 하나도 소중합니다. 우리가 읽은 말씀은 그러한 사실을 다시 한번 상기시켜 주고 있습니다. 세 번째 본문인 누가복음 3장 1-2절을 봅시다.

1디베료 황제가 왕위에 오른 지 열다섯째 해에, 곧 본디오 빌라도가 총

사람이 교회다

독으로 유대를 통치하고, 헤롯이 분봉왕으로 갈릴리를 다스리고, 그의 동생 빌립이 분봉왕으로 이두래와 드라고닛 지방을 다스리고, 루사니아가 분봉왕으로 아빌레네를 다스리고, ²안나스와 가야바가 대제사장으로 있을 때에, 하나님의 말씀이 광야에 있는 사가랴의 아들 요한에게 내렸다.

지금 읽은 구절이 어떤 내용인지 바로 이해가 되나요? 성경을 읽다가 잘 모르는 사람이나 지역 명칭이 등장하면 좀 어렵습니다. 그래서 1-2절 역시 "그런 사람들이 있었나 보다." 하고 넘어가기 쉽습니다. 그러나 하나님의 말씀을 기록하는데 의미 없는 사람들의 이름을 기록할 이유가 없겠지요? 사실 오늘 설교는 두 구절에 등장하는 인물들을 설명하는 것만으로도 시간이 부족합니다. 그만큼 상당히 많은 역사적 배경과 정보들이 압축되어 있기 때문입니다. 더구나 이런 사람들이 통치하던 시기에 메시야 즉 구원자가 오신다고 세례자 요한이 선포하던 장면까지 있기 때문에 1-2절의 시대적 배경을 살펴보지 않으면 왜 예수님이 그때 태어나서 활동하셔야 했는지 알 수 없습니다.

우선 1절에 '디베료 황제가 왕위에 오른 지 열다섯째 해'라고 나옵니다. 디베료(주후 14-37년)는 로마제국의 두 번째 황제입니다. 그의 통치기간은 예수님의 공식적인 활동기간(공생애)과 십자가 처형 사건이 포함되어 있습니다. 그의 공식적인 황제 명칭은 '티베리우스 율리우스 카이사르 아우구스투스'입니다. 당시 유명한 이전 권력자들의 칭호를 모두 붙였습니다. 우리 식으로 '제 이름은 김을지문덕 강감찬 이순신입니다.'라고 하는 것과 같은 것입니다. 이름 중에 등장하는 아우구스투스(Gaius Octavianus Augustus)는 로마의 초대 황제로 200년 동안 펼쳐진 로마의 평화 시대(Pax Romana)를 열었던 황제였습니다. 달력에 8월을 August라고 하는데 이 사람의 호칭에서 유래가 되었다고 할 정도로 강력한 통치자였습니다. 또한 '율리우스 카이사르'라는 명칭은 아우구스투스의 아버지로 로마 공화정 말기에 삼두정치(1차 삼두정치: 주전 59년 카이사르, 폼페이우스, 크라수스 사이의 협정, 주전 43년 옥타비아누스, 안토니우스, 레피두스 사이의 2차 삼두정치와 구별)를 이끌다가 측근인 부르투스에게 암살당합니다. 황제 시대를 열었다는 점에서 율리우스 카이사르는 '신'으로 추앙받았습니다.

절대 권력자를 신으로 숭배하고 그 아들 역시 신의 아들로 숭배하는 나라가 로마제국입니다. 그래서 아우구스투스를 부를 때는 '신의 아들 아우구스투스'라고 불렀는데 디베료는 바로 이 아우구스투스의 양자이며 사위였습니다. 일명 '신의 손자' 정도 되는 셈입니다. 55세에 왕위에 오른 디베료는 사치와 향락을 억제하였고 가난한 자들에게 식량을 공급하는 등 여러 개혁 조치들을 실시했지만 10여 년 뒤에는 카프리(Capri) 섬에 들어가 칩거하면서 친위 대장이었던 세자누스(Sejanus)에게 권력을 위임합니다. 그러나 노년에 판단력이 흐려진 디베료는 반역에 대한 두려움에 떠는 연약한 인간이 되고 말았습니다. 나중에는 측근이었던 세자누스도 처형할 정도로 공포정치를 하게 됩니다. 인간의 권력은 이처럼 허망한 것입니다. 끊임 없이 누군가를 의심하거나 제거해야 합니다.

다음으로 '본디오 빌라도가 총독으로 유대를 통치하고'라는 부분을 보겠습니다. 빌라도는 조금전에 언급했던 디베료 황제의 측근이었다가 처형당한 세자누스가 임명한 유대 총독입니다. 그러니까 세자누스는 대통령 비서실장급 권세를 지닌자였습니다. 세자누스는 반유대주의자로 유대인 핍박에 앞장섰던 사람인데 빌라도 역시 자기를 임명한 사람을 위해 충실하게 임무를 수행합니다. 주후 26-36년의 10년 동안 유대 총독으로 지내면서 반유대적인 정책을 폅니다. 빌라도의 이런 성향은 유대인들에게 큰 반발을 불러왔습니다. 예를 들면 요세푸스(Flavius Josephus, 주후 37-100년)라는 유대 역사가는 당시 빌라도가 했던 일을 이렇게 묘사합니다.

한편 티베리우스 황제에 의해 유대 총독으로 파견된 빌라도는 밤에 케사르의 형상이 그려진 군기(軍旗)를 예루살렘으로 들여보냈다. 이에 날이 밝자 유대인들 가운데서 무서운 소란이 벌어지게 되었다. 케사르의 형상이 새겨진 군기를 본 유대인들은 그들의 율법이 로마인들의 발에 짓밟힌 것을 목도하고 경악을 금치 못하였다. 유대율법에 따르면 어떤 형상도 예루살렘에는 들여올 수 없도록 금지하고 있기 때문이었다. 예루살렘 시민들은 단지 분개하는 것만으로 그치지 않았으며 수많은 사람들이 가이사랴(Cesarea: 팔레스타인의 해안도시)의 빌라도에게 부리나케 몰려갔다. 그들은 빌라도에게 조상 전래의 율법을 범하지 않도록 군기를 예루살렘 밖으로 내보내 줄 것을 간청하였다. 그러나 빌라도는 그들의 요구를 들어 주지 않았다. 이에 그들은 맨땅에 엎드려 간청을 하며 5일 밤낮을 미동도 하지 않았다. 『요세푸스 3권 유대전쟁사: 예루살렘 함락사』, 205-206쪽

여기 나온 것 말고도 빌라도는 이스라엘 사람들의 시위를 무력으로 진압하거나 상수도 건설비용을 충당하기 위해 성전 금고에 손을 대는 등 유대인들 입장에서는 무개념 통치를 했던 인물입니다.

다음으로 헤롯, 빌립, 루사니아라는 분봉왕(tetrarch)의 이름들이 등장합니다. 그들은 헤롯 대왕의 아들들로 헤롯 대왕 사후에 각자 영토를 나눠 다스렸습니다. 분봉왕은 중앙 정부에 의해 내정을 간섭받는 위성 국가 지도자입니다. 로마는 민족적, 종교적 이유로 자신들이 직접 통치하기 어려운 곳, 특히 그리스 문화에 동화되지 않는 지역은 현지의 사람들 중에 통치자를 세웠습니다. 그들은 세금징수와 치안 유지를 위한 약간의 군대 보유도 가능했습니다. 그러나 분봉왕들은 자신들의 권력을 유지하기 위해 황제의 이름을 딴 도시를 건설하거나 로마에

사람이 교회다

서 요구하는 군대 파병, 세금 상납 등으로 유대인들을 더 힘들게 하는 자들이었을 뿐입니다.

그리고 2절 전반부에 '안나스와 가야바가 대제사장으로 있을 때에'라고 되어 있습니다. 그나마 유대인들이 의지할 수 있는 종교의 지도자인데요. 이게 좀 이상합니다. 본래 제사장들 중에 대제사장은 종신제이며 세습제이기 때문에 한 사람밖에 없습니다. 그런데 두 사람의 이름이 등장하는 것은 정치적 문제 때문입니다. 우선 안나스는 주후 6년 로마에서 파견한 총독 구레뇨(Quiriaius)에 의해 임명됩니다. 그런데 주후 15년 새로 부임한 총독 발레리우스 그라투스가 그를 해임시킵니다. 그 뒤 3년 동안 여러 대제사장들이 총독에 의해 교체되다가 주후 18년 안나스의 사위였던 가야바가 대제사장에 임명이 됩니다. 그러나 안나스는 여전히 영향력이 있는 대제사장이었습니다. 그래서 가야바와 더불어 그의 이름이 언급되는 것입니다. 우습지요? 로마의 권력자에 의해 임명되는 대제사장이 과연 하나님의 말씀대로 자기 직분을 감당할 수 있었을까요? 종교마저 하나님보다는 반인반신(半人半神)의 황제에게 충성을 다짐하고 있는 절망스러운 상황입니다.

누가가 1-2절에서 하고 싶은 이야기는 딱 하나입니다. 정치도 종교도 백성에게는 희망이 되지 못하던 시기였다는 것입니다. 이런 상황은 2천 년 전에만 있었던 일이 아닙니다. 지금도 권력을 가진 자가 신과 같이 숭배를 받는 세상입니다. 종교 역시 세상의 힘과 물질 앞에 굴복하는 일은 얼마든지 찾아 볼 수 있습니다. 2천 년 전이나 지금이나 평범한 사람들에게 삶은 어렵기만 합니다. 한 마디로 '희망 없음'이라 할 수 있을지도 모릅니다. 그 절망 속에서 작은 희망을 발견하게 됩니다. 누가복음 3장 2b절을 보십시오.

2b하나님의 말씀이 광야에 있는 사가랴의 아들 요한에게 내렸다.

말라기 이후 400년 동안 하나님은 침묵하셨습니다. 그 침묵의 기간, 종교마저 세상의 힘에 좌우될 만큼 소망이 사라진 그 시기에 하나님의 말씀은 권력자들의 화려한 궁궐이나 예루살렘의 웅장한 종교 시설이 아니라 엉뚱하게도 광야에 내려졌습니다. 광야는 그저 허허벌판의 빈들이 아니라 주목받지 못하는 특별할 것도 없는 평범한 사람들의 일상을 대변합니다. 하나님의 임재는 인간의 업적과 욕망, 그리고 경험과 예상을 피해 전혀 예측하지 못했던 방법으로 이루어진 것입니다. 세례 요한은 선포합니다.

3요한은 요단 강 주변 온 지역을 찾아가서, 죄사함을 받게 하는 회개의 세례를 선포하였다(3절).

왜 하필이면 요단강이었을까요? 여기에는 상징성이 있습니다. 여호수아 3, 4장에 의하면 출애굽 후 광야에서 40년을 보낸 이스라엘 사람들이 가나안에 들어갈 때 그들은 하나님 임재의 상징인 언약궤를 앞세우고 요단강을 건너면서 새로운 시대를 열었습니다. 마찬가지로 세례 요한은 요단강 줄기에서 사람들에게 회개의 세례를 선포했습니다. 사람이 신이 되고 종교마저 권력에 좌우되며, 죄의 용서를 받는 길은 제사장에게 가서 제사를 드리는 것밖에 없다고 가르치고 믿던 시대에 그는 진정한 구원의 길을 제시하며 예수님이 오실 새로운 시대를 준비하고 있는 것입니다.

> [4]그것은 이사야의 예언서에 적혀 있는 대로였다. 광야에서 외치는 이의 소리가 있다. 너희는 주님의 길을 예비하고, 그 길을 곧게 하여라. [5]모든 골짜기는 메우고, 모든 산과 언덕은 평평하게 하고, 굽은 것은 곧게 하고, 험한 길은 평탄하게 해야 할 것이니, [6]모든 사람이 하나님의 구원을 보게 될 것이다.

권력자가 신이 되는 시대는 인간이 인간 위에 군림하는 불평등이 만연한 세상입니다. 가장 가까운 사람조차 믿지 못해 처형하고 임명과 해고를 일삼는 의심쟁이가 바로 인간입니다. 조금이라도 힘을 가진 자들은 더 약한 자들을 억압하고 못살게 하며 자신의 자리를 지키려 하는 것이 인간이 추구하는 권력의 실체입니다. 그 권력 앞에 종교마저 침묵하고 타락한 시대야말로 새로운 여명이 있어야 하는 시대입니다. 밤이 깊을수록 새벽이 가까운 법입니다. 혼돈한 세상에서도 우리가 다시 희망을 노래할 수 있는 이유는 어둠을 몰아내실 구원자께서 오실 것이라는 기쁨의 소식을 들을 수 있기 때문입니다. 그 길은 쉬운 길이 아닙니다. 많은 선지자가 하나님의 말씀대로 살면서 고통을 당했던 것처럼 예수님의 길을 준비하던 세례 요한의 삶 역시 순탄한 길은 아니었지만, 묵묵히 사명의 길을 걷게 됩니다.

강아지 똥이 자신의 존재가치와 사명을 깨닫게 되었을 때 민들레의 꽃을 피워 낼 수 있었던 것처럼 우리가 하나님의 뜻을 받들어 사는 것은 세상 사람들도 다 알만큼 무언가 거창하고 큰일이 아니어도 됩니다. 저는 교회 이름에 '들풀'을 넣었습니다. 첫 예배 주보에 넣기도 했던 내용인데요. 풀무학교 홍순명 선생의 『들풀들이 들려주는 위대한 백성의 이야기』라는 책에 '위대한 백성은 태산처럼 높은 뜻을 들판처럼 낮은 자리에서 삶으로 실천하는 사람'이라는 내용이 있습니다. 하나님의 일은 누가 알아주지 않는 평범한 일상에 최선을 다하는 이들의 삶 속에 있습니다. 오늘 나에게 주어진 모든 것들에 감사의 고백을 드리며 살아가는 대림의 기간이 되기를 바랍니다.

두려워하지 말아라

누가복음 2장 10-20절

오늘 성경의 말씀은 예수님의 탄생 시점을 설명하는 내용입니다. 누가복음 2장 8-9절의 말씀에 의하면 목자들이 밤을 새워 가며 양 떼를 지키고 있었습니다. 그때 갑자기 천사가 나타났는데 엄청나게 밝은 빛이 비치는 것입니다. 목자들은 이 광경에 놀라 두려워 떨었습니다. 그때 천사들이 목자들에게 했던 말이 기록되어 있습니다.

10천사가 그들에게 말하였다. "두려워하지 말아라. 나는 온 백성에게 큰 기쁨이 될 소식을 너희에게 전하여 준다. 11오늘 다윗의 동네에서 너희에게 구주가 나셨으니, 그는 곧 그리스도 주님이시다(10-11절)."

천사가 목자들에게 '두려워하지 말라.'고 했습니다. 기쁜 소식이 있
는데 다윗의 동네에서 구주가 나셨다고 합니다. 물론 다윗의 동네는
베들레헴을 지칭합니다. 베들레헴은 라헬이 아들 베냐민을 낳고 죽은
슬픔과 절망의 땅이라고 말씀드렸습니다. 그 슬픔의 땅에서 기쁨의 소
식이 들려지게 되었다는 것입니다. 그리고 이어서 천사는 목자들에게
아기 예수님의 모습을 이렇게 설명합니다.

12너희는 한 갓난아기가 포대기에 싸여, 구유에 뉘어 있는 것을 볼 터
인데, 이것이 너희에게 주는 표징이다.

12절에서 '표징(세메이온)'이라는 단어는 일종의 기적(wonder)이라
는 의미보다는 신호라는 뜻으로 이해하는 것이 좋습니다. 구원자가 태
어나셨고, 그분을 알아볼 수 있게 알려 주겠다고 했지만 이게 좀 실
망스러운 모습입니다. 다윗 왕처럼 위엄 있는 분이고 세상을 구원하
실 분이라면 태어나자마자 말을 한다든지, 후광이 빛난다든지 무언가
신비스러운 모습이 있어야 할 것 같습니다. 그런데 천사가 구원자라
며 알려준 내용은 '갓난아기가 포대기에 싸여 구유에 뉘어 있는 것을
볼 텐데 그분이 메시아다.'라는 것입니다. 수천 년 동안 학수고대하며

기다려온 메시아가 하늘에서 구름 정도는 타고 내려와야 믿어 줄 텐데 포대기에 둘러싸인 아기라니? 게다가 짐승의 먹이통인 구유에 뉘어 있다니? 이것은 무척이나 실망스러운 모습일지 모릅니다. 포대기에 싸여 있는 예수님의 모습을 상상해 보십시오. 우리는 아기니까 당연히 그렇게 하는 것 아니냐 생각할 수 있습니다. 하지만 예수님도 우리와 같은 연약한 모습으로 오셨고 돌봄이 필요한 시기를 보내셨다는 사실 자체가 더 친근하게 느껴집니다. 세상의 구원자에게도 돌봄이 필요한 시기가 있었다는 것은 하나님께서 구원의 사역을 결코 독단적이고 일방적으로 하시지 않는다는 사실을 깨닫게 합니다. 우리의 약함을 아시는 주님은 오늘도 우리를 당신의 사랑으로 감싸 주시며 주님의 일에 동참하게 하시는 분입니다. 성탄에 주님의 그런 은혜를 다시 마음에 새기고 다른 이들의 약함을 품어 주는 포대기의 사랑을 실천하는 성도들이 되기를 바랍니다.

다음으로 살펴볼 메시아의 표징은 '구유'입니다. 구유는 가축의 먹이를 담는 그릇입니다. 구석지고 비천한 삶의 자리, 즉 낮아짐을 상징합니다. 사람들이 상상하던 왕이나 구원자의 자리가 아닌 것 같습니다. 그러나 예수님이 이런 자리에 계셨다는 것은 삶의 자리가 다르고 직분과 직책이 다르다고 해서 함부로 대하지 말라는 말씀을 하는 것이 아니겠습니까? 우리의 예상과 다른 방식으로 이 땅에 오신 예수님의 모습을 또 이렇게 말합니다.

14더없이 높은 곳에서는 하나님께 영광이요, 땅에서는 주님께서 좋아
하시는 사람들에게 평화로다.

주님께서 연약한 모습으로 오신 것이 하나님께 영광이라고 합니
다. 우리는 크고 화려하고 성공해야 하나님께 영광을 돌리는 것이라
여기지만 주님은 우리의 가장 낮고 약하고 부끄러운 것들 속에서 기
쁨을 찾으시는 하나님이십니다. 오늘 나의 삶의 모습이 비록 연약하고
부족한 것 같아도 실망하지 마십시오. 죄책감과 절망감에 사로잡혀 살
지 마십시오. 우리는 14절 말씀처럼 '주님께서 좋아하시는 사람'이기
때문입니다. 우리는 이미 주님께 인정받고 있는 존재들임을 다시 한번
기억하길 바랍니다. 오늘도 우리에게 평안과 위로와 소망을 주시는 주
님께 20절의 목자들처럼 감사의 고백으로 하나님을 높여 드리는 우리
가 되기를 바랍니다.

사람이 교회다

거룩한 사람답게

사무엘상 2장 18-20, 26절
골로새서 3장 12-17절
누가복음 2장 41-52절

저처럼 군종 목사로 사역하다 전역하신 어느 목사님의 페이스북에 이런 글이 있는 것을 보았습니다. 2000년 여름, 교회 청년부에서 일본 선교를 준비했답니다. 출국 이틀 전에 교회에서 모임을 마치고 집으로 돌아가는데 지하철에서 사람들이 자꾸 자신을 보더랍니다. '왜 그러지?' 생각하다 문득 자신이 입고 있던 옷 때문이라는 사실을 알게 되었습니다. 일본 선교를 위해 단체로 맞춰 입은 옷을 그대로 입고 있었는데 하필이면 일본 지도에 원이 그려져 있고 거기에 영어로 'LOVE JAPAN'이라고 적혀 있었던 것입니다. 한국에서 이런 복장으로 거리를 활보한다는 것은 어떤 사람들에게는 불편한 것일 수 있습니다. 만약 입고 있던 옷에 일본이 아닌 다른 나라가 적혀 있었다면 사람들의 반응이 달랐을지 모른다면서 그 상황을 불편해하던 자신 역시 모순이 있는 존재란 사실을 고백합니다. 그러면서 기독교인은 아무 근거도 없는 진공 상태를 살아가는 것이 아니라, 이처럼 선과 악이 혼재되어 '선이 과연 있는가?'를 묻는 고민스러운 세상과 몸을 섞으며 살아가는 존재라고 말합니다. 저는 그분의 글을 보면서 우리가 기독교인으로 살아간다는 것이 단순한 문제가 아니라는 생각을 해 보았습니다.

하나님의 말씀대로 이웃을 용납하고 용서하며 살아야 한다고 알고 말하지만 내 삶의 경험과 가치들이 충돌할 때가 많습니다. 그리고 나의 의지와 상관없는 결과들 때문에 당황스러울 때도 있습니다. 내가 예수님을 믿는 것은 기쁘지만 나에게 불편함을 주는 사람이 예수님을 믿는다고 하면 좀 꺼려지기도 합니다. 그런 점에서 오늘 말씀의 제목처럼 거룩한 사람답게 사는 것은 과연 무엇일지 고민이 됩니다. 우리가 읽은 제1본문 사무엘상 2장 18-20, 26절과 제3본문 누가복음 2장 41-52절의 말씀은 각각 사무엘 선지자와 예수님의 성장 과정에 관한 내용을 전해 주고 있습니다. 사무엘은 이스라엘의 첫 번째 왕이었던 사울과 그다음 다윗을 왕으로 세웠던 인물입니다. 예수님은 다윗의 가문에서 태어나신 세상을 구원하고 다스리실 영원한 왕, 즉 메시아입니다. 오늘 말씀의 사무엘과 예수님에게는 세 가지 공통점이 있습니다.

첫 번째 공통점은 새로운 시대를 열었다는 점입니다. 이집트에서 탈출한 히브리인들은 가나안 땅에 들어가 왕이 없이 지냈습니다. 그 기간이 340년 정도 됩니다. 다른 나라들처럼 왕이 없어도 하나님께서 돌보시는 기간이었습니다. 지도자가 필요할 때는 사사(士師, judge)가 등장해서 전쟁하거나 나라의 어려움을 해결했기 때문에 이 시기를 사사 시대라고 합니다. 12명이 사사로 활동했습니다. 사무엘 선지자는 바로 이 사사 시대를 종결하면서 왕정 시대를 열었던 인물입니다. 사무엘상은 주로 사사 시대의 모습과 사울 왕의 이야기가 등장하고 사무엘하는 다윗 왕의 이야기가 주된 내용입니다.

사무엘이 사사 시대와 왕정 시대를 열었던 것과 마찬가지로 예수님은 율법의 시대를 끝내고 은혜의 시대를 열었습니다. 예수님 이전까지 사람들은 하나님과 가까워지기 위해 노력했습니다. 아니 좀 더 정확하게 하나님에게서 멀어지지 않기 위해 노력했다고 하는 것이 맞을 것 같습니다. 그러나 구원은 인간의 노력 여하에 따라 정해지는 것이 아닙니다. 인간이 하나님을 안다고 하는 '지식'조차도 인간에게서 유래된 것이 아니기 때문입니다. 하나님은 인간의 경험과 역사도 초월하시는 분이기 때문입니다. 인간이 깨달을 수 있는 유일한 한 가지 사실은 하나님의 말씀이건 율법이건 인간은 지키지도 못하고, 스스로 노력해서 거룩해질 수 없고, 구원에 관해 철저히 무능력한 존재란 점입니다. 율법은 인간의 그러한 무능함을 깨닫게 해 줄 뿐입니다. "아! 내가 아무리 노력해도 나는 깨끗해지지 않는구나! 내가 아무리 다짐을 해도 말씀대로 살 수 없는 어리석은 존재구나!"라는 사실만 깨닫게 합니다. 인간이 하나님을 알 수 있는 것은 오직 그분 스스로가 자신을 나타내시는 계시의 은혜를 통해서만 가능한 것입니다. 그래서 에베소서 2장 8-9절은 이렇게 말합니다.

8여러분은 믿음을 통하여 은혜로 구원을 얻었습니다. 이것은 여러분에게서 난 것이 아니요, 하나님의 선물입니다. 9행위에서 난 것이 아닙니다. 그러므로 아무도 자랑할 수 없습니다."

그렇습니다. 우리는 구원을 은혜의 선물로 받은 자들입니다. 여러분, 선물을 줬다가 다시 빼앗는 경우가 있을까요? 그건 선물이 아니라 뇌물이나 무언가 계산된 것이지요? 선물은 아무 대가 없이 순수하게 주어질 때 선물이 되는 것입니다. 로마서 11장 29절은 "하나님께서 주시는 고마운 선물과 부르심은 철회되지 않습니다."라고 말합니다. 사람들이 예수님의 태어나심을 기념하는 성탄을 즐거워하는 이유는 공휴일이라서가 아니라 예수님이 하나님께서 우리에게 주신 가장 큰 구원과 은혜의 선물이기 때문입니다.

두 번째 공통점은 신앙으로 성장했다는 점입니다. 사무엘상 2장 19절을 보면 사무엘의 부모는 매년 성소로 찾아와 하나님께 제사를 드렸습니다. 누가복음 2장 41절을 보면 예수님의 부모 역시 해마다 유월절에 예루살렘으로 가서 하나님께 유월절 제사를 드리고 왔습니다. 사무엘은 어려서부터 성소에서 지냈고 예수님 역시 누가복음 2장 42절에서 자신이 있어야 할 곳은 아버지의 집이라고 말합니다.

세 번째 공통점은 사랑 받는 존재였다는 점입니다. 제1본문과 제3본문 말씀은 이렇게 기록되어 있습니다.

삼상 2:26 한편, 어린 사무엘은 커 갈수록 주님과 사람들에게 더욱 사랑을 받았다.

눅 2:52 예수는 지혜와 키가 자라고, 하나님과 사람에게 더욱 사랑을 받았다.

사무엘과 예수님이라는 이름만 바뀌었을 뿐 문장의 구조는 같습니다. 두 사람 모두 '사랑을 받았다'고 말합니다. 누군가로부터 사랑을 받는다는 것은 참 좋은 일입니다. 그렇다면 사무엘이나 예수님만 사랑을 받았을까요? 아닙니다. 우리도 하나님께 사랑을 받았습니다. 오늘 두 번째 본문인 골로새서 3장 12절은 이렇게 말합니다.

그러므로 여러분은 하나님의 택하심을 입은 사랑 받는 거룩한 사람답게, 동정심과 친절함과 겸손함과 온유함과 오래 참음을 옷 입듯이 입으십시오.

특히나 12절 전반부를 보시면 성도를 설명하는 부분에 세 가지 수식어가 붙어 있는 것을 볼 수 있습니다. '택하심을 입은', '사랑 받는', '거룩한'이라는 말입니다. 택하심을 입었다는 말은 '뽑혔다'라는 뜻입니다. 뽑히는 것은 그야말로 뽑는 사람 마음이지요? 우리가 하나님을 선택하거나 믿음을 선택한 것이 아니라 하나님께서 선택해 주셨다는 것입니다. '사랑 받는'이라는 말 역시 사랑을 받을 만한 무언가를 해서가 아니라 일방적으로 사랑하신다는 의미입니다. 더구나 사랑할 것이라거나 사랑을 받았던 이라고 하지 않고 예전부터 지금까지 사랑 받는 사람이라 말합니다. 사랑한다는 데 이유가 있습니까?

또한 '거룩한'이라는 말이 붙어 있습니다. 그런데 '거룩한 사람답게'라는 말은 우리를 불편하게 합니다. 우리 속에는 전혀 거룩한 것들이 없다는 것을 잘 알기 때문입니다. 그러면 이 역시 또 다른 율법주의가 되고 맙니다. 신약성경의 '거룩(하기오스)'이라는 말에는 '순결한', '신성한'이라는 뜻이 있습니다. 그래서 좀 거리감이 들 때가 있습니다. 하지만 거룩이라는 말에는 '드려졌다(봉헌)'라는 의미도 있습니다. 좀 부족하고 연약해도 우리를 용납하고 수용해 주시는 분이 하나님이라는 사실을 강조하는 것입니다. 그렇다면 하나님께 이렇게 택하심과 사랑을 받는 존재로 드려진 성도는 어떤 삶을 살아야 할까요? 골로새서는 구별된 이들의 삶에 대해 이렇게 설명합니다.

> ¹³누가 누구에게 불평할 일이 있더라도, 서로 용납하여 주고, 서로 용
> 서하여 주십시오. 주님께서 여러분을 용서하신 것과 같이, 여러분도
> 서로 용서하십시오. ¹⁴이 모든 것 위에 사랑을 더하십시오. 사랑은 완
> 전하게 묶는 띠입니다(골 3:13-17).

하나님의 사랑을 받는 사람은 다른 이들과의 관계 속에서 그 거룩
함을 유지해야 합니다. 누군가를 용납하고 용서하기가 쉽지 않습니다.
그런데도 그렇게 하라고 하시는 이유가 무엇일까요? 우리는 예수님의
십자가와 부활로 인해, 용서와 용납을 받은 자들이기 때문입니다.

> ¹⁵그리스도의 평화가 여러분의 마음을 지배하게 하십시오. 이 평화를
> 누리도록 여러분은 부르심을 받아 한 몸이 되었습니다. 또 여러분은
> 감사하는 사람이 되십시오.

또한 하나님의 사람은 세상의 욕심과 욕망의 지배를 받는 자들이
아닙니다. 우리가 마음속에 채우고 살아야 할 것은 오직 그리스도의
평화밖에 없습니다. 분쟁과 분열을 그치고 평화를 이루어 내는 길은
간단합니다. 감사하면 되는 것이지요? 여러분은 올해 한 해 동안 얼마

나 감사하며 살았습니까? 감사하며 살기 위해 우리에게 필요한 것은 딱 한 가지입니다. 그것은 바로 하나님의 말씀입니다.

> 16그리스도의 말씀이 여러분 가운데 풍성히 살아 있게 하십시오. 온갖 지혜로 서로 가르치고 권고하십시오. 감사한 마음으로 시와 찬미와 신령한 노래로 여러분의 하나님께 마음을 다하여 찬양하십시오. 17그리고 말이든 행동이든 무엇을 하든지, 모든 것을 주 예수의 이름으로 하고, 그분에게서 힘을 얻어서, 하나님 아버지께 감사를 드리십시오.

하나님의 말씀으로 삶의 중심을 잡고 살아가는 사람들은 감사를 고백하며 살게 됩니다. 그리고 무엇을 하든 그들의 삶에 예수님이 드러날 수밖에 없습니다.

저는 골로새서의 말씀을 볼 때마다 마음이 뜨거워집니다. 언제 읽어도 위로와 용기를 주는 말씀이기 때문입니다. 12절의 '거룩한 사람답게'라는 말에 마음이 무거워지기보다는 내가 이렇게 사랑을 받는 사람이구나 이런 생각에 감사의 고백을 드리게 됩니다. 거룩할 수 없는 나를 거룩하다 불러 주시는 분이 바로 거룩한 사랑이 가득한 분이 아니면 누구겠습니까?

14절에는 '사랑은 완전하게 묶는 띠'라고 말합니다. 누군가 흔들리고 넘어지려 할 때, 방황하며 고민하고 있을 때 단단히 잡아 주는 끈입

사람이 교회다

니다. 2015년을 마무리 하면서 제 삶을 돌이켜 보니 그런 사랑으로 저를 붙잡아 주시는 분이 참 많다는 사실을 다시 깨닫게 되었습니다.

대한민국의 군선교를 총괄하는 대표 기관은 한국기독교군선교연합회(Military Evangelical Association of Korea, 약칭: MEAK)입니다. 전국에 지회들이 있는데 제가 동해안에서 군종 목사로 근무할 때 군선교 영동지회가 있었습니다. 그 지회에서 군선교 업무를 총괄하시던 J 장로님이 계셨는데요. 당시 교회의 교인이 없어서 사역에 어려움을 겪고 있을 때 참 많이 도와주셨습니다. 벌써 제가 떠난 지 4년이나 되었는데 이 장로님께서 성탄을 앞두고 있던 지난 화요일에 저에게 문자를 주셨습니다.

목사님 어느덧 한해가 지나가려고 합니다. 개척이 힘든 시대에 수고가 많으시지요. 작은 교회를 섬기다가 최근에 우리 교회에 오신 부부가 있는데 작은 교회는 부담스럽더라는 말을 했습니다. 말을 듣는 순간 목사님 생각이 났습니다. 목사님! 힘내세요. 하나님이 목사님 편이시면 잘 되실 줄 믿습니다.   OOO 장로

저는 참 감사했습니다. 교회에 새로 등록한 부부를 만나면서 그분들이 작은 교회가 부담스러웠다고 말하는 순간 저를 생각해 주셨다는 것 때문입니다. 그 장로님이 출석하시는 교회는 강릉에서 제일 큰 교

회 중 하나입니다. 장로님은 교회의 성도가 늘어나는 기쁨보다 작은 교회 목회를 하는 제 생각을 먼저 해 주신 것이지요. 그분이 평소에도 부대 위문하실 때 보면 이름이 드러나기 좋은 계급 높은 분들이 있는 부대보다는 중위나 소위 계급의 지휘관이 있는 20-30명 단위의 작은 해안의 소초에 삼겹살을 들고 찾아다니며 위문하셨던 분입니다.

'거룩한 사람답게' 사는 것은 간단합니다. 마음 한구석에 다른 이들을 품고 있는 것이면 됩니다. 혹시 누군가 나의 위로 문자가 필요하지 않을까? 내가 도울 수 있는 부분이 있지 않을까? 나 때문에 서운한 것은 없었을까? 하는 마음을 갖고 살면 되는 것입니다.

장로님의 문자 중에 "목사님! 힘내세요. 하나님이 목사님 편이시면 잘 되실 줄 믿습니다."라는 부분을 보면서 오늘 말씀을 다시 묵상해 보았습니다. 12절에 "하나님의 택하심을 입은 사랑 받는 거룩한 사람답게" 사는 것은 다른 이들과의 관계를 떠올리는 것입니다. 넘어지고 흔들리고 방황할 때도 있었지만 사랑의 끈으로 서로 잘 보듬고 올 수 있어서 감사했습니다. 믿음 안에서 하나님과 이웃을 품고 주어진 일이 큰 것이든 작은 것이든, 마음에 드는 것이든 아니든 감사하며 살아가는 성도의 삶이 되기를 바랍니다.

주현절

나는 자격도 없소

이사야 43장 1-7절
사도행전 8장 14-17절
누가복음 3장 15-17, 21-22절

우리가 읽은 세 본문은 모두 절망과 두려움을 배경으로 합니다. 우선 제1본문인 이사야 43장 1-7절의 배경은 바벨론 포로기를 배경으로 합니다. 그리고 두 번째 본문인 사도행전 8장 14-17절은 초기 예루살렘 교회의 박해를 배경으로 하고 세 번째 본문은 예수님께서 활동을 시작하던 무렵 세례 요한의 죽음을 배경으로 합니다. 우선 제1본문은 바벨론에 포로로 끌려갔다가 온 남유다 사람들에게 주신 말씀인데 창조주 하나님을 기억하라는 것입니다. 먼저 멸망한 북이스라엘보다 100여 년 이상을 버티던 남유다 왕국은 철저하게 파괴되었습니다. 하나님께 예배를 드리던 예루살렘의 성전과 성물들은 모두 약탈을 당했고 사람들도 포로로 잡혀갔습니다. 하나님께 택함을 받았다고 자부하던 그들의 자존심은 물론 하나님을 향한 믿음도 흔들리기 시작했습니다. 이사야 43장 1절 말씀을 보면 그들의 두려움은 크게 두 가지였습니다.

그러나 이제 야곱아, 너를 창조하신 주님께서 말씀하신다. 이스라엘아, 너를 지으신 주님께서 말씀하신다. 내가 너를 속량하였으니, 두려워하지 말아라. 내가 너를 지명하여 불렀으니, 너는 나의 것이다.

우선 첫 번째 두려움은 '하나님이 무능력한 분이 아닌가?' 하는 의구심이었습니다. 그가 전능하신 분이라면 하나님의 백성들이 이렇게 멸망하게 두시면 안 된다는 것이지요. 두 번째 두려움은 '하나님께 버림받은 것이 아닌가?'라는 두려움이었습니다. 선택받은 민족이라면 이렇게 망하면 안 되는 것 아니냐는 것입니다. 나라가 멸망하는 경험을 한 이들에게 이런 두려움과 의심은 당연할지 모릅니다. 이것은 단순히 2500년 전 유대 사람들만의 고민이 아닙니다. 우리도 그런 고민에 빠질 때가 있습니다. 왜 믿는 자들이 실패하고 시련을 겪어야 하는지 물음을 던질 때가 있습니다. 사는 것이 왜 이리 힘든지 모르겠다는 하소연입니다. 고난과 시련하면 대한민국도 빠질 수 없겠지요? 함석헌 선생은 『뜻으로 본 한국 역사』라는 책에서 세계열강의 틈바구니에서 전쟁과 식민지로 또 남과 북의 전쟁으로 인해 한국인들은 '생존(生存)의 밑금을 걷는 사람'이 되었다고 표현합니다. 생존의 문제로 고민하는 사람에게는 말과 생각과 행동의 모든 것이 죽고 사는 것과 연관되기 마련입니다.

이 모든 풍(風)이 다 고난의 폭군이 우리 등에 지워 준 짐이다. 그러나 그럴수록 이것을 이겨야 하는데, 그렇지 못하고 마치 죽지 못해 살아가는 죄수같이, 취미도 없이 계획도 없이 희망도 없이 내일도 없이, 만나면 서로 '진지 잡수셨습니까?', '많이 잡수십시오.'를 인사로 주고받으며, 일마다 걸음마다 무의식적으로 '죽겠다.'라는 탄식을 거듭하며, 그날그날을 더듬어오게 되었다. 날씨가 맑으냐 흐리냐를 생각할 여유도 없고, 기분이 좋은 아침이냐 저녁이냐를 물을 겨를도 없고, 우선 밥을 먹었나 묻고 싶은 사람, 좋아도 '죽겠다', 나빠도 '죽겠다', 즐거워도 '죽겠다', 슬퍼도 '죽겠다'…. 모든 느낌을 죽음으로 표시하고 싶은 사람들, 그것은 생존의 밑금을 걷는 사람들이 아닌가? (1965년 판, 385쪽)

그렇지요? 어느 쪽 편을 들다간 논쟁에 휘말리거나 싸움을 피할 수 없으니 우리가 쓰는 말에도 "~인 것 같다"라는 표현이 많습니다. 진중권 교수는 『호모코레아니쿠스』라는 책에서 한국인의 특징 중에 눈치

문화, 체면 문화가 있다고 진단하는 것을 보면 식민지와 전쟁, 그리고 군사 정권을 지내면서 늘 생존 본능만 남은 것 같습니다. 왜 사는지 모르지만 살아야 하니까 청소년들에게 꿈이 뭐냐 물어보면 "몰라요"라는 답변을 많이 합니다. 전쟁이 되었건 죄가 되었건 포로가 된다는 것은 '두려움'과 '공포'입니다. 포로가 된 이들의 이런 두려움에 대해 하나님께서는 뭐라고 하셨습니까? 1절 말씀을 다시 봅니다.

> 그러나 이제 야곱아, 너를 창조하신 주님께서 말씀하신다. 이스라엘아, 너를 지으신 주님께서 말씀하신다. "내가 너를 속량하였으니, 두려워하지 말아라. 내가 너를 지명하여 불렀으니, 너는 나의 것이다.

유대 민족을 향해 하나님께서는 '야곱'과 '이스라엘'의 두 가지 이름으로 부르고 계십니다. 야곱은 태생적 혈통에 관한 이름이고 이스라엘은 야곱이 하나님과 밤새워 씨름해서 얻은 신앙적인 약속의 이름입니다. 내가 너를 '속량(가일)'했다고 하셨는데 속량(贖良)은 대속(代贖) 또는 '구속(redemption, 救贖)이라고도 합니다. 이 말은 주인이 종이나 노예가 된 사람을 시장에서 값을 주고 사서 자유인으로 풀어 주는 것을 의미합니다. 이것은 단순히 돈을 대신 내 준다는 것보다는 '회복'과 '자유'에 관한 것입니다. 더이상 눈치 보고, 두려워하며 살지 않아도 된다는 것입니다. 하나님께서는 유대민족을 향해 회복과 위로의 말씀을 하는 것입니다. 무엇보다 중요한 것은 '너는 나의 것'이라는 말씀입니다. 관심도 없거나 싫어하는 사람이 '너는 나의 것이다.' 이러면 끔찍하겠지요? 그런데 이런 말씀을 하시는 분이 창조주 하나님이라는 점입니다. 이것은 어쩌면 가장 큰 사랑의 고백일 수 있습니다. 인간은 어딘가에 소속되어 있다는 사실을 깨달을 때 마음의 평안을 얻습니다. 사랑하는 연인들끼리도 '넌 내꺼'라며 서로에게 집착합니다. 그러나 인간의 소속과 사랑은 언제든 변할 수 있습니다. 이걸 깨닫지 못하면 상처만 남게 됩니다.

예전에 어느 남자 집사님의 간증을 읽은 적이 있는데요. 자신과 부인이 차를 타고 가다가 교통사고를 당했습니다. 차량 충돌 후 운전석 옆에 타고 있던 아내가 앞 유리창을 뚫고 앞으로 튀어나가 있더랍니다. 아내가 걱정되어 가려고 하는데 자신도 다리를 다쳤는지 걷기가 어려워 두 손을 이용해 몸을 끌며 아내를 향해 기어가는 동안 두려운 생각이 들더랍니다.

"아내가 죽었으면 어떻게 하지? 애들은? 나는 어떻게 살지?"

그런데 머릿속을 복잡하게 하던 질문 중에 "아내가 죽으면 나는 혼자 못살 텐데…. 새 장가 가야 하나?", "새로 결혼할 사람은 예쁠까?" 이런 생각을 하고 있더랍니다. 자신이 무척이나 한심스럽고 속물처럼 느껴지더랍니다. 물론 그날 부인도 살았고 간증을 하신 분도 건강을 회복했습니다. 그분이 교인들 앞에서 "여러분 사람은 믿을 거 못됩

니다. 하나님만 믿어야 합니다."라고 했습니다. 그렇지요? 좀 우습기도
하지만 사람은 그런 존재입니다. 그런 사람들에게 '두려워하지 마라!
넌 나의 것이다.'라고 하신 하나님이 2절에 이렇게 말합니다.

네가 물 가운데로 건너갈 때에, 내가 너와 함께 하고, 네가 강을 건널
때에도 물이 너를 침몰시키지 못할 것이다. 네가 불 속을 걸어가도, 그
을리지 않을 것이며, 불꽃이 너를 태우지 못할 것이다.

물과 불은 유대인이 앞으로 직면하게 될 고난을 상징적으로 나타
내는 것입니다. 가장 대표적인 사건이 출애굽기 14장의 이집트를 탈출
한 이스라엘 백성이 홍해를 건넌 것이고 다니엘 3장에 다니엘의 세 친
구가 풀무 불 속에서 죽지 않고 살아난 것을 말합니다. 그러면서 1절
과 5절에 반복적으로 두려워하지 말라고 말씀하고 있습니다. 어떠한
시련과 역경 속에서도 하나님은 그 약속을 바꾸거나 잊으신 적이 없
으십니다. 그런데 사람들이 자꾸 잊어버리고 약속을 지키지 않습니다.
건망증 환자와 같은 인간에 대해 하나님은 실망하셨을까요? 아닙니다.
철저하게 하나님은 약속을 지켜 가고 계신 것을 두 번째, 세 번째 말씀
을 통해서 알 수 있습니다. 설교 초반에 세 본문은 절망과 두려움을 배
경으로 한다고 했습니다. 첫 번째 말씀은 바벨론 포로기의 사건을 배
경으로 하고 오늘 두 번째 본문은 초대 교회의 종교적 박해를 배경으

로 합니다. 예수님께서 하늘로 올라가신 후 초대 교회는 제자들에 의해 유지가 됩니다. 그러나 사도행전 7장에서 최초의 집사 중 하나였던 스데반이 순교하게 됩니다. 그리고 8장으로 넘어오면서 예루살렘의 교회에 큰 핍박이 일어나 많은 사람이 신앙의 자유를 찾아 여러 곳으로 흩어집니다.

> 1사울은 스데반이 죽임 당한 것을 마땅하게 여겼다. 그날에 예루살렘 교회에 큰 박해가 일어났다. 그래서 사도들 이외에는 모두 유대 지방과 사마리아 지방으로 흩어졌다. 4그런데 흩어진 사람들은 두루 돌아다니면서 말씀을 전하였다. 5빌립은 사마리아 성에 내려가서, 사람들에게 그리스도를 선포하였다(행 8:1, 4-5).

종교 박해 속에서도 사람들은 예수님을 전했습니다. 그중에 빌립 집사가 찾아가 복음을 전한 곳이 나오는데 바로 사마리아입니다. 사마리아는 유대인들이 인정하지 않던 서로 반목이 큰 곳입니다. 그런데 그들이 예수님을 믿게 되었습니다. 두 번째 본문을 보십시오.

> 14사마리아 사람들이 하나님의 말씀을 받아들였다는 소식을 예루살렘에 있는 사도들이 듣고서, 베드로와 요한을 그들에게로 보냈다. 15두 사람은 내려가서, 사마리아 사람들이 성령을 받을 수 있게 하려고, 그

들을 위하여 기도하였다(행 8:14-15).

사마리아 사람들이 말씀을 받아들였다는 말을 듣고 베드로와 요한이 그곳으로 가서 기도합니다. 누가 갔다고요? '베드로'와 '요한'입니다. 예수님 제자들이니 당연히 가서 기도해 줬을 것 아니냐? 생각할 수 있는데요. 유대인들은 사마리아 땅과 사람을 부정하다 여겼습니다. 누가복음 9장 51-55절을 보면 예수님께서 예루살렘을 향해 가시던 중에 사마리아에 머물려 했는데 그곳 사람들이 예수님 일행을 거부합니다. 그러자 분노한 제자 중에 야고보와 요한이 "주님, 하늘에서 불이 내려와 그들을 태워 버리라고 우리가 명령하면 어떻겠습니까?(눅 9:54)"라며 과격한 반응을 보였습니다. 미움에 대한 분노가 솟아오른 것이지요. 사랑의 사도로 알려진 사도 요한은 그런 사람이었습니다. 그런데 오늘 말씀을 보면 사마리아에 가서 기도해 준 두 제자의 이름이 누구입니까? 베드로와 요한입니다. 다른 제자도 그렇지만 특히나 요한은 과거의 언행을 보면 사마리아에 갈 자격이 안 되는 사람입니다. 요한 자신도 이 부분에 대해 잘 알고 있었을지 모릅니다. 그런데 그가 변했습니다. 그리고 사마리아 사람들이 성령을 받을 수 있게 해 달라며 기도했습니다.

저는 오늘 두 번째 본문의 가장 큰 핵심은 사마리아 사람들이 성령을 받은 것보다 사도 요한이 죽이고 싶을 만큼 미웠던 사마리아 사람들을 위해 기도하게 된 것이라 생각합니다. 전쟁 포로만 진짜 포로가 아니라 사랑하지 못하는 것 역시 자기 아집과 교만의 포로가 된 것이기 때문입니다. 정호승 작가는 『내 인생에 힘이 되어 준 한마디』에서 이런 말을 합니다.

돌이켜 곰곰이 생각해 보면 내가 가장 외로웠을 때는 내 마음 속에 사랑이 부족했을 때였습니다. 내가 누군가를 진정 사랑할 때는 그리 외롭지 않았습니다. 외롭다는 것은 어쩌면 내게 사랑하는 마음이 부족하다는 것을 나타내는 것이 아닐는지요?(154쪽)

사도 요한은 사마리아 사람들을 위해 기도할 수 있는 사람이 아니었습니다. 그러나 그가 주님의 용서와 사랑을 경험한 이후, 즉 주님의 십자가와 부활을 알게 된 후 그의 보는 눈이 변했습니다. 심판받고 버림받아 마땅하다 여겼던 사마리아 사람들 역시 하나님께서 사랑하는 소중한 생명이라는 사실을 알게 된 것입니다. 그래서 17절을 보면 그들에게 손을 얹어 기도합니다. 성령의 역사나 기적이라는 말은 내가 수용하지 못했던 사람에게 이처럼 손 내밀어 잡아 주는 것이 아니겠습니까? 포로 된 남유다 사람들에게 회복과 소망을 이야기하셨던 주님은 사도 요한을 통해 그리스도 안에서 이제는 그 누구도 소외되고 버림받는 영혼이 없어야 한다는 사실을 깨닫게 해 주신 것입니다. 오늘 세 번째 본문인 누가복음 3장 15-17, 21-22절의 말씀을 보면 예수님 보다 앞서 요단강에서 세례를 베풀던 세례자 요한이 등장합니다. 세례 요한은 사도 요한과 다른 인물입니다. 누가복음 3장 15-16절에 따르면 세례 요한에 대해 사람들이 그리스도가 아닐까 생각했다고 나옵니다. 그 정도로 그의 영향력이 컸던 것이지요.

> 15백성이 그리스도를 고대하고 있던 터에, 모두들 마음 속으로 요한에 대하여 생각하기를, 그가 그리스도가 아닐까 하였다. 16그래서 요한은 모든 사람에게 대답하였다. "나는 여러분에게 물로 세례를 주지만, 나보다 더 능력 있는 분이 오실 터인데, 나는 그의 신발끈을 풀어드릴 자격도 없소. 그는 여러분에게 성령과 불로 세례를 주실 것이오.

그러나 세례 요한은 단호하게 '나는 자격도 없다'라고 말합니다. 자신은 진짜가 아니라 가짜일 뿐이라고 고백합니다. 사람들의 인정과 칭찬만큼 우리를 유혹하기 쉬운 것이 또 있을까요? 내가 높임 받을 수 있는 자리에서 내려오기란 정말 어렵습니다. 그러나 세례 요한은 자기를 부인합니다. 진정한 심판자(17절)가 오실 것이라 말합니다. 매년 새해가 되면 "새해 복 많이 받으세요."라고 인사합니다. 복이 무엇일까요? 사전을 찾아보니 '삶에서 누리는 좋고 만족할 만한 행운, 거기서 얻는 행복, 배당되는 몫이 많은 것'이라고 말합니다. 그럼 물질과 명예와 남들보다 높은 자리가 복이 될 수 있을까요? 신앙인에게 주신 가장 큰 은혜와 축복은 작은 것일지라도 내게 주어진 것들로 누군가를 도울 수 있어야 복이 됩니다. 본래 우리는 구원이나 복을 받을 자격이 없는 자들이었습니다. 그러나 욕망과 죄와 사망의 포로였던 우리를 그 아들 예수 그리스도의 십자가와 부활을 통해 자유롭게 하셨습니다. 또한, 사도 요한처럼 수용할 수 없던 일과 사람들에게 다가서서 손을 내밀 수 있게 새로운 가치에 눈을 뜨게 해 주셨습니다. 세상의 인정과 칭찬이 아니라 오직 내 삶의 주인이 주님임을 고백할 수 있는 것이 복입니다. 이런 복을 누리고 베풀며 사시길 바랍니다.

주님 앞에서

느헤미야 8장 1-3, 5-6, 8-10절
고린도전서 12장 12-31a절
누가복음 4장 14-21절

바울은 데살로니가전서 5장 16-18절에서 현실에서는 불가능해 보이는 권면을 해 주고 있습니다.

16항상 기뻐하십시오. 17끊임없이 기도하십시오. 18모든 일에 감사하십시오. 이것이 그리스도 예수 안에서 여러분에게 바라시는 하나님의 뜻입니다.

이 말씀을 어떻게 읽으십니까? 교회 다니는 사람은 항상 웃는 얼굴로 사람들을 대하고 종교적인 열심이 있는 것처럼 행동하고 습관적으로 감사를 입에 달고 살아야 한다는 윤리 정도로 여기시나요? 아무리 신앙이 좋다 한들 어떻게 사람이 항상 기쁠 수 있겠습니까? 여러분은 모든 순간 기도할 수 있나요? 더불어 언제나 어디서나 감사가 튀어나옵니까? 신앙인의 기쁨은 슬픔이 없는 기쁨이 아니라 슬픔을 통해서 얻는 기쁨입니다. 신앙인의 기도는 삶이 무난해서 드리는 기도가 아니라 힘겨운 삶이 배경이 되는 기도입니다. 신앙인의 감사는 소득과 이익과 성공이 있으니 드리는 감사가 아니라 상실과 절망과 손해를 감내하고 드리는 감사입니다.

그렇게 할 수 있는 이유가 무엇인가요? 항상 기뻐할 수 없지만, 끊임없이 기도할 수 없지만, 모든 일에 감사할 수 없지만 언제나 변함없이 나를 기대하시는 하나님 때문입니다. 사실 위 말씀은 우리보고 기뻐하고 기도하고 감사하라는 명령이 아닙니다. 우리에게는 그럴 능력이 없습니다. '여러분에게 바라시는 하나님'이라는 말이 핵심입니다. "나는 너한테 아무것도 기대할 것이 없다."라는 말처럼 무서운 저주가 있을까요? 저는 저의 딸들이 항상 건강하고 행복하게 그리고 언제나 기쁘게 살았으면 좋겠습니다. 아버지로서의 바램입니다. 그래서 차 조심해라! 감기 조심해라! 하고 말합니다. 하나님께서 나를 사랑하시기 때문에 '네가 기뻤으면 좋겠다. 기도했으면 좋겠다. 감사했으면 좋겠다.'라고 하시는 것이 아니겠습니까? 언제나 나를 사랑하시는 하나님 앞에 서 있다는 사실을 잊지 말아야 합니다. 그런 하나님의 마음이 오늘 우리가 읽은 제1본문 느헤미야에도 고스란히 드러나고 있습니다.

느헤미야(여호와에게 위로받음)는 바벨론에 포로로 잡혀갔다가 다시 유대 땅으로 돌아온 사람들에 관한 이야기입니다. 바벨론을 무너뜨린 페르시아의 고레스와 아닥사스다 1세(주전 465-424년)의 두 왕이 통치하는 동안 이전에 포로로 잡혀 강제로 이주당한 유대인들이 세 번에 나눠 고향으로 돌아옵니다. 느헤미야는 세 번째 귀환자들과 함께 돌아오는데, 그는 왕궁에서 임금이 마시는 술을 관리하던 측근 중의 측근이었기 때문에 유대인 중에 가장 성공한 사람이라 할 수 있습니다(느 1:1-2:1). 그러나 안락하고 안정된 자리를 버리고 자청해서 귀국길에 오릅니다. 고향으로 돌아왔지만 모든 것이 예전과는 달랐습니다. 유대 총독으로 임명된 느헤미야는 백성들과 힘을 합해 52일 만에 예루살렘 성벽을 재건합니다(느 6:15-16, 주전 445년). 성벽을 재건한 뒤 모든 사람이 일곱째 달 첫날에 수문(water gate) 앞 광장에 모였습니다(1-2절). 일곱째 첫날은 그 지역의 달력상 새해 첫날에 해당합니다. 3절은 그때의 모습을 이렇게 말합니다.

그는 수문 앞 광장에서, 남자든 여자든, 알아들을 만한 모든 사람에게 새벽부터 정오까지, 큰소리로 율법책을 읽어 주었다. 백성은 모두 율법책 읽는 소리에 귀를 기울였다.

말씀을 성전이 아니라 광장에서 읽었다는 것과 특별한 사람들이 아닌 남녀 모든 사람이 모여 말씀을 듣습니다. 이는 신앙과 관련해 아주 중요한 사실 두 가지를 알려 주는 것입니다. 거룩함은 특별한 공간이나 특별한 사람들에게 있는 것이 아니라 어느 곳, 누구에게나 있음을 말하는 것입니다. 느헤미야는 이 광장에서 사람들에게 하나님 말씀을 읽어 주었습니다. 9절을 보면 "백성은 율법의 말씀을 들으면서, 모두 울었다."라고 되어 있습니다. 하나님의 자녀임을 잊고, 말씀대로 살지 못한 지난 세월에 대한 만감이 교차했겠지요? 그들을 향해 느헤미야 8장 10절은 이렇게 말합니다.

느헤미야는 그들에게 말하였다. 돌아들 가십시오. 살진 짐승들을 잡아 푸짐하게 차려서, 먹고 마시도록 하십시오. 아무것도 차리지 못한 사람들에게는, 먹을 몫을 보내 주십시오. 오늘은 우리 주님의 거룩한 날입니다. 주님 앞에서 기뻐하면 힘이 생기는 법이니, 슬퍼하지들 마십시오.

"주님 앞에서 기뻐하면 힘이 생기는 법이니, 슬퍼하지들 마십시오."라고 하지요? 삶의 침체에서 벗어나는 방법이 세상에는 없습니다. 세상은 오직 물질과 권력이 신용이고 인격이며 평안이라 여겨집니다. 그래서 그것을 얻지 못하는 이들은 스스로 삶을 포기하거나 악착같이 욕심을 부리며 살아가지만, 영혼은 언제나 공허할 뿐입니다. 주님 앞에서 기뻐하면 힘이 생긴다고 말합니다. 여기서 말하는 힘은 세상에서 추구하는 무력(force)이나 권력(power)이 아닙니다. 본문이 말하는 힘(strength)은 견고함이나 인내하는 내적인 힘과 용기를 말합니다. 그 힘은 노력해서 얻을 수 없습니다.

오직 주님 앞에 서 있을 때만 가능한 것입니다. 그렇다면 눈에 보이지 않는 하나님 앞에 서는 것은 어떻게 해야 할까요? 느헤미야는 10절에서 '몫을 나누는 것'이라 말합니다. 즉 나와 함께 하는 이들이 있다는 연대감이 결국 힘의 근원이라는 것입니다. 요한 사도는 이렇게 말합니다.

누가 하나님을 사랑한다고 하면서, 자기 형제자매를 미워하면, 그는 거짓말쟁이입니다. 보이는 자기 형제자매를 사랑하지 않는 사람이 보이지 않는 하나님을 사랑할 수 없습니다(요일 4:20).

이것을 과장해서 말하면 '눈에 보이는 사람이 바로 하나님이다!'라는 말과 같습니다. 느헤미야는 결코 혼자 하나님 앞에서 거룩해지려 하지 않습니다. 그와 함께했던 모든 사람과 함께 하며 서로의 몫을 나누는 것이 하나님 앞에 서는 것이며 그렇게 더불어 살아가는 것이 기쁨임을 말하고 있습니다. 느헤미야의 이런 생각은 두 번째 본문에서 더 구체적으로 나타나고 있습니다.

> 12몸은 하나이지만 많은 지체가 있고, 몸의 지체는 많지만 그들이 모두 한 몸이듯이, 그리스도도 그러하십니다. 13우리는 유대 사람이든지 그리스 사람이든지, 종이든지 자유인이든지, 모두 한 성령으로 세례를 받아서 한 몸이 되었고, 또 모두 한 성령을 마시게 되었습니다(고전 12:12-13).

바울은 느헤미야의 민족이 하나 되는 개념을 뛰어넘어 여러 민족으로 확대합니다. 13절에는 심지어 종이나 자유인이나 하나님을 믿는 신앙 안에서는 한 몸이라고 말합니다. 두 번째 본문은 그리스의 고린도 교회에 보낸 바울의 편지입니다. 이방지역에 세워진 교회에는 파벌이 있었습니다. 바울은 인간을 그렇게 차별하고 나누는 일은 하나님을 외면하는 것임을 말합니다. 2013년 2월 14일 경향신문에 실린 여성학자 정희진의 『쉬운 글이 불편한 이유』라는 제목의 글입니다. 내용을 일부 수정해서 소개를 드리겠습니다.

> 좋은 글은 가독성이 뛰어난 글이다. 그러나 '쉽게 읽힌다.'라는 말은 많은 설명이 필요하다. 내 생각에 쉬운 글에는 두 가지가 있다. 하나는 익숙한 논리와 상투적 표현으로 쓰여져 아무 노동(생각) 없이 읽을 수

있는 글이다. 익숙함은 사고를 고정시킨다. 쉬운 글은 실제로 쉬워서가 아니라 익숙하기 때문에 쉽게 느껴지는 것이다. 진부한 주장, 논리로 위장한 통념, 지당하신 말씀, 제목만 봐도 읽을 마음이 사라지는 글이 대표적이다. 또 하나, 진정 쉬운 글은 내용(콘텐츠)과 주장(정치학)이 있으면서도 문장이 좋아서 읽기 편한 글을 말한다. 하지만 새로운 내용과 기존 형식이 일치하는 것은 사실상 불가능에 가깝기 때문에 그런 글은 매우 드물다. 새 술은 새 부대에. 이 말이 괜히 있는 것이 아니다. 쉬운 글은 없다. 소용 있는 글과 그렇지 않은 글이 있을 뿐이다. 모든 사회적 관계는 언어에서 시작한다. 아래 사례를 보자. 제주는 육지의 시각에서 보면 '변방'이지만, 태평양에서 보면 대한민국의 '관문'이다. 해남 주민들은 해남을 '땅 끝 마을'이 아니라 땅이 시작되는 곳이라고 말한다. 서구인이 말하는 지리상의 발견은 발견 '당한' 현지인에게는 대량학살이었다. 강자의 언설은 보편성으로 인식되지만, 약자의 주장은 '불평불만'으로 간주된다. 언어의 세계에 중립은 없다. 내가 생각하는 평화로운 사회는 다양한 시각의 언어가 검열 없이 들리는 세상이다.

그러면서 쉬운 글을 선호하는 사회는 위험한 사회인데 쉬운 글은 쉬워서가 아니라 이데올로기, 즉 이념이기 때문이라는 주장입니다. 한 번쯤 생각해 볼 만한 주제입니다. 자기만의 이념과 기준을 가지고는 결코 다른 이들을 수용할 수 없습니다. 예수님은 사람으로 이 세상에 오셨습니다. 그건 자기 기준이 아니라 우리 수준으로 낮아지신 것입니다. 인간은 결코 객관적이거나 공정할 수 없습니다. 사람들은 자기가 보고 싶은 것만 보고 듣고 싶은 것만 들으려는 성향이 강합니다. 이처럼 자신의 신념과 일치하는 정보는 받아들이고 신념과 일치하지 않는 정보는 무시하는 경향을 확증 편향(確證偏向/confirmation bias)이라고 합니다. 요즘은 이런 확증 편향적 주장의 글과 말이 넘치는 시대입니다. 다양한 언어와 주장을 품을 수 있는 사회가 평화로운 세상이고 성숙한 사회라 할 수 있습니다. 교회가 이런 다양성을 수용할 수 없다면 그건 주님의 교회일 수 없을 것입니다. 수년 전 대통령 선거를 앞두고 이름만 대면 알만한 교회의 홈페이지에 특정 후보를 지지하자는 광고가 올라온 적이 있습니다. 정치적으로 반대의 성향을 지닌 교인들과 여론의 질타에 결국 광고를 내리긴 했지만, 교회의 이미지는 크게 훼손되고 말았습니다.

설교 시간만 되면 특정 지역을 비하하는 분도 계십니다. 심지어 어느 부흥사는 "세계 지도를 펴고 잘 사는 나라를 보면 전부 기독교 국가지만 못살고 가난한 나라들은 전부 불교 믿는 나라들이다. 기독교 믿는데 못사는 나라나 불교 믿고 잘 사는 나라 있으면 가져와 봐라. 내가 10만 원 주겠다!"라고 이야기했습니다. 그런데 인터넷에서는 금방 그분의 주장이 얼마나 허무맹랑한지를 성토하는 사례들이 올라왔습니다. 지금도 아프리카에는 기독교를 믿지만 빈곤 국가의 위치에 있는 나라는 얼마든지 찾아볼 수 있습니다. 일본이나 중동 산유국들은 그 부흥사의 기준으로 본다면 왜 가난하지 않고 경제적으로 부유한 나라인지 궁금합니다. 교회마저 이런 다양성을 망각한다면 세상에서 지치고 힘겹게 살아가는 이들은 어디에서 위로를 얻어야 합니까?

사도행전은 예수님께서 하늘로 올라가신 이후 초기 교회의 모습을 전해 줍니다. 예수님의 승천 이후 교회에 가장 의미 있는 사건이 2장에 기록되어 있는데요. 오순절(유월절 이후 50일 되는 날)에 예수님을 믿는 열두 제자를 포함한 여러 사람이 한 곳에 모여 있을 때 성령 체험을 하게 됩니다. 사도행전 2장 4절을 보면 "그들은 모두 성령으로 충만하게 되어서, 성령이 시키시는 대로, 각각 방언으로 말하기 시작하였다."라고 나옵니다. 방언은 하늘의 신비한 언어가 아니라 여러 지방의 언어를 의미합니다. 그런데 제자들이 하는 그 말을 마침 유대 땅 이외의 지역에서 살다가 예루살렘에 모인 유대인들이 듣고 깜짝 놀랍니다. 사도행전 2장 5-6절을 보겠습니다.

5예루살렘에는 경건한 유대 사람이 세계 각국에서 와서 살고 있었다. 6그런데 이런 말소리가 나니, 많은 사람이 모여와서, 각각 자기네 지방 말로 제자들이 말하는 것을 듣고서, 어리둥절하였다.

세계 각국에서 유대인이 살게 된 이유를 아시나요? 바벨론 포로기와 로마제국을 거치며 끌려간 자들의 후손들과 이런저런 이유로 유대 땅을 떠난 사람들입니다. 그들이 돌아와 예루살렘에서 살고 있었는데 자신들이 태어나고 자란 외국 땅의 말이 들리기 시작한 것입니다. 그런데 더 놀라운 일이 벌어집니다.

7그들은 놀라, 신기하게 여기면서 말하였다. "보시오, 말하고 있는 이 사람들은 모두 갈릴리 사람이 아니오? 8그런데 우리 모두가 저마다 태어난 지방의 말로 듣고 있으니, 어찌 된 일이오?

'갈릴리 사람'이라는 말은 조롱의 의미입니다. 이재철 목사님이 쓰신 『사도행전 속으로』 1권에서는 갈릴리 사람은 당시 빈민들이 모여 살던 '가난과 무지와 보잘것없음의 상징'이라고 말합니다(173쪽). 중동, 유럽, 아프리카 등 여러 곳에서 모인 유대인들이 각자 출신지의 언어로 말하는 제자들을 보고 놀랄 수밖에 없었습니다. 그래서 13절을 보면 술 취한 것 아니냐? 의심을 살 정도였습니다. 그때 베드로가 일어나 지금이 아침 아홉 시인데 어찌 술을 먹었겠냐면서(15절) 주의 이름을 부르는 자는 구원을 얻을 것이라 선포합니다(21절). 하나님께서 임재 하시는 곳, 주님의 말씀 앞에서는 세상의 지식과 부귀와 빈천이 의미 없어진다는 것 아니겠습니까? 더불어 평소 무시하고 용납하지 못했던 사람들의 말을 귀담아듣게 되는 것이 바로 참된 신앙인의 모습이 아니겠습니까? 진짜 은혜를 입은 자들은 어쩌면 말을 하는 자들이 아니라 남의 말이 들리는 자들이 아니겠습니까? 그래서 저는 참된 신앙인에게는 소통과 수용이 동반되어야 한다고 생각합니다.

제가 군종 목사로 강원도 화천에서 목회할 때 군인 신자뿐 아니라 그 지역에 사시던 민간 신자들도 많이 계셨습니다. 그중에 어떤 권사님은 본래 자신이 '국민학교(초등학교)도 못 나온 까막눈'이었는데 어느 날 예수님을 믿고 났더니 갑자기 성경에 뭐라고 적혀 있는지 너무 궁금하더랍니다. 읽고 싶은데 글을 모르니 답답하지요. 그래서 부끄러움을 무릅쓰고 교회에 나오는 군종병과 신자들에게 글을 가르쳐 달라고 하셨답니다. 그렇게 늦은 나이에 한글을 배우고 처음 읽은 책이 성경이었습니다. 너무 은혜가 되어 읽고 또 읽고 하다 보니 거의 외우게 되었다는 것입니다. 더 놀라운 것은 성경 말씀을 알고 사람들에게 전하니 사람들이 자기를 아주 많이 배운 사람 취급하더라는 것입니다. 그래서 더 열심히 예수님 전하며 사셨다고 합니다. 그러면서 '하나님께서 말씀을 가까이했더니 일자무식이었던 저 같은 사람을 높여 주더라.'는 것입니다. 세 번째 본문에서 예수님은 이렇게 말씀하셨습니다.

18주님의 영이 내게 내리셨다. 주님께서 내게 기름을 부으셔서, 가난한 사람에게 기쁜 소식을 전하게 하셨다. 주님께서 나를 보내셔서, 포로

된 사람들에게 해방을 선포하고, 눈먼 사람들에게 눈 뜸을 선포하고, 억눌린 사람들을 풀어 주고, [19]주님의 은혜의 해를 선포하게 하셨다(눅 4:18-19).

네, 그렇습니다. 하나님의 말씀은 사람의 존재 자체가 소중하다고 선포합니다. 주님 앞에서는 아무도 차별받아서는 안 됩니다. 주님 앞에서는 무언가에 포로처럼 잡혀 있는 이들이나 종이나 자유인이나 모두 한 지체를 이루어 갈 수 있어야 합니다. 마음이 상하고 상처 입고 지쳐 있는 이들을 위로하시는 분이 주님이십니다. 갈릴리 사람이라는 편견 속에서도 하나님의 큰일을 선포할 수 있게 해 주시는 분이 바로 주님이십니다. 초등학교도 나오지 못한 권사님이 하나님 말씀을 전하며 존경받을 수 있는 곳이 바로 교회입니다. 우리도 그렇게 주님 앞에 바로 세워진 교회를 만들어 갈 수 있길 바랍니다.

인간의 빛, 주님의 영광

출애굽기 34장 29 – 35절
고린도후서 3장 12 – 4장 2절
누가복음 9장 28 – 36절

우리는 일 년에 새해를 두 번이나 맞이하는 나라에 살고 있습니다. 양력으로 신정을 보내고 또 한 달여가 지나 음력 새해인 설을 보내는 것이지요. 설이라는 말의 유래를 찾아보니 몇 가지가 있는데 우선 '낯설다'라는 말에서 설이라는 말이 나왔다고 합니다. 또 '시장이 선다.', '학교가 세워졌다'라고 할 때 무언가 시작한다는 의미의 '선 날'에서 설이 되었다고도 합니다. 사람들은 낯설고 익숙하지 않은 것을 할 때면 조심스럽습니다. 그래서 설을 한자어로는 근신하여 경거망동을 삼가고 조심한다는 뜻에서 신일(愼日)이라고도 합니다. 그런데 뉴스를 보니 설 명절에 받는 가장 큰 스트레스는 '잔소리, 불편한 친척과 만나는 정신적 부담'이라고 하더군요. 이번 명절에는 저부터 상대를 배려하는 말과 행동을 해야겠다는 생각을 해 보게 됩니다. 설은 익숙한 것과 낯선 것의 경계입니다. 다른 말로 하면 세속적인 것과 성스러운 것의 분기점이라고도 할 수 있습니다. 오늘 첫 번째 본문 말씀에 등장하는 모세의 모습은 이런 성과 속의 경계에 선 사람과 같습니다. 첫 번째 본문은 신비스럽기까지 합니다.

> 모세가 두 증거판을 손에 들고 시내 산에서 내려왔다. 그가 산에서 내려올 때에, 그의 얼굴에서는 빛이 났다. 주님과 함께 말씀을 나누었으므로 얼굴에서 그렇게 빛이 났으나, 모세 자신은 전혀 알지 못하였다 (출 34:29).

시내 산에 올랐던 모세가 하나님께 십계명을 받아서 내려오던 순간 모세의 얼굴에서는 빛이 났다고 합니다. 이런 모세의 모습을 중세의 유럽 교회에서는 아주 특이한 모습으로 표현을 했는데요. 이탈리아 로마에 있는 산 피에트로 인 빈콜리 성당(Basilica di San Pietro in Vincoli)은 베드로가 묶였던 쇠사슬이 보관된 곳이라 해서 쇠사슬 성 베드로 성당으로도 불립니다. 그런데 여기에는 그보다 더 유명한 미켈란젤로가 조각한 모세의 상(像)이 있습니다. 1515년에 만들었으니 무려 500

년이나 되었음에도 생동감 있는 작품을 보고 있으면 금방이라도 모세가 움직일 것 같습니다. 그런데 조각상 머리에 뿔이 두 개가 달려 있습니다. 도대체 왜 모세의 머리에 뿔이 달리게 된 것일까요? 미켈란젤로는 29절 말씀에 근거해 조각상을 만들었습니다. 하지만 29절 말씀 어디를 봐도 모세가 뿔이 났다는 말은 보이지 않습니다. 어떤 이들은 이 조각상에 달린 뿔을 보고 중세교회를 비판하기도 합니다. 성경 번역의 오류를 그대로 맹신한 대표적인 실수란 주장인데요. 미켈란젤로가 본 성경은 제롬이라는 사람이 교황의 명령으로 주후 382년부터 405년까지 20여 년간 라틴어로 번역한 성경입니다. 소위 '불가타' 성경으로 불리기도 합니다. 비판자들은 제롬이 번역을 하면서 '모세의 얼굴에서 빛이 났다.'라는 부분에서 '빛이 나다'라는 '콸렌'이라는 말을 '뿔이 나다'라는 '콸란'으로 잘못 번역을 했는데 미켈란젤로도 그대로 이걸 읽고 모세의 머리에 뿔이 난 것으로 조각했다는 것입니다. 실제로 중세의 모세 관련 그림과 작품들에는 뿔이 달린 것으로 묘사가 됩니다.

그런데 생각해 보십시오. 제롬이 불가타 성경을 번역한 것이 지금으로부터 1500여 년 전이고 미켈란젤로가 모세의 상에 뿔을 단 것이 500여 년 전입니다. 그럼 그사이 1000년 동안 사람들은 진짜 모세의 머리에 뿔이 있다고 믿었을까요? 그렇지 않습니다. 『평화신문』이라고 천주교에서 발행하는 신문이 있는데 2013년 6월 2일자 기사를 보면 허영엽 신부님이 "성경에서 뿔은 어떤 의미를 가지고 있는가?"라는 글이 올렸습니다. 그분은 성경에 나타나는 뿔은 '하느님의 능력과 도움·승리와 영광 그리고 권위와 위엄 상징'이라 말합니다. '모세 얼굴이 빛이 났는데 그 형태가 뿔 모양이었다.'라는 다른 주석가의 말을 인용하면서 하나님이 모세와 함께했다는 것을 상징적으로 보여 주는 사건입니다. 결국 미켈란젤로가 모세의 머리에 뿔을 둔 것은 하나님과 함께 하는 이상적인 사람을 표현하기 위함인 것입니다. 그래서 오늘 본문 30절을 보면 사람들이 모세의 그 모습을 보고 두려워했는데 모세가 부르니까 그제야 사람들이 모세에게 가까이 갔다고 말합니다. 33절에 의하면 빛이 나는 얼굴로 하나님의 말씀을 전하던 모세는 말이 끝나면 수건으로 얼굴을 가렸습니다. 그리고 하나님 앞에 갈 때는 다시 수건을 벗었습니다. 그런데 인간은 참 이상합니다. 모세의 입을 통해 나오는 말씀이 아니라 어느 순간부터 모세의 얼굴에서 나는 빛에 관심을 두게 됩니다. 그래서 모세는 이제 사람들에게 말할 때는 얼굴을 수건으로 가려버립니다.

> 이스라엘 자손이 자기의 얼굴에서 빛이 나는 것을 보게 되므로, 모세는 주님과 함께 이야기하러 들어갈 때까지는 다시 자기의 얼굴을 수건으로 가렸다(35절).

그런데 이런 모세의 행동에 대해 바울은 이렇게 해석을 합니다. 두

사람이 교회다

번째 본문을 보십시오.

> 모세는, 이스라엘 자손이 자기 얼굴의 광채가 사라져 가는 것을 보지 못하게 하려고 그 얼굴에 너울을 썼지만, 그와 같은 일은 우리는 하지 않습니다(고후 3:13).

바울에 의하면 모세에게 나타나던 빛은 점점 사라져 가기 시작했습니다. 모세는 그것을 알았습니다. 자신에게 나타난 빛은 유한한 것임을 알았기 때문에 하나님 말씀에 집중하도록 얼굴을 가려 버린 것입니다. 인간에게 영원한 빛은 존재할 수 없다는 사실 그리고 주님의 말씀과 그 영광만이 영원한 것임을 깨닫게 하려고 수건으로 자신의 얼굴을 덮어 버린 것입니다. 이것은 곧 사라질 것이니 관심을 끊으라는 것입니다. 이게 옛 약속, 즉 구약의 한계입니다. 14절에서 바울의 설명을 좀 더 보겠습니다. 이해를 돕기 위해 공동번역 성경으로 보겠습니다.

> 과연 이스라엘 백성들의 마음은 오늘날에 이르기까지도 너울에 가려져서 우둔해지고 말았습니다. 그들은 옛 계약의 글을 읽으면서도 그 뜻을 깨닫지 못합니다. 그 너울은 사람이 그리스도를 믿을 때에 비로소 벗겨지게 되는 것입니다.

믿음 없는 자들은 어떻게든 자신에게서 빛이 나게 하려 합니다. 그러나 인간이 만들어 내는 영광은 하나님 앞에서는 아무것도 아니란 사실입니다.

16그러나, 사람이 주님께로 돌아서면, 그 너울은 벗겨집니다. 17주님은 영이십니다. 주님의 영이 계신 곳에는 자유가 있습니다.

바울은 주께로 돌아서는 사람에게는 자유함이 있다고 말합니다. 그 자유함은 어떤 것일까요? 제가 한 달째 시장에서 자전거와 손수레를 끌면서 고기 배달을 하고 있습니다. 배달할 때면 얼굴에 안면 마스크를 착용합니다. 날이 춥기 때문이기도 하지만 제 마음속 깊은 곳에서는 누군가 나를 알아보면 부끄러울지도 모른다는 생각 때문입니다. 모세처럼 겸손해서 가리는 것이 아니라 교만해서 가리는 것입니다. 저는 저 자신의 모습을 보면서 아직도 벗겨지지 않은 저만의 너울들이 참 많다는 사실을 고백합니다.

아마 이곳에 계신 분들도 그런 경험이 있을지 모르겠습니다. 진학과 진급 등 무언가 실패했을 때, 그리고 남들만 못하다 여겨지는 나와 내 가족들의 연약함을 대하면서 남들이 어떻게 생각할까 염려하며 가리고 싶은 일들이 많지요? 그러나 진정으로 부끄러운 일은 주님을 믿는다 하면서 자유함 없이 눈치를 보며 자존심을 세우려 하는 나의 모

사람이 교회다

습이 아니겠습니까? 미국 심리학, 철학, 종교학자인 윌리엄 제임스 (William James)는 자존감(self-esteem) 공식을 것을 만들었는데요. '자존감=성공/허세'입니다. 자존감이 상승하려면 허세를 줄이면 됩니다. 그렇다면 허세가 무엇일까요? 주어진 것에서 의미를 찾지 못하고 눈치와 체면으로 살아가고, 스스로 의미를 주지 못해 억지로 하는 것입니다. 억지로 하므로 기쁨이 없습니다. 이런 허세를 줄이려면 일상의 평범한 것들이 거룩하고 영광스러운 것임을 고백해야 합니다. 17세기 스페인 화가 에스테반 무리요(Bartolome Esterban Murillo)의 "천사들의 부엌(La Cuisine des Anges)"이라는 작품이 있습니다. 이 그림을 보면 가운데 한 남자가 둥둥 떠 있는 것 같고 오른쪽에는 날개 달린 천사들이 주방에서 접시를 놓고 채소를 손질하는 등 허드렛일을 하고 있습니다. 제가 2014년 가을 파리의 루브르 박물관에 갔을 때 이 그림을 직접 보고 혼자 감동하였습니다. 평소 글로 보던 작품을 직접 눈으로 보다니 감동이었죠. 이 그림의 이야기는 이렇습니다.

어느 수도원에 프란티스코 디라퀴오라는 수사(修士, 금욕적 신앙생활을 하는 남성 수도사)가 있었는데 그는 수도원 식구들의 식사를 담당하던 주방장이었습니다. 그러던 어느 날, 힘들여 준비한 식사를 잠깐 일을 보고 돌아오니 누군가 훔쳐가거나 먹고 마신 뒤에 찌꺼기만 남겨 놓는 사태가 벌어진 것입니다. 그는 혼자서 방에 들어가 간절히 신께 기도를 올렸지만 절망할 수밖에 없었습니다. 그런데 낙심하여 되돌아온 부엌에 놀라운 광경이 벌어졌습니다. 천사들이 자신이 해야 할 일을 하는 것이 아니겠습니까? 그는 그 광경을 보고 황홀경에 빠져들었는데 화가 무리요는 그 순간을 그린 것입니다. 화가는 그림을 통해 매일 우리가 반복하는 보잘것없어 보이는 일상의 일들이 바로 하나님의 영광을 드러내는 거룩한 일이라는 사실을 설명해 줍니다. 오늘 세 번째 본문인 누가복음 9장 28-36절을 보면 베드로의 고백이 있고 난 뒤 8일 정도 되었을 때 예수님은 베드로와 요한과 야고보를 데리고 기도하러 어느 산에 가셨습니다(28절). 기도하실 때 그 모습이 변해 빛이 나기 시작했습니다(29절). 마치 모세가 변했던 그것처럼 말입니다. 그런데 30절을 보면 두 사람이 나타나 예수님과 이야기를 하는데 모세와 엘리야였습니다. 셋이 어떤 이야기를 했냐면 예수님의 떠나가심에 관한 이야기였습니다.

그들은 영광에 싸여 나타나서, 예수께서 예루살렘에서 이루실 일 곧 그의 떠나가심에 대하여 말하고 있었다(31절).

여기서 '떠나가심'을 헬라어 성경은 '엑소더스'라고 합니다. 출애굽기와 같은 말입니다. 엑소더스란 말은 '밖으로'라는 뜻을 가진 '엑스'라는 말과 '길'이라는 뜻의 '호도스'가 합쳐진 말입니다. 주님은 세속의 길, 인간의 업적이 빛나는 길을 벗어나 하나님의 영광을 위한 길을 가기로 하고 이야기를 하셨습니다. 그런데 문제가 벌어집니다.

> 베드로와 그 일행은 잠을 이기지 못해서 졸다가, 깨어나서 예수의 영
> 광을 보고, 또 그와 함께 서 있는 그 두 사람을 보았다(32절).

자다가 깬 제자들은 전후 사정을 모릅니다. 피곤하면 잘 수 있지요? 그런데 항상 문제는 알지도 못하고 참견하는 오지랖이 문제입니다. 차라리 그냥 더 자면 되는데 예수님과 모세, 엘리야의 대화가 끝나고 떠나려 할 때 베드로가 말합니다.

> 그 두 사람이 예수에게서 막 떠나가려고 할 때에, 베드로가 예수께 말
> 하였다. "선생님, 우리가 여기서 지내는 것이 좋겠습니다. 우리가 초막
> 셋을 지어서, 하나에는 선생님을, 하나에는 모세를, 하나에는 엘리야를
> 모시겠습니다." 베드로는 자기가 무슨 말을 하는지도 모르고, 그렇게
> 말하였다(33절).

베드로는 초막을 세우자고 합니다. 이것은 단순한 그늘이나 만들어 주는 간단한 건물이 아닙니다. 처음에는 초막을 세우겠죠? 그러나 조금 더 지나면 모세와 엘리야를 만난 곳이니 기념비라도 세워야 할 것 아니냐? 할 것이고 시간이 지나면 특별한 장소로 만들고 더 오랜

세월이 지나면 성지가 되겠지요. 인간은 조금만 한눈을 팔아도 자기 자신을 위해 기념비를 세우려 하는 어리석은 존재일 뿐입니다. 그때 구름 속에서 소리가 들립니다.

> 35그리고 구름 속에서 소리가 났다. 이는 내 아들이요, 내가 택한 자다. 너희는 그의 말을 들어라. 36그 소리가 끝났을 때에, 예수만이 거기에 계셨다. 제자들은 입을 다물고, 그들이 본 것을 얼마 동안 아무에게도 알리지 않았다(35-36절).

35절에는 '그의 말을 들어라' 하고, 36절에 소리가 끝났을 때, '예수만 계셨다'고 하지요? 그렇습니다. 우리에게 참된 자유와 영광의 빛을 주시는 분은 오직 예수님 밖에 없습니다. 나를 위한 허세와 자존심의 수건, 나만을 위한 기념비를 세우려 하지 마십시오. 무언가 특별한 것을 해야 하나님께 영광을 드리는 것이 아니라 바로 오늘 주님의 말씀을 듣고 일상을 살아가는 것이 거룩한 일입니다.

사순절

그러면 너희 영혼이 살 것이다

이사야 55 장 1 –9 절
고린도전서 10 장 1 –13 절
누가복음 13 장 1 –9 절

누가복음 13장 1-9절에는 두 가지 역사적 사실과 한 가지 비유가 등장합니다. 우선 1절은 '그때에'라는 말로 시작되는데 앞선 누가복음 12장 끝에서 예수님은 시대의 징조와 회개를 촉구하는 말씀을 하셨습니다. 그 말씀을 마치자마자 사람들이 찾아옵니다. 그들이 하는 말은 충격적입니다.

바로 그때에 몇몇 사람이 와서, 빌라도가 갈릴리 사람들을 학살해서 그 피를 그들이 바치려던 희생 제물에 섞었다는 사실을 예수께 일러드렸다(1절).

빌라도가 갈릴리 사람들을 학살한 내용이 등장합니다. 정확하게 어떤 사건 때문인지는 알 수 없습니다. 그러나 '희생당한 사람들의 피를 희생 제물에 섞었다'라는 기록만으로도 종교적 갈등이 상당한 사건이었음을 추측할 수 있습니다. 그런데 이런 말을 들은 예수님의 반응이 전혀 뜻밖입니다.

2예수께서 그들에게 대답하셨다. "이 갈릴리 사람들이 이런 변을 당했다고 해서, 다른 모든 갈릴리 사람보다 더 큰 죄인이라고 생각하느냐? 3그렇지 않다. 내가 너희에게 말한다. 너희도 회개하지 않으면, 모두 그렇게 망할 것이다.

이런 말씀을 보면 잠시 혼란해집니다. 지금 빌라도 때문에 유대인들이 억울하게 죽어 나가는데 회개 운운하시는 예수님의 모습에 너무 거리감이 느껴집니다. 세상일에 관심을 끊고 너나 잘하란 식으로 인정머리 없이 말씀하시는 분이 예수님일까요? 한술 더 떠서 4-5절에 이런 말씀도 하십니다.

4또 실로암에 있는 탑이 무너져서 치여 죽은 열여덟 사람은 예루살렘

사람이 교회다

에 사는 다른 모든 사람보다 더 많이 죄를 지은 사람이라고 생각하느냐? 5그렇지 않다. 내가 너희에게 말한다. 너희도 회개하지 않으면, 모두 그렇게 망할 것이다.

예수님은 두 사건 모두에서 회개를 말씀하셨습니다. 도대체 빌라도 학살과 실로암 탑이 무너진 사건이랑 회개가 무슨 관련이 있다는 걸까요? 아무리 세상일에 무관심한 분이라 해도 이것은 동문서답처럼 들립니다. 그러더니 난데없이 6절부터는 포도원지기 비유를 말씀하고 있습니다. 내용의 이해를 돕기 위해 1-5절에 등장하는 빌라도의 유대인 학살과 실로암 탑이 무너진 두 사건에 대해 역사적인 배경을 언급하고 비유에 관해 설명하는 것이 좋을 것 같습니다.

유대 역사가인 요세푸스(Flavius Josephus, 주후 37-100년)의 『유대 전쟁사』라는 책을 보면 빌라도는 유대인에 대해 적대적이었던 로마 황제 티베리우스에 의해 유대 총독으로 임명되었습니다. 빌라도는 유대인들에게 종교적으로 두 가지 치욕적인 일을 했는데요. 첫 번째는 황제의 형상이 그려진 군대의 깃발을 들고 예루살렘에 들어온 것입니다. 유대 율법에 따르면 어떠한 형상도 예루살렘에 들어올 수 없었습니다. 그러나 빌라도는 이런 종교적 전통을 무시했습니다. 그러자 예루살렘 사람들이 목숨을 걸고 6일 동안이나 농성을 하자 할 수 없이 군기(軍旗)를 성 밖으로 내보냅니다. 또 한 가지 일은 대규모 토목 공사를 하면서 벌어진 사건인데 물을 끌어들이는 도수관(導水管, aqueducts) 공사를 하면서 고르반(corban)이라 불리는 돈을 공사비용으로 지출한 것입니다. 고르반은 하나님께 드려져 성전의 금고 안에 보관된 거룩한 돈입니다. 이것은 구별된 것이기 때문에 세속적인 일에 사용할 수 없음에도 그는 무력으로 이 돈을 유용한 것입니다. 4절에 등장하는 실로암탑 사건은 바로 이 도수관이 무너진 것입니다.

제가 모 지역 군종 목사로 부임해서 예하 부대들 교회 사정을 살펴보면서 좀 충격을 받은 일이 있었습니다. 신자가 병사들밖에 없는 교회에서 종교가 기독교가 아닌 지휘관이 교회 재정으로 부대의 노래방 기계와 체력 단련 도구를 구매한 일이 있었습니다. 재정을 담당한 간부를 불러 경고했지만 저는 그때 대위였고 그 지휘관은 저보다 몇 단계나 계급이 높은 분이었습니다. 그리고 재정을 담당한 분은 저 보다 더 계급이 낮은 분이었습니다. 그러니 지휘관의 말이 부탁이 아니라 명령으로 들릴 수밖에 없었지요. 그 후론 사단 교회에 재정을 정기적으로 보고하도록 통제했는데 부대 위문해 준 셈 치기에는 너무 화가 나고 참담했습니다. 헌병에 고발해서 징계를 건의하고 싶었지만 결국 피해는 부대 교회 예배에 나오는 병사들과 민간 목사님께서 고스란히 당할 생각을 하니 침묵할 수밖에 없었습니다. 하물며 종교가 목숨처럼 소중했던 유대인들에게 빌라도가 저지른 이 두 가지 사건은 얼마나 견딜 수 없는 일이었겠습니까? 당연히 유대인들 사이에서 빌라도에 대한 불만이 있었겠지요? 그러자 빌라도는 유대인들 사이에 민간인 복장을 한 군인들을 잠복시키고 있다가 반란의 조짐이 보이면 가차 없이 유대인들에게 폭력을 행사해 죽이는 일들이 적지 않았다고 합니다(요세푸스, 『유대전쟁사』 205-206쪽).

빌라도의 폭력 통치가 강해질수록 유대인들 사이에는 침묵이 만연하기 시작합니다. 그러나 더 무서운 일이 벌어졌는데 그것은 폭력 앞에 두려워 침묵하는 것을 넘어 이상한 종교적 해석을 하기 시작한 것입니다. '빌라도에게 죽은 갈릴리 사람들은 하나님을 믿는 사람들인데 왜 죽어야 했을까?', '하나님께 죽어 마땅한 잘못을 했기 때문에 빌라도의 손을 통해 하나님께서 벌을 내리신 것은 아닐까?'라는 결론에 이르게 된 것입니다. 두 번째 사건인 실로암 수로 붕괴 사건 역시 같은 결론으로 흘렀습니다. '왜 실로암 탑이 무너진 곳에 그 사람이 있었을까? 그들을 벌하시려고 하나님은 탑을 무너뜨리신 것이다.'라는 해석입니다. 여러분은 어떻습니까? '나만 아니면 된다.'는 이런 왜곡된 사고방식에 여러분은 동의하실 수 있나요? 기독교가 감사의 종교라고 하지만 이런 상대적 감사를 하며 살아갈 때가 많습니다. 누군가의 실패와 불행을 보면서 난 아니라 감사하다는 것입니다. 황현산의 『밤이 선생이다』라는 책을 보면 "당신의 사소한 사정"이라는 대목의 글이 나오는 데 이렇습니다.

우리 개인에게 가장 절실한 문제가 저 큰 목소리들 앞에서는 항상 '당신의 사정'이다. 소작농이 수확의 7할을 지대로 내놓아야 했던 것도 당신의 사정이고, 없던 도로가 뚫려 한 마을이 두 마을로 나뉘어 살아야 하는 것도 당신의 사정이며, 그 끔찍했던 입시 공부를 자식에게 강요해야 하는 것도 당신의 사정이다. 그런데 우리는 그 실패의 순간마다 변화한다. 사람들마다 하나씩 안고 있는 이 사소한 당신의 사정들이 실상은 서로 연결되어 있다는 데까지는 생각이 미치지 못하더라도 적어도 그 사정 이야기를 들어줄 사람이 어딘가에는 분명히 있을 것이라고 믿게 되는 것이 바로 그 변화이다(175-176쪽).

사소한 사람의 사정은 서로 연결된 것이고 어딘가에 그 사정 이야기를 들어줄 사람이 있다고 믿는 것이 변화라는 말을 읽으면서 저는 예수님을 떠올렸습니다. 사람은 당장 나와 상관이 없어 보이는 일에는 무관심합니다. 빌라도의 폭압에 의해 죽은 자들이나 수로 탑이 무너져 죽은 자들에 대해 그것은 그 사람들이 잘못했으니 죽은 것이 아니냔 것입니다. 누가 거기에 가라고 했냐? 라며 '나'의 일이 아니라 '남'의 일이니 그들의 잘못을 따져 보자는 것입니다. 그러나 예수님은 다릅니다. 회개를 언급하셨습니다. '남'의 일을 '나'의 일로 바꿔 놓으신 것입니다. 나의 일이 아니라 남의 일이 되면 우리는 함부로 생각하고 말하기 쉽습니다. 그러나 나의 일이 되면 대하는 자세가 달라집니다. 믿음의 사람들은 예수님처럼 '사소한 남'의 일이라 여기는 것을 '진지한 나'의 일로 받아들이는 자들이 되어야 합니다.

2014년 4월 16일 세월호 사건 이후 실종자 수색작업이 연일 벌어지던 한 달여 뒤 있었던 일인데요. 한국의 대표적인 기독교 단체의 부회장이었던 조OO 목사가 "가난한 집 아이들이 수학여행을 경주 불국사로 가면 될 일이지, 왜 제주도로 배를 타고 가다 이런 사단이 빚어졌는지 모르겠다."라고 발언을 했습니다. 나중에 이분은 과거 상가 분양 관련 청부 폭력 전과와 무인가 신학교 출신임이 밝혀져 결국 사퇴하고 말았습니다. 기독교를 대표한다는 목사의 입에서 불교 사찰로 수학여행을 가라고 한 말도 놀랍지만, 무엇보다 단순한 교통사고에 너무 나라가 소란스러운 것 아니냐는 반응을 보였다는 것이 충격적입니다. 과연 그분은 예수님의 마음을 품고 사는 분이었는지 의심스럽습니다. 불행을 당한 사람을 보며 그들의 잘못이 무엇인지를 따져 보거나 애써 아무것도 아니라고 말하는 것만큼 잔인한 짓은 없습니다. 이런 종교와 종교인의 정신승리를 예레미야 선지자는 예레미야 6장 13-14절에서 이렇게 비난합니다.

> 13힘 있는 자든 힘 없는 자든, 모두가 자기 잇속만을 채우며, 사기를 쳐서 재산을 모았다. 예언자와 제사장까지도 모두 한결같이 백성을 속였다. 14백성이 상처를 입어 앓고 있을 때에, '괜찮다! 괜찮다!' 하고 말하

지만, 괜찮기는 어디가 괜찮으냐?

그렇다면 예수님께서 말씀하신 진정한 회개는 무엇일까요? 세례
요한은 이렇게 말합니다.

회개에 알맞는 열매를 맺어라. 너희는 속으로 '아브라함은 우리의 조
상이다' 하고 말하지 말아라. 내가 너희에게 말한다. 하나님께서는 이
돌들로도 아브라함의 자손을 만드실 수 있다(눅 3:8).

그러자 사람들이 묻습니다. "그러면 우리는 무엇을 해야 합니까?"
그러자 요한은 "속옷을 두 벌 가진 사람은 없는 사람에게 나누어 주고,
먹을 것을 가진 사람도 그렇게 하여라(11절)." "너희에게 정해 준 것보
다 더 받지 말아라(13절)." "아무에게도 협박하여 억지로 빼앗거나, 거
짓 고소를 하여 빼앗거나, 속여서 빼앗지 말고, 너희의 봉급으로 만족
하게 여겨라(14절)." 이 모든 것을 한 마디로 줄이면 '함께 아파함'이라
말하고 싶습니다. 권오서 목사님이 쓴 『야고보의 식탁』이라는 책이 있
는데요. '함께 아파함'을 저자는 '긍휼(엘레오스)'이라고 말합니다.

엘레오스라는 말의 의미는 분명히 저 사람은 저런 고통과 어려움을 당
할 만한 사람이 아닌데, 그런 상황을 겪어야 하는 것을 지켜보면서 함

께 아파하는 감정을 의미합니다(100쪽).

예수님이 꼭 그런 분이셨습니다. 회개를 말씀하신 주님은 누가복음 13장 6-9절의 포도원지기 비유를 통해 진정한 회개가 무엇인지 알려 주셨습니다.

6예수께서는 이런 비유를 말씀하셨다. "어떤 사람이 자기 포도원에다가 무화과나무를 한 그루 심었는데, 그 나무에서 열매를 얻을까 하고 왔으나, 찾지 못하였다. 7그래서 그는 포도원지기에게 말하였다. '보아라, 내가 세 해나 이 무화과나무에서 열매를 얻을까 하고 왔으나, 열매를 본 적이 없다. 찍어 버려라. 무엇 때문에 땅만 버리게 하겠느냐?'

포도원에다 포도나무가 아니라 무화과나무를 심은 것부터가 일단 상황이 잘못되었습니다. 설상가상으로 열매가 열리지 않자 주인은 찍어 버리라고 합니다. 그런데 포도원에서 일하는 포도원지기가 주인에게 간청합니다.

8그러자 포도원지기가 그에게 말하였다. '주인님, 올해만 그냥 두십시오. 그 동안에 내가 그 둘레를 파고 거름을 주겠습니다. 9그렇게 하면, 다음 철에 열매를 맺을지도 모릅니다. 그때에 가서도 열매를 맺지 못

그러면 너희 영혼이 살 것이다

하면, 찍어 버리십시오.'"

겨우 생명을 연장받은 무화과나무가 할 수 있는 일이라곤 자신의 생존을 이제 포도원지기에 의존하는 것밖에 없습니다. 이 비유에서 주인은 하나님을 뜻하고 포도원에 심겨진 무화과나무는 유대인이지만 사실 모든 사람이라 해도 무방합니다. 그리고 주인에게 일 년간 더 수고하겠다고 자청하고 나선 오지랖 넓은 포도원지기는 바로 예수님 자신입니다. 우리는 무화과나무처럼 우리의 모든 것을 온전히 주님께 의지하고 살아야 합니다. 우리에게 긍휼을 베푸시는 주님을 찾아야만 합니다. 제1본문은 이렇게 말합니다.

6너희는, 만날 수 있을 때에 주님을 찾아라. 너희는, 가까이 계실 때에 주님을 불러라. 7악한 자는 그 길을 버리고, 불의한 자는 그 생각을 버리고, 주님께 돌아오너라. 주님께서 그에게 긍휼을 베푸실 것이다. 우리의 하나님께로 돌아오너라. 주님께서 너그럽게 용서하여 주실 것이다(사 55:6-7).

오늘 우리의 삶이 포도원에 심겨진 무화과나무처럼 완벽해 보이지 않고 불안한 것일 수 있습니다. 때로는 아무도 모르는 고통과 아픔에 슬퍼할 때도 있을 것입니다. 그러나 절망하지 마십시오. 포도원지기처럼 나를 위해 간절히 구하시는 주님이 계시기 때문입니다. 두 번째 본문인 고린도전서 10장에 등장하는 이스라엘 백성이 광야에서 목마름에 지친 길을 걸을 때도 든든한 반석이 되셔서 함께 하시고 생명의 물을 내어주셨던 그리스도께서 언제나 함께 하실 것입니다. 세상에서 얻을 수 있는 것들은 상대적인 감사밖에 없습니다. 그러니 언제나 함께 하시는 주님을 찾으십시오. 우리가 살아가야 하는 유일한 이유는 그것밖에 없습니다.

너는 늘 나와 함께 있으니

여호수아 5장 9-12장
고린도후서 5장 16-21절
누가복음 15장 1-3, 11-32절

2014년 어느 탄산음료의 광고가 아르헨티나 국민에게 큰 사랑을 받았습니다. 1978년 월드컵 축구 대회 결승전에서 개최국이었던 아르헨티나는 네덜란드를 꺾고 첫 우승을 차지했습니다. 우승의 순간 선수들과 관중들은 모두 운동장에 뛰어나와 우승의 기쁨을 만끽했습니다. 그 사람 중에 빅토르 델라퀼라(victor dell'aquila)라는 사람도 있었습니다. 그는 두 팔이 없는 장애인이었습니다. 우승의 순간 운동장으로 뛰쳐나가 선수들과 함께 얼싸안고 기쁨을 나누고 싶었지만 팔이 없었고 달려오다 멈춰서는 순간 팔이 없는 옷소매가 마치 두 선수를 끌어안는 것처럼 보였습니다. 그 순간을 포착한 사진은 "영혼의 포옹(El Abrazo del Alma)"이라는 제목으로 유명한 사진이 되었습니다. 비록 팔은 없지만, 마음은 함께 한다는 의미입니다. 광고에는 그 당시 사진에 찍혔던 그들이 다시 재회하는 장면이 등장합니다. '영혼의 포옹'이라는 말이 참 멋지다는 생각이 듭니다. 사람이 살아가면서 눈에 보이지 않는 것들이 때로는 더 소중하다는 사실들을 깨닫게 됩니다. 믿음, 소망, 사랑, 연대감, 인정 같은 것들이지요. 성경은 우리가 눈에 보이는 것에 가치를 두고 살아서는 안 된다고 말합니다. 우리는 눈에 보이지 않지만, 세상을 창조하신 하나님을 믿고 그분의 사랑을 고백합니다. 로마서 8장 24절은 이렇게 말합니다.

우리는 이 소망으로 구원을 얻었습니다. 눈에 보이는 소망은 소망이 아닙니다. 보이는 것을 누가 바라겠습니까?(롬 8:24)

그렇습니다. 성경을 읽으면서 우리가 주의해야 할 것은 내 눈에 보이는 대로, 나의 경험과 지식만으로 성경을 보는 것입니다. 성경 속에서 '내가 원하는 기록, 정보, 교훈을 구하거나 내가 무엇을 할까?'를 찾는 것은 어리석은 일입니다. 우리가 해야 할 일은 말씀을 통해 '하나님은 어떤 분인가?'를 찾고 고백해야 합니다. 예를 들어보겠습니다. 오늘 세 번째 본문이 포함된 누가복음 15장 3-4절 말씀에는 '잃은 양 비유'

가 등장합니다.

3그래서 예수께서는 그들에게 이 비유를 말씀하셨다. 4너희 가운데서 어떤 사람이 양 백 마리를 가지고 있는데, 그 가운데서 한 마리를 잃으면, 아흔아홉 마리를 들에 두고, 그 잃은 양을 찾을 때까지 찾아다니지 않겠느냐?

성경을 볼 때 주의해야 할 점이 무엇이라고 했습니까? 하나님은 어떤 분이신가를 찾으라고 했습니다. 하나님은 어떤 분입니까? 사람들은 효율성과 성과를 생각합니다. 하나를 버리고 아흔아홉 마리를 구하는 것이 합리적인 것이라 말합니다. 그러나 이 비유의 핵심은 예수님은 한 마리를 소중히 여기듯이 나머지도 그렇게 소중히 여기실 것입니다. 예수님은 생명 앞에서 이익이라든가 효과가 아니라 그 생명의 존재 자체가 소중함을 깨닫게 하십니다. 이처럼 나의 가치관, 지식, 경험과 전혀 다른 주님을 만나게 되면 당황하게 됩니다. 때로는 이해할 수 없는 하나님의 모습 때문에 실망하거나 의심하기도 합니다. 추구하는 가치가 다를 때 일어날 수 있는 일에 관해 이야기해 드리겠습니다.

1997년 이란에서 제작한 영화 "천국의 아이들"입니다. 영화의 내용은 이렇습니다. 어느 날 동생의 신발을 잃어버린 오빠 알리는 고민에 빠졌습니다. 가난한 살림에 부모님의 부담을 덜어드리기 위해 여동생 자라와 함께 일을 꾸밉니다. 동생이 먼저 오전에 학교에 가서 공부를 마치고 얼른 집으로 오면 오빠는 오후에 다시 그 신을 신고 학교까지 뜁니다. 그러나 매번 지각해서 선생님께 혼이 나고 맙니다. 그런데 어느 날 오빠 알리의 마음을 사로잡는 일이 벌어집니다. 바로 어린이 달리기 대회인데 3등 상품이 운동화입니다. 오빠 알리는 동생의 신발 문제를 해결할 방법을 찾고 기뻐합니다. 달리기 대회에 출전한 알리는 딱 3등의 자리에서 달립니다. 앞으로도 뒤로도 나가지 않고 계속 3등의 자리를 지킵니다. 그러나 결승점에서 여러 선수가 엉켜서 들어오다가 그만 실수로(?) 1등을 하고 맙니다. 1등을 차지한 알리를 사람들은 축하해 줍니다. 그러나 알리는 슬퍼서 울먹입니다. 3등을 못해서 우는 그 아이의 심정을 누가 알아줄까요?

전 그 장면을 보면서 신앙인의 가치와 진정한 기쁨에 대해 생각해 보게 되었습니다. 오늘 우리가 읽은 세 번째 본문인 누가복음 15장에는 비슷한 비유가 모두 세 번 등장하는데요. 모두가 우리의 예상을 빗나가는 가치관과 기쁨에 관한 이야기입니다.

1세리들과 죄인들이 모두 예수의 말씀을 들으려고 그에게 가까이 몰려들었다. 2바리새파 사람들과 율법학자들은 투덜거리며 말하였다. 이 사람이 죄인들을 맞아들이고, 그들과 함께 음식을 먹는구나(눅 15:1-2).

사람이 교회다

경건하다 자부하는 유대인들에게 죄인 취급을 당하던 사람들과 예수님께서 함께 어울리는 것에 문제를 제기합니다. 종교적 정통성과 권위를 인정받던 바리새파 사람들과 율법학자들이 투덜거립니다. "죄인들과 어울리는 것 보니 당신도 죄인이 아니냐?" 하는 의혹이겠지요? 그들의 의혹이 있고 나서 3절을 보면 예수님께서 비유를 말씀하셨다고 하는데요. 모두 세 번의 다른 비유 그러나 결국 같은 목적을 가진 비유를 말씀하십니다.

우선 누가복음 15장 4-7절에는 양 한 마리를 잃어버린 어느 사람의 이야기가 등장합니다. 양을 잃었다가 다시 찾은 이는 사람들에게 "나와 함께 기뻐해 주십시오. 잃었던 내 양을 찾았습니다(6절)."라고 말합니다. 8-10절에는 한 드라크마를 잃었다가 다시 찾은 어느 여인의 이야기가 있습니다. 이 여인 역시 사람들에게 "나와 함께 기뻐해 주십시오. 잃었던 드라크마를 찾았습니다(9절)."라고 말합니다. 그리고 세 번째 비유인 잃어버린 아들을 다시 찾은 아버지는 23-24절에서 이렇게 말합니다.

> ²³그리고 살진 송아지를 끌어내다가 잡아라. 우리가 먹고 즐기자. ²⁴나의 이 아들은 죽었다가 살아났고, 내가 잃었다가 되찾았다.' 그래서 그들은 잔치를 벌였다.

세 비유 모두 같은 구조로 되어 있습니다. 무언가를 잃어버린 사람은 바로 '하나님'입니다. 그리고 잃어버린 것은 '죄인 또는 방황하는 영혼'이라고도 할 수 있겠지요. 잃었던 것을 다시 찾았으니 기쁘다는 형식도 비슷합니다. 7절과 10절에서 예수님도 회개하는 죄인에 대해서 언급하셨습니다. 그래서 이 비유는 전도와 관련된 설교나 집회에서는 단골 메뉴처럼 등장하는 예화가 되곤 합니다. 그런데 세 번째 비유의 끝에는 좀 어울리지 않는 이야기가 등장합니다. 25-32절에 등장하는 돌아온 탕자의 형에 관한 부분입니다. 아버지의 재산을 탕진하고 고생하다가 다시 집으로 돌아온 아들을 맞이하는 아버지는 그를 위해 잔치를 베풀고 즐거워합니다. 그런데 문제가 생깁니다.

25그런데 큰 아들이 밭에 있다가 돌아오는데, 집에 가까이 이르렀을 때에, 음악 소리와 춤추면서 노는 소리를 듣고, **26**종 하나를 불러서, 무슨 일인지를 물어 보았다(눅 15:25-26).

집을 나갔던 동생이 다시 돌아왔고, 이를 기쁘게 여긴 아버지가 잔치를 열었다는 사실을 모르는 큰아들은 궁금해서 무슨 일인지 묻습니다.

27종이 그에게 말하였다. '아우님이 집에 돌아왔습니다. 건강한 몸으로 돌아온 것을 반겨서, 주인어른께서 살진 송아지를 잡으셨습니다.' [28]큰 아들은 화가 나서, 집으로 들어가려고 하지 않았다. 아버지가 나와서 그를 달랬다.

동생이 돌아왔고 이를 기뻐한 아버지가 잔치를 벌이고 있다는 소식을 듣고 형은 분노합니다. 형은 왜 화가 났을까요? 어떤 분들은 이 형이 매우 옹졸하고 아버지의 재산을 독차지하려는 욕심쟁이가 아닐까 생각하기도 합니다. 아버지의 기쁨도 이해하지 못하는 큰아들처럼 교회에 새로운 신자가 왔을 때 큰아들처럼 행동하는 신자가 되지 말자는 식이지요. 그런 식의 해석이라면 차라리 25-32절은 아예 처음부터 성경에 기록하지 말았어야 합니다. 인간의 연약함을 나타내기 위해서라고 하기에는 이미 동생의 방탕한 삶이 잘 나타나 있습니다. 어쩌면 형은 강인하고 성실한 사람의 대명사여야 합니다. 그렇다고 형이 예전부터 동생을 미워했다고 볼만한 근거도 없습니다. 그러면 아버지에게 큰아들은 미움을 받았을까요? 그것도 말이 안 됩니다. 큰아들이 화를 낼 때 아버지가 달랬다는 내용이 28절에 등장하기 때문입니다. 그렇다면 이 이야기는 생략해도 될 텐데 왜 성경에 자리 잡고 있을까요? 물론 큰아들과 작은 아들은 비교 대상이 못됩니다. 작은 아들은 아버지에게 이렇게 말합니다.

작은 아들이 아버지에게 말하기를 '아버지, 재산 가운데서 내게 돌아
올 몫을 내게 주십시오' 하였다. 그래서 아버지는 살림을 두 아들에게
나누어 주었다(눅 15:12).

'내게 돌아올 몫'을 달라는 것은 상속 지분을 달라는 것입니다. 상
속은 부모의 죽음을 전제로 합니다. 작은 아들은 아버지의 존재 자체
를 부정한 것입니다. 재산 역시 방탕하게 다 사용하고 맙니다. 그러나
큰아들은 어떻습니까?

29그러나 그는 아버지에게 대답하였다. '나는 이렇게 여러 해를 두고
아버지를 섬기고 있고, 아버지의 명령을 한 번도 어긴 일이 없는데, 나
에게는 친구들과 함께 즐기라고, 염소 새끼 한 마리도 주신 일이 없습
니다. 30그런데 창녀들과 어울려서 아버지의 재산을 다 삼켜 버린 이
아들이 오니까, 그를 위해서는 살진 송아지를 잡으셨습니다.'

몇 년을 아버지를 섬겼고, 명령을 어기지 않았고, 염소 새끼 한 마
리도 받은 일이 없습니다. 그런데 동생을 위해서는 송아지를 잡았다고
불평합니다. 더구나 그 잔치의 순간에도 밖에서 일하다 들어온 상황입
니다. 잔치에도 부르지 않은 것이지요. 아마 보통 사람 같으면 큰 싸움
이 났을지도 모릅니다. 그런 점에서 큰아들의 반응은 지극히 당연합니

다. 이런 불평에 큰아들을 대하는 아버지의 태도 역시 이상합니다.

> 31아버지가 그에게 말하였다. '얘야, 너는 늘 나와 함께 있으니 내가 가진 모든 것은 다 네 것이다. 32그런데 너의 이 아우는 죽었다가 살아났고, 내가 잃었다가 되찾았으니, 즐기며 기뻐하는 것이 마땅하다.'"

이 말을 보면 아버지는 옹졸해 보이는 큰아들을 나무라기는커녕 "너는 늘 나와 함께 있으니 내가 가진 모든 것은 다 네 것이다." 그러면서 32절에 너에게는 아우가 살아난 것이고, 나는 잃었다가 되찾았으니 우리에게 기쁜 일이라면서 큰아들을 자신과 같은 위치에 두고 말합니다. 예수님은 비슷한 비유를 말씀하시다가 왜 끝에 이런 큰아들에 관한 이야기를 하신 걸까요?

오경준 목사님의 『우리가 알고 있는 것들 성경에는 없다』라는 책이 있는데요. 이 책에서 저자는 탕자의 비유 아래에 붙어 있는 큰아들에 관한 이야기에 대해 조심스러운 해석을 합니다. 불평하는 큰아들은 예수님 자신이라는 것입니다. 죄인이 회개하고 돌아오는 것은 하나님께 기쁜 일이긴 하지만 완전한 사람으로 이 땅에 오신 예수님께서 십자가의 길을 가시기에는 때로 너무 힘들었을 것이라고 주장합니다. 그래서 예수님도 하나님께 인간적으로 서운한 마음을 비유를 통해 간접적으로 나타낸 것이라는 거죠. "죽어 마땅한 죄인들 때문에 내가 왜 고난을 겪어야 합니까?"라는 억울함을 토로하는 하소연이라는 것입니다. 그러면서 이렇게 말합니다.

> 주님의 억울한 심정과 그런데도 여전히 하나님과 같은 마음으로 죄인들을 위해 십자가를 지실 것이라는 결단을 탕자의 형인 큰아들의 모습에서 슬쩍 보여 주고 계신 것이다. 벌레만도 못한 우리의 모습과 십자가를 번갈아 보시면서 갈등하셨을 예수님의 모습은 우리를 숙연케 한다. 주여, 우리가 무엇이관데 우리 때문에…. (67쪽)

예수님은 인간적인 고통과 억울함, 십자가를 피하고 싶다는 갈등이 있었습니다. 그럼에도 작은 아들이 돌아왔을 때 기뻐했던 아버지처럼, 죄인들이 돌아오는 것을 기뻐하시는 하나님을 위해 사랑의 십자가를 묵묵히 감내하셔야 했습니다. 우리의 삶에도 큰아들이 느꼈던 것과 같은 서운함이나 괴로움이 있을 것입니다. 별다른 문제를 일으키지 않고 하루하루 성실하게 살아왔는데 원하는 결과를 얻지 못해 낙심할 수도 있습니다. 피곤한 일상 때문에 모든 것을 그만두고 싶다고 지칠 때도 있을 것입니다. 나만 손해 보는 것 같은 억울함에 자꾸 머릿속으로 계산을 하기도 할 것입니다. 예수님 믿는다고 하면서 그런 생각을 하고 살아도 될까요? 네 그렇게 해도 됩니다. 주님도 그런 내면의 갈등을 탕자의 비유 속에 살짝 감추어 두셨기 때문입니다. 인생 살면서, 또 신앙생활하면서 힘들고 어려운 일, 마음 아프게 하는 사람을 만나면 예수님도 그렇게 힘들어하셨다는 사실을 잊지 마십시오. 주님 역시 우리와 같은 그런 아픔과 약함을 가지고 계셨지만, 우리를 구원의 길로 인도해 주셨습니다.

첫 번째 본문인 여호수아 말씀에 이스라엘 자손들이 가나안 땅에 들어가 제일 먼저 유월절을 기억한 것은 바로 하나님과의 관계를 잊지 않겠다는 다짐입니다. 땅과 사람은 바뀌었지만, 하나님은 여전히 우리와 함께 하시는 분이라는 사실을 기억하기 위함입니다. 두 번째 본문인 서신서 고린도후서는 그리스도와의 이러한 관계를 통해 우리가 새로운 존재가 되었다는 것을 이야기합니다. 그렇습니다. 우리는 예수 그리스도를 통해 새로운 삶의 기회를 얻은 자들입니다. 그건 우리의 노력과 업적이 뛰어나서가 아닙니다. 하나님께서 먼저 사랑하셨기 때문에 주어진 선물일 뿐입니다. 그 하나님은 언제나 그렇게 함께 하시며 기회를 주시는 분입니다. 큰아들의 비유처럼 우리에게 사랑을 보여주신 주님께 우리의 삶을 온전히 맡기고 살아가길 바랍니다.

그리스도 때문에

이사야 43 장 16 – 21 절
빌립보서 3 장 4 – 14 절
요한복음 12 장 1 – 8 절

　　제1본문 이사야 43장 16-21절은 바벨론 포로로 잡혀간 이들에게 주신 하나님의 말씀입니다. 말씀의 핵심은 이제 새로운 시대가 열릴 것이고 더는 포로가 아니라 나의 백성으로 찬양하게 될 것이라는 희망의 선포입니다.

　　16내가 바다 가운데 길을 내고, 거센 물결 위에 통로를 냈다. **19**내가 광야에 길을 내겠으며, 사막에 강을 내겠다.

하나님은 바다 가운데와 광야에 길을 내겠다고 하십니다. 여기서 말하는 길은 실제로 걸어 다니는 길도 되겠지만 궁극적으로 인간의 눈으로 볼 때 막막하고 방법이 없는 한계 상황일 수도 있습니다. 하나님은 어디서나 연약한 인간을 사랑하시는 분입니다. 구글(google)에서 만든 인공지능 바둑 프로그램인 '알파고'와 세계 최고의 프로 바둑 기사인 한국의 이세돌 9단의 대결이 큰 뉴스거리였습니다. 여러 가지 많은 생각과 이야기들이 나오고 있는데요. 그중에 모 방송사 뉴스의 앵커 브리핑이 제 마음에 남습니다.

상대방의 마음을 헤아려 예의를 갖춰야 하는 바둑 세계에서 오직 '이기는 것'만 입력되어 있을 인공지능의 승리는 글자 그대로 '승리'일 뿐일지도 모르겠습니다.

저 역시 상대를 헤아릴 줄 모르는 일정한 공식과 기준만 가지고 있는 기계와 영혼의 존재인 인간에게 대결이라는 단어가 어울리지 않는다고 생각합니다. 무엇보다 그런 과정들을 통해 인간에게서 어떤 완벽함을 찾는다는 것은 상당히 어리석은 탐구일지도 모릅니다. 지난 2013년 가을에 있었던 사건인데요. 서울의 어느 극장에서 영화를 보던 관객들 머리 위로 천장에서 누수된 물이 조금씩 떨어졌습니다. 그것도 2분 동안 말이지요. 그런데 당시 관객들은 최신 4D 기술인 줄 알고 영화를 실감나게 봤다는 것입니다. 인간이 어떤 존재인가를 설명해 주는 사건입니다. 나는 아니라고 생각하시나요? 사람은 조건만 맞으면 절망을 하기도 하고 희망도 가질 수 있고 실수도 합니다.

유대교 랍비 아브라함 여호수아 헤셸은 『누가 사람이냐』라는 책에서 '의미를 추구하는 마음을 포기할 때 사람은 더 이상 사람일 수 없다.'라고 말합니다. 이런 말 들어보셨을 것입니다. 돈이 많은 사람을 보고 "그 집 잘 산다."라고 합니다. 그런데 재물이 많으면 잘 사는 것일까요? 돈은 편리일 뿐이지 의미 있는 삶의 필수는 아닙니다. 높은 자리에 있으면 잘 사는 것일까요? 역시 아무리 높은 자리에 있어도 꼭 잘 산다고 할 수 없는 일들을 많이 보며 살지 않습니까? 무엇이 꼭 있어야만 하는 사람은 그 무엇이라는 절대적인 가치나 도구가 사라지면 아무것도 아닌 것이 되어 버립니다. 시편에서 시인은 부족한 인간에게 길을 내어주시는 하나님의 사랑을 이렇게 고백합니다.

사람이 무엇이기에 주님께서 이렇게까지 생각하여 주시며, 사람의 아들이 무엇이기에 주님께서 이렇게까지 돌보아 주십니까?(시 8:4)

그렇습니다. 세상 가치는 '업적과 소유가 중심'이 되어 사람을 평가하려 합니다. 결국 인간이 도구화되는 것이지요. 그러나 성경이 말하는 인간의 가치는 세상의 소유와 업적에 상관없이 그 존재 자체가 소중하다는 것입니다. 제2본문에서 바울이 말하는 자신의 인간적 자랑거리들을 보십시오. 그는 스스로 자신을 흠 잡힐 데가 없는 사람이었다고 말합니다.

> 4하기야, 나는 육신에도 신뢰를 둘 만합니다. 다른 어떤 사람이 육신에 신뢰를 둘 만한 것이 있다고 생각하면, 나는 더욱 그러합니다. 5나는 난 지 여드레만에 할례를 받았고, 이스라엘 민족 가운데서도 베냐민 지파요, 히브리 사람 가운데서도 히브리 사람이요, 율법으로는 바리새파 사람이요, 6열성으로는 교회를 박해한 사람이요, 율법의 의로는 흠 잡힐 데가 없는 사람이었습니다(빌 3:4-6).

8일 만에 할례를 받았다는 것은 정통 유대인이라는 자부심입니다. 유대교로 개종한 이방인 출신이 아니란 것입니다. 또한, 베냐민 지파라고 말하는데요. 베냐민은 야곱의 12아들 중에 유일하게 약속의 땅 가나안에서 태어났습니다. 예수님의 출생지인 베들레헴의 구약시대 명칭이 에브랏(Ephrath)인데 베냐민의 어머니인 라헬이 이곳에서 베냐민을 낳고 죽었습니다(창 35:19). 무엇보다 이 베냐민 지파 출신 중에서 이스라엘의 첫 번째 왕인 사울이 등장했습니다(삼상 9:1-2). 그래서 베냐민 지파 출신들의 자부심이 대단했다고 합니다. 그러니 이것은 한 마디로 "나 뼈대 있는 가문 왕족 출신이야!"라는 것입니다. 그리고 히브리 사람 가운데서도 히브리 사람이라고 하죠? 이것은 부모 양쪽이 순수 이스라엘 사람이라는 것입니다. 그리스 지역에서 출생했거나 이방인의 피가 섞이지 않았다는 강력한 표현일 수 있습니다. 거기에 율법으로는 바리새파라고 합니다. 바리새파는 모세의 율법에 자기들만의 율법을 더해서 지키기 쉽지 않은 규칙이 많았습니다. 그래서 성경에도 예수님과 종종 충돌하는 장면이 기록되어 있습니다. 그리고 6절에 교회를 박해한 것도 자랑거리가 될 만큼 열정적인 바리새파 율법주의자였다는 것입니다. 그런데 바울은 예수 그리스도라는 새로운 길을 만나고 그 삶의 방향이 바뀌어 버렸습니다.

[그러나] 나는 내게 이로웠던 것은 무엇이든지 그리스도 때문에 해로운 것으로 여기게 되었습니다(7절).

7절에서 해로운 것으로 여기게 되었다고 할 때 '여기다'라는 말은 어느 날 자고 일어나서 '나 오늘부터 예수님 제자 할 거야!' 하고 바꿨다는 말이 아닙니다. 본래 뜻이 '철저히 심사숙고하다.'라는 말입니다. 쉽게 결정한 것이 아니라는 뜻이죠. 바울이 말한 그런 요건들은 태어나면서 갖춰지는 것이기 때문에 누구나 얻을 수 있는 것이 아닙니다. 그것 자체가 자랑거리고 기득권입니다. 그런데 예수님 만났더니 아무것도 아니더라는 것입니다.

그뿐만 아니라, 내 주 예수 그리스도를 아는 지식이 가장 고귀하므로, 나는 그 밖의 모든 것을 해로 여깁니다. 나는 그리스도 때문에 모든 것을 잃었고, 그 모든 것을 오물로 여깁니다(8절).

그리스도 때문에 4-6절에 열거한 모든 것을 다 잃었지만, 오물로 여긴다고 합니다. 오물을 개역개정 성경에서는 '배설물'이라고 번역합니다. 10절을 보면 그는 이렇게 말합니다.

내가 바라는 것은, 그리스도를 알고, 그분의 부활의 능력을 깨닫고, 그분의 고난에 동참하여, 그분의 죽으심을 본받는 것입니다.

죽으심을 본받는다는 것은 어떤 의미일까요? 유기성 목사의 『나는 죽고 예수로 사는 사람』이라는 책이 있습니다. 이 책에서 순종을 이렇게 설명합니다. 순종의 방법에는 두 가지가 있는데, 하나는 노력해서 얻는 것이고 다른 하나는 죽음으로 순종하는 것입니다. 외형은 똑같지만, 차이가 있습니다. 노력해서 얻는 순종은 힘들어서 못 합니다. 힘들고 어렵다는 소리가 절로 나올 수밖에 없습니다. 얼마나 참아낼 수 있느냐의 시간의 차이만 있을 뿐이지 노력하는 순종에는 한계가 있습니다. 주님은 우리에게 하나님께 순종하기 위해 노력하라고 하지 않았습니다. 그냥 죽으라고 하셨습니다. 아니 어떻게 죽으라는 겁니까? 자살이라도 하라는 겁니까? 오해하지 마십시오. 역시 바울이 기록한 갈라디아서 2장 20절을 보겠습니다.

> 나는 그리스도와 함께 십자가에 못 박혔습니다. 이제 살고 있는 것은 내가 아닙니다. 그리스도께서 내 안에서 살고 계십니다. 내가 지금 육신 안에서 살고 있는 삶은, 나를 사랑하셔서 나를 위하여 자기 몸을 내어주신 하나님의 아들을 믿는 믿음 안에서 살아가는 것입니다.

노력으로 순종하는 척하는 사람은 죽은 척하고 있는 사람입니다. 사실 이런 사람들이 무섭습니다. 공포 영화 중에 제일 무서운 장면은 죽은 줄 알았던 괴물이 다시 눈을 번쩍 뜨거나 갑자기 일어나는 장면 아닙니까? 죽은 줄 알고 곁에 와서 살짝 만지면 벌떡 일어나서 깜짝 놀랍니다. 자존심 상하는 일이 생기면, 몇 번은 참습니다. 그런데 한계에 이르러 폭발하면 큰일나는 것입니다. 예수님을 믿는 것은 도(道) 닦는 것이 아닙니다. 내 힘으로 하려고 하니까 속병이 생기고 지치는 것입니다. 힘을 빼야 합니다. 그래야 몸과 마음이 가벼워집니다. 군대에서 공수 훈련이나 유격 훈련을 받으면 본격적인 훈련을 하기 전에 가혹하다 싶을 정도로 체력 훈련을 시킵니다. PT 체조라는 군대 체조를 하면 숨이 넘어갈 만큼 힘듭니다. 사람들이 투덜거리고 불평합니다. 힘들게 기본 체력 훈련을 시키는 이유가 무엇일까요? 힘을 빼기 위해서입니다. 힘이 들어가면 자기 힘으로 버티다가 크게 다치거나 목숨을 잃을 수도 있기 때문입니다. 신앙도 마찬가지입니다. 자기 힘과 의지로 신앙 생활하는 사람은 잘 버티는 것 같다가도 어느 정도 지나면 신호가 옵니다. 비교하고 열등감에 빠지고 사람들의 시선을 의식하고 감사와 기쁨보다 부끄러움과 수치심에 빠져 지냅니다. 그러나 예수의 십자가 앞에 진짜 죽은 사람은 표시가 납니다. 지금 내 옆에 시체가 누워 있다고 생각해 보세요. 그가 시체라는 것을 어떻게 알 수 있나요? 숨도 쉬지 않고 건드려도 때려도 침을 뱉고 욕을 해도 반응이 없습니다. 주위의 어떤 반응과 자극과 변화에도 반응하지 않습니다. 마찬가지로 자아가 죽은 사람들도 자기 십자가를 지고 주님을 따르는 자들도 티가 납니다. 자기를 칭찬하는 말에 죽었습니다. 비난이나 자존심을 상하게 하는 말이나 모두가 지치고 힘들다고 하는 일에도 그 자리에 가면 힘들지 않겠냐는 인간적인 마음에도 반응하지 않습니다. 죽었기 때문입니다. 무감각하게 세상을 살라는 것이 아닙니다. 갈라디아서 2장 20절의 못 박힌다는 말은 힘을 빼고 내려놓으라는 것입니다.

귀신에 미치던지 예수에 미치던지 미친 사람의 공통된 특징은 3가지입니다. 우선 미친 사람은 남을 의식하지 않기 때문에 비교의식이 없습니다. 비교의식이 없어서 상처받지 않습니다. 상처받지 않기 때문에 슬퍼하지 않습니다. 예수님에게 온전히 순종하며 집중하는 사람은 어떨까요? 예수님만 보고 살기 때문에 남이 가진 좋은 것, 세상이 주는 좋은 것과 내 삶을 비교하지 않습니다. 비교하지 않기 때문에 사람 때문에, 일 때문에, 환경 때문에 상처받을 일이 없습니다. 상처받지 않기 때문에 슬프지 않고 늘 기쁨이 넘치게 됩니다. 삶에서 불필요한 욕망의 힘들을 빼려면 어떻게 해야 할까요? 필립 얀시의 『아무도 말해 주지 않았던 것들』이라는 책은 믿음에 대해 이렇게 말합니다.

> 믿음은 잘 보관된 하나님의 비밀을 풀 수 있는 공식이 아니다. 그것은 하나님이 내가 원하는 것을 하시든지, 혹은 나로 하여금 힘든 시간을 인내하게 하시든지 간에 하나님을 신뢰하는 것이다.

그렇습니다. 믿음은 내가 원하는 것을 얻는 요술 지팡이가 아닙니다. 어떤 상황에서도 하나님을 고백하는 것이 믿음입니다. 바울은 자신이 태생적으로 의로운 사람이라 여겼던 자랑거리들이 아무것도 아니라는 것을 깨닫고 그 삶을 변화시켰습니다. 그리고 오직 주님을 목표로 인생을 살아간다고 고백합니다. 이제 또 한 사람, 그리스도께 최고의 가치를 아낌없이 내어드린 한 여인을 보겠습니다. 세 번째 본문인 요한복음 12장 1-8절에는 베다니에서 벌어진 잔치의 장면이 기록되어 있습니다.

1유월절 엿새 전에, 예수께서 베다니에 가셨다. 그곳은 예수께서 죽은 사람 가운데에 살리신 나사로가 사는 곳이다. 2거기서 예수를 위하여 잔치를 베풀었는데, 마르다는 시중을 들고 있었고, 나사로는 식탁에서 예수와 함께 음식을 먹고 있는 사람 가운데 끼여 있었다(1-2절).

이 잔치는 요한복음 11장에 나사로라는 사람이 죽었다가 예수님 때문에 다시 살아납니다. 아마도 그것을 축하하기 위한 잔치였을 것입니다. 그런데 이상한 장면이 연출됩니다.

그때에 마리아가 매우 값진 순 나드 향유 한 근을 가져다가 예수의 발에 붓고, 자기 머리털로 그 발을 닦았다. 온 집 안에 향유 냄새가 가득 찼다(3절).

잔치 자리에서 마리아는 예수님의 발에 기름을 붓고 머리카락으로 닦아 드립니다. 발에 기름을 붓고 머리로 닦는 행위에 대해 여러 가지 해석들이 있지만 왜 그랬는지 정확한 설명은 할 수가 없습니다. 다만 7절에서 예수님께서 '나의 장사 날에 쓰려고 간직한 것을 쓴 것이다.'라는 말씀과 머리가 아닌 발에다 기름을 부었다는 점 그리고 머리털로 닦아 드렸다는 점에서 마리아의 행동은 주님의 고난과 죽으심을 상징한다고 추측할 뿐입니다.

예수님께 여인이 향유를 부어드린 사건은 성경에 세 번 등장합니다. 첫 번째가 누가복음 7장 36-50절의 바리새인 시몬의 집이고, 두 번째가 오늘 읽은 요한복음 12장 1-8절의 베다니 나사로와 관련된 집이며, 세 번째가 마태복음 26장 6-13절, 마가복음 14장 1-2절의 베다니 문둥이 시몬의 집입니다. 베다니라는 지명 때문에 두 번째와 세 번째를 하나의 사건으로 보는 견해도 있습니다. 그런데 두 사건은 내용이나 인물이 상이하기에 별개로 보아야 합니다. 그리고 더 엄청난 오류가 있는데요. 바로 본문에 등장하는 마리아를 막달라 마리아로 둔갑시킨 것입니다. 찬송가 211장(구 346장) 1절을 보면 "값비싼 향유를 주께 드린 막달라 마리아 본 받아서 향기론 산제물 주님께 바치리."라고 되어 있습니다. 그러나 성경 어디에도 막달라 마리아가 예수님께 향유를 부어 드렸다는 기록이 없습니다. 그리고 누가복음의 향유를 부어드린 '죄인인 한 여인(눅 7:37)'을 막달라 마리아로 단정 지어 버립니다. 일곱 귀신 들렸던 여자라면 그게 죄인이 아니겠냐는 것이고 여자가 죄를 지은 거라면 성적 일탈이니 당연히 창녀라는 근거 없는 억측입니다. 심지어 그림이나 뮤지컬에도 막달라 마리아는 창녀나 부정한 여인으로 등장합니다. 당사자로서는 억울하고 기절초풍할 일입니다. 막달라 마리아는 창녀도 아니고 향유를 부어 드린 적도 없고 베다니 마리아와는 전혀 다른 사람입니다. 아무튼, 3절에 마리아가 향유를 예수님 발에 부었을 때 4-5절을 보면 가룟 유다가 비난을 합니다.

⁴예수의 제자 가운데 하나이며 장차 예수를 넘겨줄 가룟 유다가 말하였다. ⁵"이 향유를 삼백 데나리온에 팔아서 가난한 사람들에게 주지 않고, 왜 이렇게 낭비하는가?"

삼백 데나리온이 노동자의 일 년치 임금에 해당한다고 하는데요. 그것을 좀 더 가치 있게 써야 하는 것 아니냐는 거죠? 그런데 성경은 가룟 유다가 가난한 사람들 걱정해서가 아니라 도둑이라 이런 말을 했다고 합니다. 말은 주님을 위하고 이웃을 사랑하는 것 같은데 이기적인 사람들이 있습니다. 교회에서 직분을 받으신 분들이 교회 밖에서는 삶의 모범이 안 되는 경우를 얼마든지 볼 수 있습니다. '기-승-전-그리스도'를 전해야 할 목회자들의 설교와 삶이 그리스도 대신 물질, 권력, 이념으로 뒤바뀐 것을 쉽게 접할 수 있습니다.

제가 군종 목사로 부임해서 강원도 화천에 있을 때 어느 날 햄버거가 너무 먹고 싶었습니다. 그런데 당시 화천에는 햄버거 가게가 없었습니다. 그래서 군종병 형제와 일 핑계를 대고 춘천까지 나갔던 적이 있습니다. 누군가는 그러겠지요? 그깟 햄버거 하나 먹으려고 시간과 기름을 써 가며 그 먼 데를 가냐고요. 그런데 인간은 그런 존재입니다. 나에게 가치 있고 소중한 것이라 여겨지면 낭비인 것 같은 일을 할 수 있는 것입니다. 바울이나 마리아는 예수님을 중심으로 생각했기 때문에 계산하지 않고 아낌없이 자신의 것을 낭비할 수 있었던 것입니다.

사람이 교회다

그건 하나님이 우리에게 예수 그리스도를 보내서 십자가의 길을 가게 하신 것과 비교하면 보잘것없는 것일 뿐입니다. 물질과 능력과 자리가 좀 부족하면 어떻습니까? 각자 주어진 자리에서 언제나 주님을 내 삶의 최고의 목적과 가치로 여기며 살아가는 우리가 되기를 바랍니다.

주 하나님께서 나를 도우시니

이사야 50장 4-9절
빌립보서 2장 5-11절
누가복음 22장 63-65절

종려 주일은 예수님께서 예루살렘에 들어가신 것을 기념하는 날입니다. 이 사건은 신약의 네 복음서에 모두 기록되어 있는데 요한복음 12장 12-13절을 보면 당시 사람들의 반응이 얼마나 열광적이었는지 알 수 있습니다.

12 다음날에는 명절을 지키러 온 많은 무리가, 예수께서 예루살렘에 들어오신다는 말을 듣고, 13 종려나무 가지를 꺾어 들고, 그분을 맞으러 나가서 "호산나! 주님의 이름으로 오시는 이에게 복이 있기를! 이스라

엘의 왕에게 복이 있기를!" 하고 외쳤다.

사람들에게 이런 환영을 받는다면 우쭐해지겠지요? 예수님을 향해 사람들은 '종려나무' 가지를 들고 '호산나'라고 했습니다. 종려나무는 성경에 의하면 '승리, 생명, 번성'을 상징하는 식물입니다. 그리고 호산나라는 말은 '우리가 당신께 구하오니 우리를 구원하소서.'라는 뜻입니다. 여기서 말하는 구원은 영적이고 신앙적인 부분에만 해당하는 것이 아니라 외세의 지배에서 해방되고 우리를 평화롭게 다스려 줄 임금이나 막강한 힘이 필요하다는 인간적 욕망의 투사입니다. 이들의 환호가 인간적 욕망임을 어떻게 알 수 있을까요? 얼마 지나지 않아 그들은 자기들의 기대와 전혀 다른 주님을 발견하고는 그분을 십자가에 못 박으라고 외치는 무리로 변해 버렸습니다. 어찌 되었건 이렇게 환영하는 사람들을 보시고 일장 연설을 하시거나 행진을 했으면 더 멋있었을 텐데 좀 엉뚱하게 예수님은 어린 나귀에 올라타셨습니다.

14예수께서 어린 나귀를 보시고, 그 위에 올라타셨다. 그것은 이렇게 기록한 성경 말씀과 같았다. 15시온의 딸아, 두려워하지 말아라. 보아라, 네 임금이 어린 나귀를 타고 오신다(요 12:14-15).

이게 좀 우스꽝스러운 장면입니다. 다 큰 어른이 어린 나귀를 타다니요? 세상을 구원할 왕으로 오신 분이 멋진 말이나 임금의 수레가 아닌 나귀를 타신 이유는 무엇일까요? 더구나 많은 사람이 열광하는 그 자리에서 어린 나귀는 어울리지 않는 것 같은데 말이죠. 예수님이 태어나시기 약 500년 전에 기록된 구약 예언서 스가랴 9장 9-10절을 보면 이렇습니다.

> ⁹도성 시온아, 크게 기뻐하여라. 도성 예루살렘아, 환성을 올려라. 네 왕이 네게로 오신다. 그는 공의로우신 왕, 구원을 베푸시는 왕이시다. 그는 온순하셔서, 나귀 곧 나귀 새끼인 어린 나귀를 타고 오신다. ¹⁰"내가 에브라임에서 병거를 없애고, 예루살렘에서 군마를 없애며, 전쟁할 때에 쓰는 활도 꺾으려 한다. 그 왕은 이방 민족들에게 평화를 선포할 것이며, 그의 다스림이 이 바다에서 저 바다까지, 유프라테스 강에서 땅 끝까지 이를 것이다.

9절의 어린 나귀는 10절의 병거(전차), 군마와 대비되는 힘없고 약한 존재입니다. 사람들은 더 많은 전차와 군마를 동원할 수 있는 강력한 왕을 원합니다. 그러나 요한복음 12장 14-15절은 스가랴 9장 9절을 인용하면서 어린 나귀 타신 예수님은 인간의 욕망과 기대를 충족시키는 도깨비방망이 같은 존재가 아님을 알려 주고 있습니다. 세상에서 가장 피곤한 일 중 하나는 아마 자기의 기대를 누군가에게 강요하는

것이 아닐까요? 부모가 자녀에게 지나친 기대를 하는 경우가 대표적

이겠지요? 성적과 미래의 직업을 정해 놓고 거기에 맞춰 행동하길 바

라는 것이지요. 부부간에도 그럴 수 있습니다. 교회 안에서도 이런 욕

망의 기대는 얼마든지 찾아볼 수 있습니다. 하나님이 내가 원하는 대

로 움직여 주시길 바라는 것이지요. 그래서 제일 교만한 말 중의 하나

가 "나 잘못되면 하나님 손해지"라는 말이랍니다. 그 말 속에는 내가

잘못되면 안 된다는 일종의 자기중심성과 억지가 있는 것입니다. 또

한, 누군가를 자기 마음대로 조정하려는 변형된 욕망을 '기대'라고 말

하면 안 됩니다.

2009년 2월 인터넷 뉴스에 등장한 사건인데요. 트로이 브리스포트

(34)라는 남성이 20대 여성을 납치했습니다. 그는 납치한 여성의 옷을

벗기고 수갑을 채웠습니다. 그리고 3일 동안 감금하고 성경을 읽어 주

었습니다. 나중에 경찰 조사에서 "여성을 구원하기 위해 납치했다."라

고 주장했는데 과연 납치된 여성은 억압된 장소에서 하나님 사랑을 느

꼈을까요? 어떤 이들은 그래도 예수님 전하려고 그런 것이니 기특하

다고 했습니다. 믿음이 좋으니 용서해 주어야 할까요? 제가 좀 극단적

인 예를 들었나요? 아무리 좋은 의도가 있어도 상대를 배려하지 않는

좋은 뜻과 기대는 폭력일 수밖에 없습니다. 예수님을 환영했던 사람

들은 바로 그런 이들이었습니다. 자기들의 욕망을 채워줄 자기들만의

메시아를 원했던 것입니다. 그러나 오늘 첫 번째 본문인 이사야 50장

4-9절은 세상의 기대와 전혀 다른 메시아의 모습을 설명해 주고 있습니다.

> 나는 나를 때리는 자들에게 등을 맡겼고, 내 수염을 뽑는 자들에게 뺨을 맡겼다. 내게 침을 뱉고 나를 모욕하여도 내가 그것을 피하려고 얼굴을 가리지도 않았다(6절).

너무나 무기력해 보이지 않습니까? 예수님을 따르자고 하지만 이런 예수님의 모습을 따랐다간 세상에서 바보 소리 듣기 딱 좋을 것 같습니다. 말로는 예수님의 이런 낮아지심과 겸손을 따르자면서도 우리는 마음속으론 라멕의 노래를 부르고 있을지도 모릅니다.

> 23라멕이 자기 아내들에게 말하였다. "아다와 씰라는 내 말을 들어라. 라멕의 아내들은, 내가 말할 때에 귀를 기울여라. 나에게 상처를 입힌 남자를 내가 죽였다. 나를 상하게 한 젊은 남자를 내가 죽였다. 24가인을 해친 벌이 일곱 갑절이면, 라멕을 해치는 벌은 일흔일곱 갑절이다(창 4:23-24)."

창세기 4장에는 아담과 하와, 그리고 가인과 아벨의 이야기가 등장하는 곳입니다. 인류의 기원에 가까운 곳이라 할 수 있습니다. 그런데 그때부터 이미 라멕은 이런 노래를 불렀습니다. 요즘 보복운전, 보복 공천 같은 보복이라는 말이 뉴스에 자주 등장하는데요. 이런 보복심은 역사적 기원을 따지기도 어려울 만큼 오래된 것입니다. 23절에서 라멕은 상처 입힌 남자를 죽였다고 하는데 여기서 말하는 상처(wounding)는 실제 상처도 되지만 '마음을 상하게 하는'이라는 뜻도 있습니다. '나를 상처 받게 하면 77배로 보복하겠다' 이게 죄 가운데 있는 인간의 상태입니다. 그런데 예수님은 뭐라고 하셨나요?

> 나는 나를 때리는 자들에게 등을 맡겼고, 내 수염을 뽑는 자들에게 뺨을 맡겼다. 내게 침을 뱉고 나를 모욕하여도 내가 그것을 피하려고 얼굴을 가리지도 않았다(사 50:6).

어떻게 이럴 수 있을까요? 더구나 제3본문에는 더 비참한 예수님의 모습이 나타나고 있습니다.

> 63예수를 지키는 사람들이 예수를 때리면서 모욕하였다. 64또 그들은 예수의 눈을 가리고 말하였다. 너를 때린 사람이 누구인지 알아맞히어 보아라. 65그들은 그 밖에도 온갖 말로 모욕하면서 예수에게 욕설을 퍼부었다(눅 22:63-65).

예수님께 모욕을 가하는 이들은 예수님을 지키던 군인들이었습니다. 그들은 타고난 본성이 악해서 예수님을 때리고 욕을 했을까요? 그렇지 않을 것입니다. 그들도 누군가의 살가운 아들이거나 다정다감한 남편과 아버지였을지 모릅니다. 예수님을 함부로 대하는 그들의 모습을 보면서 그 속에 저도 자리 잡고 있다는 사실을 묵상해 봅니다. 적어도 2천 년 전 사건이니 나는 그래도 예수님을 모욕하지 않았다고 생각하시나요? 그렇지 않습니다. '예수'라는 이름을 빼고 내가 미워하는 누군가의 이름을 넣어 보십시오. 내가 미워하지 않았어도 누군가에게 미움을 받아 학대당하고 죽어간 어린이들 속에서 함께 아파하시는 주님을 바라볼 수 있어야 합니다. 물질과 생존의 자리에서 밀려나 소외당하고 삶을 포기하는 이들의 모습 속에서 조롱당하시는 예수님을 묵상할 수 있어야 합니다.

「뉴스엔조이」 기사 내용인데요. 제목은 "세월호 가족들 신앙고백에 눈물 흘린 목회자들"이었습니다. 경기도 가평에서 진행된 목회자 신학생 멘토링 컨퍼런스에 세월호 유가족 중에 기독교인 몇 분이 참여해서 신앙인으로서의 소회를 털어 놓았습니다. 그 자리에 단원고 학생이었던 이창현(2학년 5반) 군의 어머니 최순화 씨도 참석했는데요. 창현 군의 아버지는 여당 대표에게 무릎을 꿇고 "제발, 제발 우리 아이들이 죽은 이유를 제대로 알 수 있게 해 달라."고 했던 사진으로 뉴스에 나오기도 했습니다. 창현 군의 아버지는 왜 무릎을 꿇었냐는 질문에

'아빠가 무능해서 그렇게밖에 못해서 미안하다면서 아들 창현이를 위해서라면 더 굴욕적인 것도 할 수 있다'라고 했습니다. 컨퍼런스에 참석한 창현 군 어머니 최순화 씨는 그 자리에 참석한 많은 목회자 앞에서 교회에 대한 서운함을 이렇게 이야기했습니다. "어떤 목사님은 '시간 지났으니 이제 그만하라.' 말씀하시는데 우리의 마음이나 처한 상황은 2014년 사고 당일부터 변한 것이 없다. 오히려 더 악화되고 있다. 언론은 '돈 더 받으려고 저런다, 종북이다.' 같은 말도 안 되는 기사로 부모들을 묘사한다. 아이 잃은 부모가 할 수 있는 것은 아무것도 없었다."라고 했습니다. 그리고 어떤 젊은 목사님이 이런 질문을 했습니다.

사람이 겪을 수 있는 최고의 고통을 겪고 계시는데 신앙이 현실을 버티는 데 힘이 됐는가? 힘드시겠지만 실제 경험을 알려 주시면 앞으로 고통받는 이들과 함께할 때 도움이 될 것 같다.

그에 대한 최순화 씨의 답변 중 일부입니다.

별로 도움이 안 됐다. (중략) 그동안 교회에서 배웠던 모든 것은 다 교회 건물 안에서만 적용되던 것이었다. 오십 평생을 의지했던 하나님이 힘을 못 주시더라. 사고 후 교회는 박차고 나왔지만, 하나님을 떠나지는 못했다. 오히려 사람들을 만나며 힘을 얻었다. 이들은 하나님이 보내 주신 또 다른 하나님이었다. 분향소 기독교 예배실을 찾아 주시는 많은 분이 꼭 위로하러 오신 것이 아니고 그냥 옆에 있어 주기 위해 오셨다. 그게 큰 힘이 됐다. 하나님이 계시다는 것을 그분들을 통해 봤다. 지금도 마찬가지다. 사람을 통해 하나님을 본다.

또 한 분 유예은(2학년 3반) 양의 어머니 박은희 씨도 참석했는데 이분은 전도사입니다. 이분은 이렇게 말했습니다.

고통의 한복판에 있어 보니 그동안 다른 사람에게 했던 수많은 위로의 말들을 물리고 싶었다. 들은 말 중에 가장 큰 상처가 된 말은 '하나님의 뜻'이라는 말이었다. 심지어 장례식장에 와서 '아이들이 좋은 곳으로 갔으니 이제 울지 말라'고 하더라. 그게 얼마나 위험한 말인지 알았다. 예수님 말씀처럼 우는 자와 함께 우는 것이 답이다. 같이 우는 가운데 우리와 함께 우시는 하나님을 만났다.

저는 세월호의 진상 규명이나 정치적 이슈에 대해 논하고 싶지 않습니다. 다만 신앙인으로서 그들이 했던 말을 우리도 새겨볼 필요가 있습니다. 특히나 '교회에서 배웠던 모든 것은 다 교회 건물 안에서만 적용되던 것'이며 '교회 밖으로 나와서 비로소 하나님을 만났다.'라는 창현 군 어머니의 말이 제 마음에 깊이 새겨졌습니다.

제가 시장에서 고기 배달을 한 지 벌써 3개월이 넘었습니다. 1월 초순 배달을 하던 중에 어느 허름하고 작은 식당 앞에서 '일요일도 영업함'이라고 적힌 안내판을 보게 되었습니다. 처음 볼 때 무척이나 눈에 거슬렸습니다. 저는 속으로 이런 생각을 했습니다. '돈독이 얼마나 올랐으면 주일에 교회도 안 다니고 일을 할까?' 그런데 배달을 하면서 생각이 조금 바뀌었습니다. '주일 하루도 쉬지 못하는 삶은 얼마나 고단한 인생인가?'로 말이지요. 저 역시 교회 밖에도 하나님은 계신다는 사실을 다시금 깨달았습니다.

> 5여러분 안에 이 마음을 품으십시오. 그것은 곧 그리스도 예수의 마음이기도 합니다. 6그는 하나님의 모습을 지니셨으나, 하나님과 동등함을 당연하게 생각하지 않으시고, 7오히려 자기를 비워서 종의 모습을 취하시고, 사람과 같이 되셨습니다(빌 2:5-7).

우리가 품어야 할 그리스도의 마음은 어떤 것일까요? 우리는 어쩌면 예배 시간과 예배의 공간 속에서만 하나님을 느끼고 감동하며 살았을지도 모릅니다. 그러나 오늘 첫 번째 본문인 이사야 50장 4-9절을 보면 이사야는 주 하나님께서 나를 도우신다고 고백하는 장면이 굴욕과 고통의 순간들이었음을 이야기합니다.

7주 하나님께서 나를 도우시니, 그들이 나를 모욕하여도 마음 상하지 않았고, 오히려 내가 각오하고 모든 어려움을 견디어 냈다. 내가 부끄러움을 당하지 않겠다는 것을 내가 아는 까닭은, 8나를 의롭다 하신 분이 가까이에 계시기 때문이다(7-8a절).

여러분의 삶의 자리에서 여전한 모습으로 함께 하시며 도우시는 주님을 경험하고 고백하는 고난 주간을 보내시길 바랍니다.

부활절

한 사람으로 말미암아

이사야 65장 17-25절
고린도전서 15장 19-26절
요한복음 20장 1-18절

저는 "단 1명의 여고생을 위해 달린 열차, 오늘 폐역"이라는 기사를 관심 있게 보았습니다. 일본 홋카이도(北海道)에 있는 규시라타키(旧白滝駅)라는 무인 기차역에 관한 이야기였는데 간이역의 유일한 승객이었던 여고생이 졸업하면서 더는 정차하지 않게 되었다는 내용입니다. 오직 학생 1명만을 위해 기차가 서는 간이역에 관한 기사를 보면서 '효율성과 비용 절감'이라는 논리 대신에 '단 한 사람의 승객을 위한 배려'라는 인간미가 참 좋다는 생각을 했습니다. 물론 부작용도 있었다고 합니다. 역이 사라지고 유일한 승객이 여학생이라는 소식이 전해지자 일부 여행객이나 사진작가들이 기차가 들어올 때 여학생에게 자세를 요구하거나 허락 없이 촬영했기 때문이지요. 어찌 되었건 저는 그 기사를 보면서 한 사람의 소중함에 대해 묵상해 보게 되었습니다. 제2본문은 한 사람의 중요성에 대해 이렇게 말합니다.

> 20그러나 이제 그리스도께서는 죽은 사람들 가운데서 살아나셔서, 잠든 사람들의 첫 열매가 되셨습니다. 21한 사람으로 말미암아 죽음이 들어왔으니, 또한 한 사람으로 말미암아 죽은 사람의 부활도 옵니다. 22아담 안에서 모든 사람이 죽는 것과 같이, 그리스도 안에서 모든 사람이 살아나게 될 것입니다(고전 15:20-22).

아담으로 인해 죽음이 들어 왔지만, 예수 그리스도를 통해 부활이 있게 되었다는 말입니다. 모두가 한 사람으로 말미암았다고 성경은 진술하고 있습니다. 한 사람으로 인해 죽음이 들어왔다는 말을 이해할 수 있는 역사적인 예를 하나 들어 드리겠습니다. 중국에는 세계 문화유산인 만리장성이 있습니다. 최초 만리장성의 공식 길이는 6,000km가 넘는 길이였는데 중국은 공식 발표를 할 때마다 장성의 길이를 연장해서 발표했습니다. 자신들의 위대함을 뽐내기 위해서입니다. 2012년에는 무려 21,000km가 넘었습니다. 신장웨이우얼 지역과 옛 발해 지역까지 모두 포함을 시켰는데 오래전부터 자기들의 땅과 역사란 주

장을 하기 위함입니다. 북방 민족을 방어하기 위해 세워진 이 장성은
단 한 번도 중국 대륙을 안전하게 지켜주지 못했다고 합니다. 이유가
무엇일까요? 라원기의 『누구나 한번은 리더가 된다』라는 책은 이렇게
말합니다.

> 기어오를 수 없을 만큼 높고, 무너뜨릴 수 없을 만큼 두껍고, 돌아서
> 갈 수 없을 만큼 긴 성벽을 만들고자 했다. 그러나 만리장성이 세워진
> 후 처음 100년 동안 중국은 3번이나 침입을 당했다. 벽이 무너졌기 때
> 문이 아니다. 문지기들이 뇌물을 받고 문을 열어 주었기 때문이다.

성문을 지키는 자들이 뇌물을 받고 문을 열어 주니 속수무책이었
다는 것입니다. 하나님께서 아담을 만드시고 기뻐하셨습니다. 하나님
의 형상대로 지음 받은 인간은 영원한 생명의 약속을 받은 존재였습
니다. 그러나 그가 하나님으로부터 멀어졌을 때 인간은 죽음의 존재가
되고 말았습니다. 죽음의 존재가 되었다는 것은 자기밖에 모르는 존재
가 되었다는 말로 바뀌어도 무방할 것 같습니다. 자기만을 위해 사는
사람들이 모여 있는 곳이야말로 지옥이 아니겠습니까? 그런 세상에
오셔서 주님은 전혀 다른 가치와 가르침을 주셨습니다. 남을 희생시
키고 다른 이들을 깔고 앉아서 먹는 것이 최고의 가치라 여기는 곳에
서 자기를 희생시키고 다른 이들을 섬기는 것이 하나님의 뜻임을 삶으

로 보여 주셨습니다. 그러나 주님의 큰 뜻은 어리석은 죄인인 인간들의 욕망과 폭력 앞에 무기력해 보였습니다. 그렇게 십자가에서 죽으셨고 무덤에 안치되었습니다. 그 무덤을 제일 먼저 찾은 것은 예수님의 제자들이 아니었습니다. 오늘 세 번째 본문인 요한복음 20장 1절에 따르면 막달라 마리아라는 여인이 제일 먼저 찾아옵니다. 막달라 마리아는 누가복음 8장 2절에 의하면 예수님 때문에 '일곱 귀신이 떨어져 나간 여인'으로 묘사됩니다. 예수님을 만나서 삶이 변화된 사람입니다.

1주간의 첫 날 이른 새벽에 막달라 사람 마리아가 무덤에 가서 보니, 무덤 어귀를 막은 돌이 이미 옮겨져 있었다. 2그래서 그 여자는 시몬 베드로와 예수께서 사랑하시던 그 다른 제자에게 달려가서 말하였다. "누가 주님을 무덤에서 가져갔습니다. 어디에 두었는지 모르겠습니다 (요 20:1-2)."

주님의 시신이 사라진 사실을 알고 막달라 마리아는 베드로와 다른 제자에게 말합니다. 이 소식을 듣고 두 제자는 서둘러 무덤으로 달려갑니다. 베드로보다 다른 제자가 주님의 무덤에 먼저 도착합니다.

4둘이 함께 뛰었는데, 그 다른 제자가 베드로보다 빨리 달려서, 먼저 무덤에 이르렀다. 5그런데 그는 몸을 굽혀서 삼베가 놓여 있는 것을 보

사람이 교회다

았으나, 안으로 들어가지는 않았다(4-5절).

여기서 참 이상한 행동을 볼 수 있습니다. 다른 제자는 베드로보다 먼저 도착했지만, 무덤 안으로 들어가지 않고 무덤 안을 살펴봅니다. 5절에 '몸을 굽혀서(파라큅사스)'라는 말은 무언가를 주의 깊고 조심스럽게 관찰하기 위해 몸을 한쪽으로 기울이는 것을 말합니다. 어쩌면 그는 불안과 염려 속에 망설이고 있었을지도 모릅니다. 잠시 후 도착한 베드로가 들어가자 무덤이 비었다는 사실을 확인합니다. 이 두 사람의 행동을 성경은 이렇게 평가합니다.

> 9아직도 그들은 예수께서 죽은 사람들 가운데서 반드시 살아나야 한다는 성경 말씀을 깨닫지 못하였다. 10그래서 제자들은 자기들이 있던 곳으로 다시 돌아갔다(9-10절).

여전히 베드로와 또 다른 제자는 주께서 부활하실 거라는 사실을 알지 못했다고 성경은 말합니다. 그리고 자기들이 있던 곳으로 되돌아갑니다. 그런데 마리아는 그 자리를 떠나지 않고 울고 있었습니다.

> 11그런데 마리아는 무덤 밖에 서서 울고 있었다. 울다가 몸을 굽혀서 무덤 속을 들여다보니, 12흰 옷을 입은 천사 둘이 앉아 있었다. 한 천사

는 예수의 시신이 놓여 있던 자리 머리맡에 있었고, 다른 한 천사는 발치에 있었다. 13천사들이 마리아에게 말하였다. "여자여, 왜 우느냐?" 마리아가 대답하였다. "누가 우리 주님을 가져갔습니다. 어디에 두었는지 모르겠습니다(11-13절)."

무덤을 떠나지 않고 울고 있는 마리아에게 주님께서 나타나셨습니다. 그리고 이렇게 말씀하시는 것입니다.

15예수께서 마리아에게 말씀하셨다. 여자여, 왜 울고 있느냐? 누구를 찾느냐? 마리아는 그가 동산지기인 줄 알고 여보세요, 당신이 그를 옮겨 놓았거든, 어디에다 두었는지를 내게 말해 주세요. 내가 그를 모셔 가겠습니다. 하고 말하였다. 16예수께서 마리아야! 하고 부르셨다. 마리아가 돌아서서 히브리 말로 '라부니!' 하고 불렀다. (그것은 선생님이라는 뜻이다.) (15-16절)

부활하신 주님은 자신을 드러내기 위해 사람들이 많은 곳을 찾아가지 않으셨습니다. 혼자 남아 눈물 흘리고 있는 마리아에게 나타나셨습니다. 저는 이 장면을 보면서 눈물 흘리는 한 사람을 위로하시는 주님을 보게 됩니다. 절망과 좌절감에 빠져 낙심한 채 눈물 흘리는 이를 찾아가 위로해 주시는 분이 바로 주님이십니다. 그 주님은 그렇게 나를 세상 유일한 존재인 듯 대하십니다. 제가 군대 있을 때 초급 간부들을 대상으로 신앙 설문 조사를 한 적이 있는데요. 잘 알다시피 군대 교회에 두 집단이 없습니다. 부사관 신자들과 초급 간부들입니다. 그중에 왜 초급 간부들이 군인 교회 출석을 기피하는지 알아보기 위해 조사해 봤더니 군인 교회는 예배가 너무 행사 위주로 진행되고 자신들이 그런 행사에 동원된 배경 같은 느낌이 들더라는 것입니다. 한 마디로 존중받는다고 여기지 못해 소외감을 느꼈다는 것입니다.

그 설문 결과를 보면서 미안했습니다. 저 역시 한 사람 한 사람을 소중히 여기지 못했기 때문입니다. 누군가의 사정을 알아준다는 것이야말로 가장 큰 위로와 선물이며 부활의 정신임을 깨닫게 됩니다.

> **17**예수께서 마리아에게 말씀하셨다. 내게 손을 대지 말아라. 내가 아직 아버지께로 올라가지 않았다. 이제 내 형제들에게로 가서 이르기를, 내가 나의 아버지 곧 너희의 아버지, 나의 하나님 곧 너희의 하나님께로 올라간다고 말하여라. **18**막달라 사람 마리아는 제자들에게 가서, 자기가 주님을 보았다는 것과 주님께서 자기에게 이런 말씀을 하셨다는 것을 전하였다(요 20:17-18).

17절을 보면 마리아가 반가운 나머지 예수님을 붙잡았던 것 같습니다. '내게 손을 대지 말아라' 말씀하십니다. 이것은 만지려 하니까 못하게 한 것이 아니라 원문에 의하면 이미 하는 동작을 중지시키는 그러니까 주님을 붙들고 있는 마리아에게 그만 손을 놓으라고 말씀하고 계신 것입니다. 손대지 말란 말에서 어떤 신비한 이야기를 기대하지 마십시오. 주석을 찾아보니까 이 부분에 대해 여러 견해가 있더군요. 예를 들면 예수님이 채찍에 맞은 상처가 회복되지 않아서 만지면 따끔거리니까 아파서 그랬다는 주장부터 세마포(수의)를 벗은 나체 상태라 만지는 거 누가 볼까 그랬다거나 너무 신령한 상태라 부정한 손을 대면 안 된다는 주장 등 여러 상상이 참 많습니다. 성경을 보다가 막히는 부분은 그냥 넘어가도 됩니다. 저는 이 부분을 이렇게 생각합니다. 자신의 경험, 기억 같은 것에 집착하지 말고 이젠 새로운 가치관과 방식으로 만나야 한다는 깨달음을 주시기 위함이 아닐까 싶습니다. 주님께서 나는 눈에 보이고 손에 잡히는 존재가 아니라 마음과 말씀 속에서 만나야 할 존재라고 이야기하시는 것은 아닐까요? 그래서 주님의 부활을 믿는 자들은 우리가 만나는 사람과 일에 대한 과거의 기억, 경험, 나의 가치관에 집착하지 말아야 한다고 생각합니다.

부활하신 주님은 마리아를 제자들에게 보냅니다. 요즘 유행하는 어떤 노랫말처럼 '내가 하나님께로 올라간다고 전해라.' 하셨습니다. 그런데 그 말씀을 하시면서 17절 중반 부분을 보면 주님은 당신을 버리고 달아났던 제자들을 '내 형제들'이라 부르십니다. 심지어 무덤 앞에서 굽혀 보다가 안으로 들어가지도 않았고 부활에 대해 기억도 못한 채 돌아가 버렸던 한심한 사람들입니다. 가룟 유다 못지않은 배신자들입니다. 그런 자들을 형제라고 불렀습니다. 여기서 말하는 형제는 친구 관계보다 더 깊은 관계를 의미합니다. 나에게 등을 돌렸지만 그래도 내가 아끼는 자들이니 내 근황을 전해달라는 것입니다. 저는 주님의 이 말씀을 통해서 부활의 가장 중요한 의미를 깨닫습니다. 자신에게 등 돌린 이를 다시 보듬어 주는 것이야말로 진정한 부활의 정신이 아니겠습니까? 두 번째 본문은 이렇게 말합니다.

> **19**그리스도 안에서 우리가 바라는 것이 이 세상에만 해당되는 것이라면, 우리는 모든 사람 가운데서 가장 불쌍한 사람일 것입니다. **20**그러나 이제 그리스도께서는 죽은 사람들 가운데서 살아나셔서, 잠든 사람들의 첫 열매가 되셨습니다(고전 15:19-20).

그렇습니다. 우리는 세상의 것들을 기대하고 살아가는 자들이 아닙니다. 오늘 말씀을 통해 나누었던 것처럼 그리스도께서 부활하심을 믿는 자들입니다. 그 첫 열매를 보았으니 우리도 그다음 열매가 되어야 합니다. 죽었다가 다시 살라는 말이 아닙니다. 눈물 흘리는 한 사람을 위로하고, 과거의 기억, 경험, 나의 가치관에 집착하지 않고 사람을 대하고 자신에게 등 돌린 이를 다시 보듬어 주는 부활의 정신으로 살아가는 삶이 되기를 바랍니다.

문이 잠겨 있었으나

사도행전 5 장 27 –32 절
요한계시록 1 장 4 –8 절
요한복음 20 장 19 –31 절

제가 교회를 본격적으로 다니기 시작한 학생 시기에 성경을 읽어도 무슨 뜻인지 알 수 없었고 예배 시간에 목사님 설교를 들어도 내용 이해를 잘하지 못했었습니다. 용어나 지명 그리고 처음 듣는 사람들의 이름이 생소했기 때문입니다. 그래도 기억에 남는 이름들이 있었는데요. '노아의 방주', '믿음의 조상 아브라함', '기드온과 300 용사', '지혜의 왕 솔로몬' 같은 이름입니다. 교회 예배 시간이나 분반 공부 시간에 반복적으로 그 사람과 관련된 대표적 특징을 이름과 함께 불렀기 때문에 기억을 쉽게 했던 것 같습니다. 그리고 또 한 사람 오늘 말씀에 등

문이 잠겨 있었으나

263

장하는 도마를 부를 때는 '의심 많은 도마'라고 불렀습니다. 성경을 자세히 읽지 않고 그 이름을 들었을 때 저는 도마에 대해 부정적인 인식을 했습니다. 예수님의 부활을 제자 중에 끝까지 믿지 않다가 예수님께 책망당한 사람 정도로 이해한 것이지요. 그렇다면 도마는 진짜 의심쟁이였을까요? 우선 성경에 기록된 도마의 이야기를 찾아보는 것이 좋을 것 같습니다. 도마라는 이름은 공관복음(마태, 마가, 누가)에서는 단순히 열두 제자 중 하나로 기록되지만, 요한복음에는 세 번이나 등장합니다. 우선 요한복음 10장 30-31절에서 예수님은 '나와 아버지는 하나다'라고 말씀하십니다. 즉 자신이 하나님이라고 하니 유대 사람들이 신성 모독이라며 예수님을 죽이려 합니다. 주님과 제자들은 할 수 없이 요단 건너편으로 피합니다.

그런데 요한복음 11장을 보면 베다니에 사는 나사로가 죽게 되자 그 누이들이었던 마리아와 마르다가 사람을 보내 예수께서 오시길 청합니다. 그런데 예수님은 지금 사람들이 죽이려 해서 유대인의 땅을 벗어난 것이거든요. 다시 가면 죽을지도 모릅니다. 11장 6절을 보면 예수님께서 이틀이나 시간을 보내며 고심 끝에 나사로가 있는 유대 지역으로 다시 가려고 하자 제자들이 만류합니다. 예수님은 가자 하고 제자들은 가지 말자 하는 그 상황에서 11장 16절을 보면 도마가 이렇게 말합니다.

그러자 디두모라고도 하는 도마가 동료 제자들에게 우리도 그와 함께 죽으러 가자 하고 말하였다.

어떤 이들은 예수님의 고집을 꺾지 못하니까 도마가 체념한 듯 빈 정댄 것이라고 하지만 그건 좀 무리한 해석입니다. 도마는 주저하고 망설이는 다른 제자들과 달리 주님과 함께 하고자 하는 마음이 더 강한 사람이었습니다. 두 번째 도마에 대해 살펴볼 수 있는 곳은 요한복음 14장인데요. 13장에서 제자들의 발을 닦아 주시고 최후의 만찬을 하신 후에 14장부터 자신이 떠날 때가 되었음을 상기시켜 주십니다. 십자가의 죽음을 이야기하신 것이지요. 도마가 예수님에게 묻습니다.

도마가 예수께 말하였다. 주님, 우리는 주님께서 어디로 가시는지도 모르는데, 어떻게 그 길을 알겠습니까?(요 14:5)

도마는 모르면서도 아는 척하지 않고 모르면 모른다고 말할 줄 아는 자였습니다. 정직한 사람이지요. 요한복음 11, 14장에 등장하는 도마의 모습은 한 마디로 '의리와 정직'입니다. 세 번째 도마의 모습은 오늘 우리가 읽은 세 번째 본문에서 볼 수 있습니다.

19그날, 곧 주간의 첫 날 저녁에, 제자들은 유대 사람들이 무서워서, 문을 모두 닫아걸고 있었다. 그때에 예수께서 와서, 그들 가운데로 들어서서서, 너희에게 평화가 있기를! 하고 인사말을 하셨다. **20**이 말씀을 하시고 나서, 두 손과 옆구리를 그들에게 보여 주셨다. 제자들은 주님을 보고 기뻐하였다(요 20:19-20).

19절을 자세히 보면 이상한 부분이 있습니다. 제자들은 유대 사람들이 무서워 문을 닫아걸고 있었습니다. 그런데 어느 순간인지 예수님께서 그들 가운데 계셨습니다. 귀신이 아니고서야 어떻게 이럴 수 있을까요? 그러나 이 자리에 도마는 없었습니다. 이런 추정은 가능합니다. 두려움에 문을 닫아걸고 숨어 있던 다른 제자들과 달리 도마는 주님의 시신을 찾아다녔거나 사태를 파악 중이었을 거라 짐작해 보는 것입니다. 어떤 이들은 도마의 튀는 행동 때문에 제자들로부터 왕따를 당했을 거라고 주장하기도 합니다. 의리와 정직의 사람이었던 도마가 '죽으러 가자! 숨어 있지 말자!' 뭐 이런 말을 할 거 같으니 부담스럽게 여겨 자기들끼리만 숨은 것이 아니겠냐는 추리입니다. 어떤 이유인지 모르지만, 도마는 그 자리에 없었습니다.

24열두 제자 가운데 하나로서 쌍둥이라고 불리는 도마는, 예수께서 오셨을 때에 그들과 함께 있지 않았다. **25**다른 제자들이 그에게 우리는 주님을 보았소 하고 말하였으나, 도마는 그들에게 나는 내 눈으로 그의 손에 있는 못자국을 보고, 내 손가락을 그 못자국에 넣어 보고, 또 내 손을 그의 옆구리에 넣어 보지 않고서는 믿지 못하겠소! 하고 말하였다(요 20:24-25).

사실 이 구절 때문에 도마가 의심쟁이라는 오해를 받는 부분이기도 합니다. 25절에 "우리는 주님을 보았소 하고 말하였으나"라는 부분에서 '말하다(에레곤)'는 그리스어 문법에 미완료 시제를 사용합니다. 미완료 시제는 어떤 행동이 완료되지 않고 계속되었음을 뜻하는 것이니 도마에게 한 번만 말한 것이 아니라 몇 번을 이야기 한 것임을 알 수 있습니다. 그러나 도마는 그들의 말을 믿지 않았습니다. 왜 안 믿었을까요? 도마가 의심이 많아서일까요? 아니면 다른 이유가 있었기 때문일까요? 결론부터 말씀드리면 도마가 믿지 못한 것은 어쩌면 제자들의 말 자체였을지 모릅니다. 제가 질문을 하나 드리겠습니다. 예수님께서 십자가에 달려 계실 때 제자들이 그 자리에 있었을까요? 예수님께서 십자가에 달리던 장면을 제자들은 직접 보았을까요? 요한복음을 보면 요한은 분명 그 자리에 있었습니다. 예수님께서 죽기 전에 그에게 자기 어머니를 부탁하는 장면이 있기 때문이죠. 그리고 다른 복음서에는 등장하지 않는 기록을 요한이 하나 남겼습니다.

그러나 병사들 가운데 하나가 창으로 그 옆구리를 찌르니, 곧 피와 물이 흘러나왔다(요 19:34).

예수님이 죽었는지 확인하기 위해 한 군인이 예수님의 옆구리를 창으로 찌른 것입니다. 요한은 십자가의 현장에 있었기 때문에 이 내용을 기록할 수 있었습니다. 다른 제자들은 다 도망쳐 버렸기 때문에 예수님께서 사망 후에 창에 찔린 사실을 모릅니다. 그런데 부활하시고 예수님께서 손의 상처와 옆구리를 제자들에게 보여 주실 때 도마는 없었거든요. 그런데 주님을 보았다고 말하는 제자들에게 도마가 뭐라고 했죠?

24열두 제자 가운데 하나로서 쌍둥이라고 불리는 도마는, 예수께서 오셨을 때에 그들과 함께 있지 않았다. 25다른 제자들이 그에게 우리는 주님을 보았소 하고 말하였으나, 도마는 그들에게 나는 내 눈으로 그의 손에 있는 못자국을 보고, 내 손가락을 그 못자국에 넣어 보고, 또 내 손을 그의 옆구리에 넣어 보지 않고서는 믿지 못하겠소! 하고 말하였다.

예수님께서 창에 찔린 사실을 도마가 몰랐다면 '주님을 보았다'라는 제자들의 말에 '어디서요?'라고 물어야 합니다. 그런데 "나는 내 눈으로 그의 손에 있는 못자국을 보고, 내 손가락을 그 못자국에 넣어 보

사람이 교회다

고, 또 내 손을 그의 옆구리에 넣어 보지 않고서는 믿지 못하겠소!"라고 합니다. 이 말은 도마가 예수님의 십자가 현장을 끝까지 지켜보지 않았다면 나올 수 없는 말입니다. 그 자리에 없었던 너희들이 주님을 보았다고 하니 나는 믿지 못하겠다. 나는 그분이 창에 찔리는 장면까지 봤으니 그것을 확인해 봐야겠다는 것입니다. 즉 도마의 의심은 십자가 현장에 없었던 제자들을 향한 의심입니다. 그리고 일주일 뒤 다시 한번 같은 장면이 펼쳐집니다.

> 26여드레 뒤에 제자들이 다시 집 안에 모여 있었는데 도마도 함께 있었다. 문이 잠겨 있었으나, 예수께서 와서 그들 가운데로 들어서셔서 너희에게 평화가 있기를! 하고 인사말을 하셨다. 27그리고 나서 도마에게 말씀하셨다. 네 손가락을 이리 내밀어서 내 손을 만져 보고, 네 손을 내 옆구리에 넣어 보아라. 그래서 의심을 떨쳐버리고 믿음을 가져라(요 20:26-27).

의심을 떨쳐버리고 믿음을 가지라고 말씀하고 계십니다. 십자가의 현장에 있었다는 그 사실 하나가 도마의 마음속에는 도망친 제자들과 난 다르다는 우월감을 주었는지 모릅니다. 그리고 29절에서 주님은 도마에게 사랑의 권면을 하십니다.

예수께서 도마에게 말씀하셨다. 너는 나를 보았기 때문에 믿느냐? 나를 보지 않고도 믿는 사람은 복이 있다(요 20:29).

주님은 어쩌면 "도마야! 나와 끝까지 함께 해 주어 고맙다. 잘했다. 하지만 너의 경험과 기억만으로 나를 믿으려 하지 마라"하고 말씀하는 것인지 모릅니다. "너의 경험과 지식만을 내세우지 마라! 비록 도망쳤던 자들이지만 그들도 나에게는 소중한 자들이란다." 하고 말씀하시는 것은 아닐까요? 19, 26절을 비교해 보겠습니다.

19그날, 곧 주간의 첫 날 저녁에, 제자들은 유대 사람들이 무서워서, 문을 모두 닫아걸고 있었다. 그때에 예수께서 와서, 그들 가운데로 들어서셔서, "너희에게 평화가 있기를!" 하고 인사말을 하셨다.
26여드레 뒤에 제자들이 다시 집 안에 모여 있었는데 도마도 함께 있었다. 문이 잠겨 있었으나, 예수께서 와서 그들 가운데로 들어서셔서 너희에게 평화가 있기를! 하고 인사말을 하셨다(요 20:19, 26).

종교개혁자 칼빈은 그의 『요한복음 주석』에서 이 부분에 대해 이렇게 말합니다.

핵심도 없이 터무니없는 소리만 늘어놓는 궤변은 접어두고 그리스도께서 기적을 통해 부활의 권위를 확증하고자 하셨다는 사실만으로 만족하자(『칼빈 주석 17, 요한복음』, 143쪽).

마법사나 귀신처럼 벽이나 문을 통과하셨다거나 누군가 문은 닫았지만, 문고리는 열린 상태였기 때문에 그냥 들어올 수 있었다는 상상을 하지 말라는 것입니다. 주님은 우리의 완벽해 보이는 계획과 다양한 경험을 초월하시는 분입니다. 문을 닫고 잠갔는데 이미 계신 분이었습니다. 제자들은 두려움과 불안과 욕망 때문에 이미 계신 주님을 못 본 것은 아닐까요? 그렇습니다. 마음의 문이 닫혀 버린 곳, 자기 고집과 자기 경험과 계획에만 충실한 사람에게도 주님은 이미 함께 계신 분입니다. 두려움에 문을 닫아 버렸던 제자들의 두려움을 기쁨으로 변화시키신 주님은 오늘 우리의 두려움과 염려 또한 기쁨으로 변화시켜 주실 분임을 고백합니다.

부활의 주님을 경험한 제자들은 어떤 삶을 살기 시작했을까요? 첫 번째 본문인 사도행전 5장 18절을 보면 베드로를 비롯한 사도들은 예수님을 전하다 감옥에 갇히게 됩니다. 그런데 밤에 천사가 나타나 그들을 꺼내 줍니다. 그들은 다시 예수님을 전하게 됩니다. 당황한 대제사장을 비롯한 사람들은 27절에 제자들을 다시 잡아 와 자신들 앞에서 조사합니다. 조사 결과에 따라 목숨을 부지할 수 없을지도 모르는 위기의 순간에도 제자들은 두려워하지 않습니다. 오히려 29절에서 이렇게 말합니다.

> 베드로와 사도들이 대답하였다. 사람에게 복종하는 것보다, 하나님께
> 복종하는 것이 마땅합니다(행 5:29).

이전에는 인간의 권세와 힘으로 주님을 십자가에 매달아 죽였지만, 주님은 그런 빠져나갈 수 없을 것 같은 힘에 굴하지 않고 다시 살아나셨기 때문입니다.

> 30우리 조상들의 하나님은 여러분이 나무에 달아 죽인 예수를 살리셨
> 습니다. 31하나님께서는 이분을 높이시어 자기 오른쪽에 앉히시고, 영
> 도자와 구주로 삼으셔서, 이스라엘이 회개를 하고 죄 사함을 받게 하
> 셨습니다(행 5:30-31).

부활의 주님을 경험한 제자들은 이제 두려워 문을 닫아 거는 자들이 아닙니다. 세상의 힘이 두려워 피하던 자들이 주님에게 복종하며 부활의 증인으로 살기 시작합니다. 두 번째 본문에 등장하는 요한은 어떻습니까? 일설에 의하면 요한은 복음을 전하다 밧모섬에 유배를 당했는데 그곳에서 계시록을 기록한 것으로 알려져 있습니다. 요한 역시 요한계시록 1장 5절에서 예수님에 대해 죽은 사람들의 첫 열매라고

말하며 주님의 부활을 이야기합니다.

> 지금도 계시고 전에도 계셨고 앞으로 오실 전능하신 주 하나님께서
> "나는 알파요 오메가다" 하고 말씀하십니다(8절).

알파와 오메가는 그리스어 알파벳의 첫 글자와 끝 글자입니다. 이것은 우리말로 치면 'ㄱ'과 'ㅎ', 즉 시작과 끝이라는 의미입니다. 주님은 시공간을 초월하시는 분임을 고백하는 것입니다. 주님은 그 무엇에도 갇힐 수 없는 분임을 주장합니다. 주님의 부활은 2천 년 전 과거의 사건이나 제자들에게만 특별한 것이 아닙니다. 우리의 모든 고민과 삶의 처음과 끝은 언제나 주님의 십자가와 부활이 되어야 합니다. 부활하신 주님 앞에 그 자리를 지키지 못하고 두려움에 문을 닫아걸었던 제자들이나 자기만 자리를 지켰다는 의로움과 우쭐함도 믿음 없음과 별반 다를 것 없는 마음을 잠가 버리는 고집일 뿐입니다. 믿음은 주님의 십자가 앞에 모든 것을 내려놓는 것입니다. 그리고 어떤 상황과 조건 가운데에서도 주님이 함께 계심을 고백하는 것임을 잊지 마십시오.

나는 네가 핍박하는 예수다

사도행전 9 장 1 -6 절
요한계시록 5 장 11 -14 절
요한복음 21 장 1 -14 절

영국의 신학자였던 존 위클리프(John Wycliffe, 1320-1384)는 독일의 루터가 1517년 종교개혁을 일으키기 이전에 종교개혁의 토대를 마련했던 인물입니다. 그는 당시 영국 일반 백성이 라틴어로 된 성경을 읽을 수 없는 것에 안타까움을 느끼고 영어로 성경을 번역합니다. 소위 기독교를 대중화시킨 것이지요. 그런데 그것 때문에 그는 이단이 됩니다. 라틴어로 종교행사를 진행하던 그 시대의 교회와 권력자들에 의해 파문을 당한 것이지요. 그가 죽고 44년이 지나 그의 시신은 일종의 부관참시 즉, 무덤이 파헤쳐져 뼈가 화형을 당합니다. 위클리프에게 영향을 받은 사람이 보헤미아 지방의 얀 후스(Jan hus, 1372?-1415. 07. 06.)입니다. 후스는 루터의 종교개혁이 있기 100여 년 전에 종교개혁을 했던 인물입니다. 후스는 체코어로 예배를 진행했고 체코 말로 성경을 번역했습니다. 그리고 당시 성직자와 귀족들만 떡과 잔을 받던 성찬을 일반 대중에게 똑같이 시행했습니다.

왜 이런 성찬의 차별이 생겼을까요? 중세교회 성찬 교리는 화체설(化體說)입니다. 성찬 때 받아먹는 떡과 포도주가 예수님의 살과 피로 변한다는 것이지요. 진짜 예수님의 살과 피라면 함부로 다루면 안 되겠죠? 떡이야 떨어뜨려도 얼른 주우면 되지만 포도주는 땅에 쏟으면 주워 담을 방법이 없습니다. 그래서 중세의 교회는 일반 신자들에게 떡만 주었습니다. 그리고 성직자나 왕이나 귀족들 같은 자들만 포도주를 마셨습니다. 그런데 이게 전통이 되면서 차별이 생겼습니다. 교회 안에 떡만 먹는 사람과 포도주도 먹는 사람들의 계층이 나뉜 것이지요. 그런데 후스는 성경에 이런 내용이 없으니 모두 떡과 잔을 받으라고 한 것입니다. 소위 성찬의 평등화를 이룬 것입니다. 이런 일련의 조치들로 인해 후스는 이단의 누명을 쓰고 결국 화형을 당하게 됩니다.

제가 후스가 목회했던 프라하의 베들레헴 교회를 방문했었는데요. 유럽에 있는 일반적인 중세 시대에 건축한 웅장한 종교 시설과 비교해 너무 단순하고 초라해 보일 정도입니다. 역사적인 교회가 지금은 학교의 강당으로 쓰이고 있습니다. 제가 방문했던 날도 학교 행사가 한창이었습니다. 예배당 안을 둘러보는 데 신기한 시설이 하나 있었습니다. 우물입니다. 예배당 안에 왜 우물이 있을까요? 저는 처음에 세례식을 위해서 우물을 만든 것인 줄 알았는데 그게 아니었습니다. 본래 우물이 있던 곳에 예배당을 세운 것입니다. 본래 이곳은 얀 크르지슈라는 부유한 상인 소유의 우물이 있던 땅이었습니다. 그는 1391년 반드시 체코어로 설교를 해야 한다는 조건으로 그 땅을 기증하고 교회 건물을 세우게 되는데 우물을 없애면 마을 주민들이 불편해질지 모르니 누구든 자유롭게 사용하게 하자는 취지에서 우물을 그대로 두고 예배당을 만들게 되었습니다. 중세의 엄격한 종교적 분위기에 익숙해 있던 이들에게는 그야말로 혁명적인 발상이었을 것입니다.

언제든 누구나 교회 안에서 우물물을 뜰 수 있었으니, 마을 사람들에게 예배당은 성직자나 특별한 날에만 갈 수 있는 곳이 아닌 일상의 삶과 밀착된 공간이었을 것입니다. 이게 바로 교회의 참된 기능 중 하나가 아닐까요? 후스 역시 이런 예배당에서 설교하는 것을 자랑스럽게 여겼을 것입니다. 후스가 이곳에서 설교할 때 당시 왕이었던 바츨라프 4세의 부인인 조피 왕비도 참석해서 함께 찬양했다고 하니 신분의 차별이 없는 예배의 자리가 되었을 것입니다.

우리의 교회는 어떤 교회가 되어야 할까요? 건물이 아닌 오직 하나님의 '말씀이 중심인 교회', 특정한 사람들만의 공간이 아닌 하나님 앞에서 '모든 이들이 평등한 교회', 그리고 특정한 날이나 어쩌다 오는 교회가 아닌 모든 이들이 함께 하는 '일상의 공간인 교회'가 되어야 합니다. 위클리프나 얀 후스 그리고 종교개혁자들은 어느 날 갑자기 계시를 받고 이런 일들을 한 것이 아닙니다. 말씀을 번역하고 읽고 설명하다 보니 자연스레 깨닫게 된 것입니다. 교회의 이런 본질에 대해 성경의 기록을 남긴 사람이 오늘 제1본문에 등장하는 사도 바울입니다. 바울은 성경에 이름이 두 개 기록되어 있습니다. 하나는 사울(Saul)이고 다른 하나가 바울(Paul)입니다. 그는 가말리엘(Rabban)의 제자로 알려져 있습니다. 빌립보서 3장 5-6절을 보면 바울이 과거에 어떤 사람이었는지를 소개하는 내용이 등장합니다.

> 5나는 난 지 여드레만에 할례를 받았고, 이스라엘 민족 가운데서도 베냐민 지파요, 히브리 사람 가운데서도 히브리 사람이요, 율법으로는 바리새파 사람이요, 6열성으로는 교회를 박해한 사람이요, 율법의 의로는 흠 잡힐 데가 없는 사람이었습니다(빌 3:5-6).

8일 만에 할례를 받았다는 것은 태어나면서부터 정통 유대인이었다는 점이고 이스라엘 민족 가운데 베냐민 지파고 히브리 사람 중에 히브리 사람이라고 말합니다. 율법적으로 바리새파 사람입니다. 그리고 사도행전 22장 26-28절에 의하면 그는 로마 시민권자였습니다. 어떤 분들은 바울에 대해 이렇게 설명합니다. 그가 본래 '크다'는 뜻의

'사울'이라는 이름을 가지고 있다가 예수님을 만나서 '작은 자'라는 뜻의 '바울'로 이름을 바꾸었다는 것입니다. 그러나 근거 없는 주장입니다. 사울은 본래 이름이 두 개였던 사람입니다. 히브리식으로 사울이라는 이름과 로마 시민권자였기 때문에 로마식으로 바울이라는 이름을 가지고 있었던 것입니다. 그래서 이방 문화권에서 본격적인 사역을 시작하는 사도행전 13장 이후에는 사울이라는 이름 대신 바울이라는 이름으로 불리는 것입니다. 바울은 유대적 사고방식과 로마적 사고방식 두 가지가 가능한 사람이었기 때문에 하나님께서 그를 불러 사용하신 것입니다. 그러나 바울은 예수님을 알기 전에는 예수님의 가르침을 따르던 사람들을 배척했었습니다. 사도행전 9장 1-2절을 보세요.

> 1사울은 여전히 주님의 제자들을 위협하면서, 살기를 띠고 있었다. 그는 대제사장에게 가서, 2다마스쿠스에 있는 여러 회당으로 보내는 편지를 써 달라고 하였다. 그는 그 '도'를 믿는 사람은 남자나 여자나 가리지 않고, 닥치는 대로 묶어서, 예루살렘으로 끌고 오려는 것이었다 (행 9:1-2).

참 열심히 살지 않습니까? 자기가 옳다 여기는 것에 이렇게 매진하는 청년이 있다면 칭찬받을지 모릅니다. 열심히 하는 것은 좋습니다. 그런데 방향이 문제입니다. 어느 시대나 사회든지 가치관이 충돌하면 갈등이 생기고 갈등이 있으면 편을 가르는 데 익숙합니다. 편 가르기가 위험한 것은 편을 갈라놓은 다음부턴 마음대로 편견에 빠지기 때문입니다.

> 여호수아가 여리고에 가까이 갔을 때에 눈을 들어서 보니, 어떤 사람이 손에 칼을 빼 들고 자기 앞에 서 있었다. 여호수아가 그에게 다가가서 물었다. "너는 우리 편이냐? 우리의 원수 편이냐?"(수 5:13)

모세의 뒤를 이어 지도자가 된 여호수아 역시 편견에 사로잡힌 사람이었습니다. 자기 앞에 누군가 칼을 들고 서 있는 것을 보니 덜컥 겁이 났던 것 같습니다. 그래서 여호수아도 당신 어느 편이냐고 묻습니다. 인간의 생각과 사고방식이 이렇게 흑과 백으로 단순합니다. 그런데 세상이 꼭 흑과 백만 있나요? 아니죠. 여호수아의 생각을 벗어나는 답이 나옵니다.

> 그가 대답하였다. "아니다. 나는 주님의 군사령관으로 여기에 왔다." 그러자 여호수아는 얼굴을 땅에 대고 절을 한 다음에 그에게 물었다. "사령관님께서 이 부하에게 무슨 말씀을 하시렵니까?"(수 5:14)

알고 봤더니 그게 어느 편도 아니고 하나님의 천사입니다. 거기서 여호수아는 예전에 호렙산에서 모세가 그랬던 것처럼 신발을 벗고 하나님을 만납니다. 그래서 하나님을 만난다는 것은 일종의 자기 부정의 경험입니다. 자신의 경험과 가치관 그리고 계획을 초월해 찾아오시는 하나님 앞에 다 내려놓는 것입니다. 바울 역시 그런 경험을 합니다. 그는 편견에 빠진 자였습니다. 예수님의 그 도를 따르고 믿는 자들을 적으로 여긴 것입니다. 그렇게 다마스쿠스를 향해 살기를 띠고 가던 그에게 놀라운 일이 일어납니다.

> 3사울이 길을 가다가, 다마스쿠스 가까이에 이르렀을 때에, 갑자기 하늘에서 환한 빛이 그를 둘러 비추었다. 4그는 땅에 엎어졌다. 그리고 그는 "사울아, 사울아, 네가 왜 나를 핍박하느냐?" 하는 음성을 들었다 (행 9:3-4).

하늘에서 비추는 환한 빛 때문에 그는 땅에 엎어졌습니다. 바닥으로 내려간 그에게 음성이 들립니다. 왜 나를 핍박하냐는 것입니다. 그런데 바울로서는 이게 황당한 질문입니다. 더구나 핍박(디오코)이라는 단어의 뜻은 한 번이 아니라 따라다니며 끈질기게 괴롭히는 것을 의미합니다. 예수님을 만난 적도 없는데 계속해서 괴롭혔다니 이게 좀 이해하기 힘든 일입니다. 그래서 바울은 묻습니다.

그래서 그가 주님, 누구십니까? 하고 물으니, 나는 네가 핍박하는 예수다(5절).

바울이 예수님을 직접 괴롭히거나 십자가에 못 박거나 하지 않았습니다. 그런데도 '나는 네가 핍박하는 예수'라고 말씀하셨습니다. 그렇다면 우리 삶에서 주님을 핍박한다는 것은 어떤 의미일까요? 이재철 목사의『사도행전 속으로』에서는 이 핍박에 대해 세 가지로 이야기하고 있습니다. 첫 번째는 자기 삶의 현장에 함께 계신 주님을 망각하는 것 자체가 주님을 핍박하는 것이라고 말합니다. 바울은 자신이 옳다 여기는 것을 위해 열심을 냈습니다. 그런데 자기의 의로움과 업적을 위해 살았을 뿐입니다. 자기 자신만을 위해 살아가는 사람이 교회에 아무리 출석을 많이 하고 엄청난 액수의 헌금을 드린다 한들 그게 하나님을 위한 것이겠습니까?

두 번째 사울이 주님을 핍박한 것은 불의한 사람들과 함께 한 것이라고 말합니다. 대제사장을 비롯한 종교 지도자들은 말씀에 정통한 자들입니다. 오히려 예수님을 따랐던 무지한 민중에 비교해 더 예수님이 구원자이심을 잘 알 수 있는 위치에 있었습니다. 설교 서두에 위클리프나 얀 후스에 관해 설명하면서 잠시 언급했던 교회의 타락은 그런 것입니다. 하나님 말씀에 정통하고 가장 가까이 있다는 이들이 자기 멋대로 말씀을 이용하는 것입니다. 하나님의 말씀을 자신들의 위치를 보전하고 욕망을 채우는 도구로 전락시켜 버린 것입니다. 그러한 자들에게 위임장을 받고 그들을 위해 열심을 낸 청년 사울은 자신도 모르게 주님을 핍박하는 자가 되었던 것입니다.

세 번째로 주님을 따르는 이들을 핍박한 것이 결국 주님을 핍박한 것입니다. 예수님은 '왜 나의 교회를 핍박하느냐?' 하지 않으셨습니다. '왜 나를 핍박하느냐?' 하셨습니다. 주님을 믿는 자들과 주님은 하나임을 밝히신 것입니다. 부활의 주님을 만난 사울은 언제 어디서나 함께하시는 주님을 고백하기 시작했습니다. 그리고 불의한 유대의 종교인들과 결별을 하고 도리어 그들에게 살해 위협을 받는 삶을 살기 시작했습니다. 그리고 의인은 믿음으로 말미암아 살 것이라는 깨달음을 삶에서 드러내는 의로운 길을 가기 시작합니다. 주님은 어떤 분입니까? 제2본문 요한계시록 5장 13절에 의하면 찬양과 존귀와 영광과 권능을 받으실 분입니다.

나는 또 하늘과 땅 위와 땅 아래와 바다에 있는 모든 피조물과, 또 그들 가운데 있는 만물이, 이런 말로 외치는 소리를 들었습니다. 보좌에 앉으신 분과 어린 양께서는 찬양과 존귀와 영광과 권능을 영원무궁하도록 받으십시오.

세 번째 본문인 요한복음 21장 1-14절에 의하면 디베랴 바닷가에 부활하시고 세 번째로 제자들에게 나타나셨습니다. 부활 후에 자신을 두 번이 나타내 보이셨음에도 물고기잡이에 여념이 없던 그들에게 다시 내가 너희들과 함께한다는 사실을 깨닫게 하시는 기회를 다시 주시는 분이 바로 주님이십니다. 종교개혁자 칼빈은 『기독교 강요』 제1장에서 "하나님에 관한 지식과 우리 자신에 관한 지식은 서로 연결되어 있다."라고 말합니다. 하나님을 알면 자신을 알지만, 하나님을 모르면 자신을 모른다는 거죠. 그래서 인생을 행복하게 살고 싶다면 사람은 하나님께 집중해야 합니다. 오늘 우리에게 주어진 위치와 삶의 자리에서 언제나 주님을 중심에 모시고 살아가는 삶이 되기를 바랍니다. 사람들을 섬기라고 주신 힘으로 누군가를 억압하고 자신의 욕망을 채우며 살아간다면 그는 부활의 주님을 믿는 자라 할 수 없습니다. 불의한 이들과 어울려 자신의 자리를 지키려 한다면 그 역시 부활의 주님을 믿는 삶이라 할 수 없습니다. 무엇보다 언제 어디서나 그리스도인임을 망각하지 않고 항상 나와 동행하시는 주님을 고백하며 살아가길 바랍니다.

사람이 교회다

보시고, 아시고, 말씀하셨다

사도행전 16장 9–15절
요한계시록 21장 10–22절, 22장 5절
요한복음 5장 1–9절

이탈리아 말의 슬픔을 뜻하는 단어는 '피에타'입니다. 통상적으로 예수님을 십자가에서 잃은 어머니, 즉 마리아의 슬픔을 지칭하는 고유 명사처럼 쓰이는데요. 많은 사람에게 영감을 주어 연극과 미술로 표현이 되었습니다. 피에타 하면 천지창조 그림으로 유명한 미켈란젤로의 작품이 가장 뛰어난 작품으로 평가받습니다. 예수의 시신을 양 무릎에 누이고 주검이 된 아들을 바라보는 마리아의 조각상을 보셨을 것입니다. 그런데 미켈란젤로는 1564년 90세를 일기로 타계하기 일주일 전까지 무려 10년 동안 또 다른 피에타 조각상을 만들고 있었습니다. 그러나 이 작품은 미켈란젤로가 죽게 되면서 미완성으로 남게 되었습니다. 이것을 나중에 론다니니 가문에서 1744년 구매하면서 "론다니니의 피에타"라는 명칭으로 불리게 됩니다. 이 론다니니의 피에타는 이전의 피에타와는 전혀 다른 분위기입니다. 예수님이나 마리아는 서로 힘겨워 보입니다. 마리아가 예수님을 뒤에서 부축하는 모습처럼 보이지만 도리어 죽은 예수님이 살아 있는 마리아를 업고 있는 것처럼 보입니다. 그래서 이 작품을 보고 죽은 자가 산 자를 위로하는 작품이라고 말하기도 합니다. 우리는 종종 그런 경험을 할 때가 있습니다. 위로해 주러 갔다가 도리어 위로를 받고 오는 경우입니다. 미켈란젤로가 인생의 말기에 만나고 싶었던 예수님은 십자가에서 돌아가신 무기력한 예수가 아니라 죽음을 이기고 연약한 우리를 위로하는 부활의 주님이었을지도 모릅니다. 첫 번째 본문인 사도행전 16장 9-15절의 말씀에도 이렇게 위로를 받아야 할 사람이 도리어 위로를 해 주는 장면을 볼 수 있습니다.

여기서 밤에 바울에게 환상이 나타났는데, 마케도니아 사람 하나가 바울 앞에 서서 마케도니아로 건너와서, 우리를 도와주십시오 하고 간청하였다(9절).

바울은 '드로아'라는 곳에서 밤에 환상을 보았습니다. 누군지 모르

사람이 교회다

지만, 마케도니아 사람이 나타나 건너와서 도와 달라고 합니다. 마케도니아는 그리스 북쪽 지역을 지칭하는 당시 유럽의 관문이라 할 수 있는 곳입니다. 본래 바울은 소아시아 지역, 즉 지금의 터키 북쪽 지방으로 전도를 하려고 했습니다. 그런데 성령께서 유럽으로 바다를 건너가게 하신 것입니다. 바울이 마케도니아 지역에서 제일 큰 도시에 도착했는데 그곳이 바로 '빌립보'입니다(11-12절 참조). 나중에 바울이 감옥에서 쓴 옥중서신 중에 빌립보서가 있는데 그는 비록 갇힌(獄中) 몸이 되었지만, 빌립보 교회의 성도들이 여전히 그리스도 안에 머물러 있는 것에 큰 힘을 얻습니다. 바울에게 든든한 지원군이 되었던 빌립보 교회에는 성경에 기록된 첫 세례 신자가 있는데 '루디아'라는 여인입니다. 사도행전에서 루디아에 대해 이렇게 설명합니다.

> 그들 가운데 루디아라는 여자가 있었는데, 그는 자색 옷감 장수로서, 두아디라 출신이요, 하나님을 공경하는 사람이었다. 주님께서 그 여자의 마음을 여셨으므로, 그는 바울의 말을 귀담아 들었다(행 16:14).

그런데 루디아(Lydia)는 사실 이름이 아니라 지명입니다. 성경에는 분명 '두아디라' 출신이라고 되어 있지 않느냐 물어보실 수 있는데요. 두아디라는 루디아(신약 시대 에게 해 연안의 소아시아)라는 큰 지역에 속한 도시입니다. 비유를 들자면 경상도의 대구 또는 전라도의 광주 같은 표현입니다. 우리말에 어느 지역에서 시집온 여인을 지칭할 때 접미사 '댁'을 붙여서 전주댁, 부산댁 하는 것처럼 그녀는 단지 '루디아 출신'일 뿐 정확한 이름을 모릅니다. 어떤 분들은 이 루디아가 빌립보 지역의 첫 세례교인이었다는 점에 착안해서 빌립보서 4장 2절의 '유오디아'나 '순두게'라는 여인 중 하나가 아닐까 추측하지만 정확하지 않습니다. 그리고 그녀가 했던 일이 '자색 옷감 장수'라고 되어 있지요? 인터넷을 검색해 보니 '루디아 명품', '루디아 샵'이나 '루디아 패션' 이런 상호도 있더군요. 그녀가 부유한 가문 출신으로 바울의 사역을 도운 사람이었을 거라 주장하는 분도 있지만, 그것 역시 추정뿐입니다.

전 오히려 2천 년 전 상황을 염두에 두고 오늘 말씀을 해석해 본다면 정반대로 설명해야 할 것 같습니다. 남성 중심 사회에서 여성이 장사한다는 것은 그녀가 사회성이 뛰어나거나 돈 버는 재주가 많아서가 아닙니다. 오히려 '남편이 없는 여자'라는 방증입니다. 고대 사회에서 여인의 사회적 안전망은 아버지와 남편과 아들로 이어집니다. 그런데 루디아에게는 이런 언급이 없습니다. '자색 옷감 장수 루디아'라는 한 문장은 자기 이름, 즉 존재감이나 의지할 대상도 없이 하루하루 생존의 문제를 해결해 나가야만 하는 힘겨운 삶을 사는 자였다는 점을 알려줍니다. 그녀는 말씀을 듣고 마음이 뜨거워졌습니다. 성경은 '주님께서 그 여자의 마음을 여셨다'라고 합니다. 여기서 '여셨다(디아노이고)'라는 말과 같은 단어가 누가복음 24장 31절에서는 '눈이 열린다.'

라는 뜻으로도 사용이 됩니다. 루디아는 바울을 통해 들려지는 주님의 말씀으로 인해 새로운 삶의 소망을 발견한 것입니다. 말씀을 듣고 그녀가 했던 일이 나옵니다.

> 그 여자가 집안 식구와 함께 세례를 받고 나서 "나를 주님의 신도로 여기시면, 우리 집에 오셔서 묵으십시오" 하고 간청하였다. 그리고 우리를 강권해서, 자기 집으로 데리고 갔다(15절).

루디아는 식구들과 세례를 받고 나서 바울과 그 일행에게 간청(강권)해서 집으로 데리고 갑니다. 이것은 단순히 식사나 하룻밤을 묵어가는 손님 대접이 아닙니다. 루디아는 자신의 집을 예배의 처소로 제공합니다. 유럽의 첫 교회는 이렇게 주님을 만난 한 여인의 헌신으로 출발하게 되었습니다. 바울은 환상 속에서 도와달라는 소리를 듣고 갔지만 도리어 루디아의 도움을 받게 됩니다. 그렇게 바울과 루디아는 빌립보에서 그리스도의 공동체를 만들어가기 시작합니다. 공동체(community)는 어원적으로 '함께(com) + 선물(munus)을 나누는 관계'라는 말에서 유래되었습니다. 이처럼 신앙의 공동체는 서로의 부족함을 채워줄 때 든든하게 유지될 수 있습니다.

신앙인은 오늘 내 삶의 주변에 있는 모든 사람을 하나님께서 주신 선물과 같은 존재로 여기는 자라야 합니다. 오늘 나와 함께 있는 이들이 마음에 들 수도 있지만, 마음에 들지 않는 경우가 더 많지요? 그럼 선물을 주신 의도가 무엇인지를 파악해야 합니다. 그리고 무엇보다 나는 지금 내 주변에 선물 같은 존재로 살아가고 있는가를 스스로 물어볼 수 있어야 합니다. 자기 이름도 없이 치열하게 생존을 위해 살아가던 루디아가 이후로는 자신의 삶을 저주하거나 절망하지 않고 의미 있게 살 수 있었던 것은 자기의 노력과 물질 때문이 아니었습니다. 우리는 스스로 노력해서 거룩해지거나 하나님의 일을 감당하는 자들이 아닙니다. 주님께서 먼저 보여 주셨기 때문에 따라 하는 것이고 힘을 주시기 때문에 감당하는 것입니다. 바울에게 환상을 보게 하시고 하나님께서 하신 것임을 알게 하시고(10절) 안식일에 여인들에게 말하게 하셨던 일련의 흐름은 세 번째 본문인 요한복음 5장 1-9절에서 주님께서 먼저 보여 주셨던 모습입니다. 예수님은 38년 동안 병들어 움직이지 못하던 사람을 만납니다. 요한복음 5장 2-3절을 보겠습니다.

> 2예루살렘에 있는 양의 문 곁에, 히브리 말로 베드자다라는 못이 있는데, 거기에는 주랑이 다섯 있었다. 3이 주랑 안에는 많은 환자들, 곧 눈먼 사람들과 다리 저는 사람들과 중풍병자들이 누워 있었다. 그들은 물이 움직이기를 기다리고 있었다.

베드자다는 다른 말로 베데스다라고도 합니다. 이곳에 환자들이 많이 모인 이유는 오늘 말씀에 나오는 것처럼 천사가 물 위로 지날 때 물결이 일면 가장 먼저 뛰어드는 사람이 치료될 거라는 전설도 한몫했을지 모르지만, 고대의 병원 시설이기 때문이라는 주장도 있습니다. 여기가 전설의 연못인지 아니면 병원인지는 중요하지 않습니다. 아픈 사람 처지에서는 자기 아픈 것부터 해결해야 하겠지요? 그런데 아픈 것이 자기 의지대로 되나요? 내 삶의 문제를 해결해 줄 누군가를 기다리는 베데스다 연못의 38년 된 병자처럼 오늘도 무기력한 날들을 보내는 이들에게 세상에서 얻을 수 있는 위로와 소망은 남들보다 먼저 연못에 뛰어들어야 하는 미움의 경쟁일 뿐입니다. 내가 당신을 업어 주겠다는 소리를 세상에서는 들을 수가 없습니다. 또 회복되고 치료된 것 같지만 오래 가지 못합니다. 그러나 주님은 단순히 나를 보시고 사정을 아시는 것으로 그치지 않는 분입니다. 루디아처럼 가치관과 삶을 변화시켜 주시는 분입니다.

6예수께서 누워 있는 그 사람을 보시고, 또 이미 오랜 세월을 그렇게 보내고 있는 것을 아시고는 물으셨다. 낫고 싶으냐? 7그 병자가 대답하였다. 주님, 물이 움직일 때에, 나를 들어서 못에다가 넣어주는 사람이 없습니다. 내가 가는 동안에, 남들이 나보다 먼저 못에 들어갑니다. 8예수께서 그에게 말씀하셨다. 일어나서 네 자리를 걷어 가지고 걸어 가거라.

"나를 못에 넣어 주는 사람이 없다, 남들이 나보다 먼저 못에 들어 간다."라며 남들 때문에 불행하다고 말하는 그에게 "일어나서 네 자리를 걷어 가지고 걸어가거라." 말씀하셨습니다. 성경은 이 말씀이 떨어지자 "그 사람이 곧 나아서 자리를 걷어 가지고 걸어갔다."고 전합니다. 놀랍지 않습니까? 38년 동안 누군가를 의지하지 않고는 살 수 없던 사람이 벌떡 일어서는 것입니다. 이 말씀을 대하면 우리는 본능적으로 "이게 사실이냐?"를 물으며 동시에 나에게도 이런 기적이 일어나길 기대합니다. 그런 적용은 성경의 변죽만 울리는 것입니다.

저는 군대에서 목회하는 동안 진급 심사 기간이 되면 정말 열심히 기도하시던 분을 많이 봤습니다. 전방 연대에서는 진급 심사 기간에 새벽기도에 출석하시던 분이 모두 진급하셔서 한때 새벽기도 했더니 진급했다는 소문이 나기도 했었습니다. 진급을 앞두고 사무실을 방문하면 '진급시켜 주시면 주님 영광을 위해 살겠습니다.'라고 다짐하시는 분도 있었습니다. 그런데 막상 진급하고 나서 언제 그랬냐는 듯 신앙생활을 등한시하는 것을 보고 내심 실망했던 적이 있습니다. 교회 집사님이셨던 부대장 중에는 부대에 어려운 일이 계속 생기니까 무당을 불러서 부대원들을 모아 놓고 굿을 벌이던 분도 있었습니다. 그 충격에 전역을 고민하기도 했습니다. 반대로 대령 진급에 실패하신 어느 집사님은 오히려 잘 되었다면서 전역하기 전까지 병사들 전도나 실컷 하겠다며 한가한 직책이 아닌 대대장을 자원해 나가시는 분도 있었습니다.

말씀을 통한 그리스도와의 인격적인 만남이 배제된 성공과 회복은 결코 복이 아닙니다. 차라리 연약한 상태에서라도 거듭나고 성숙하는 것이 더 복된 삶이 아니겠습니까? 루디아나 38년 된 병자는 예수님을 만나고 남들이 부러워할 무언가가 생겼나요? 루디아는 자기 집을 교회로 내놓았으니 더 분주하고 고단해졌을지 모릅니다. 아마 유대인들의 감시와 미움 때문에 그가 하던 사업에 어려움이 생겼을지도 모릅니다. 38년 된 병자는 어떻습니까? 그는 이제 겨우 보통 사람이 되었습니다. 오히려 안식일에 치료받았다고 사람들에게 안식일 치료 규정 위반이라며 조사를 받아야 했습니다.

그러면 어떻습니까? 15절을 보면 이 사람은 나중에 자기를 치료하신 분이 예수님이라고 더 소문을 내고 다녔습니다. 이 두 사람은 모두가 예수님을 만나서 저주스러웠던 자신들의 인생과 삶을 도리어 축복의 날들로 바뀌어 가기 시작했습니다. 예수님 만났다고 남들 부러워할 좋은 것이 생긴 것이 아님에도 주님을 전하기 시작했습니다. 삶의 중심이 바뀌니까 몸과 마음이 가벼워지고 더는 눈치를 보고 살 일도 없어졌습니다. 여러분은 성공했을 때도 실패했을 때도 예수님 한 분이면 된다고 고백하실 수 있나요? 언제나 변함없이 주님께서 나의 유일한 위로자 되심을 믿고 그분의 말씀에 순종하며 살아가는 우리가 되기를 바랍니다.

주 예수를 믿으시오

사도행전 16장 16-34절
요한계시록 22장 12-14, 16-17, 20-21절
요한복음 17장 20-26절

정호승 작가의 『내 인생에 용기가 되어 준 한마디』라는 책에 담설 전정(擔雪塡井)이라는 말이 나옵니다. 이 말은 중국의 고봉 스님이라는 분이 공부를 어떻게 해야 하는지에 대해 설명하면서 했던 말입니다. 한자어의 뜻은 '어깨에 짊어질 담(擔), 눈 설(雪), 메울 전(塡), 우물 정 (井)'입니다. 말 그대로 눈을 짊어지고 우물을 메운다는 뜻인데 잘 생각해 보십시오. 우물을 메우려면 흙이나 돌을 넣어야지 눈은 아무리 많이 쏟아부어도 녹아버리면 그만이라 티가 나지 않습니다. 이걸 정호승 작가는 두 가지 의미로 해석을 했습니다. 하나는 공부에서 노력은

끝이 없다는 것과 함께 공부를 드러내기 위해 무리한 것들로 채우면 '나'라는 존재성을 잃게 된다고 말합니다. 저는 담설전정의 이야기를 보면서 '우리의 인생에 쏟아부어야 할 것이 무엇일까?'를 생각해 보았습니다. 이기심, 욕심, 자랑거리들처럼 자신을 드러내려는 마음이야말로 우물을 흙으로 매우는 것과 같은 어리석은 것입니다. 창세기 11장에는 바벨탑 사건이 등장합니다. 어려서 본 영화 중에 바벨탑 꼭대기에 있던 어떤 높은 사람(왕?)이 하나님을 비웃기라도 하듯 하늘을 향해서 활을 쏩니다. 그러자 천둥과 번개가 치더니 갑자기 사람들이 싸우다가 흩어지는 장면이 등장합니다. 어렸던 저는 한동안 천둥·번개가 치면 무서워서 이불 속에 숨었던 기억이 있습니다. 이상하지 않습니까? 서로 같은 말로 소통을 하면서 힘을 모아 도시를 세우는 것이 무엇이 잘못일까요? 왜 하나님은 바벨탑의 사람들을 흩으셨을까요? 그들의 근본적인 문제점이 무엇인지를 보겠습니다.

3그들은 서로 말하였다. 자, 벽돌을 빚어서, 단단히 구워내자. 사람들은 돌 대신에 벽돌을 쓰고, 흙 대신에 역청을 썼다. 4그들은 또 말하였다. 자, 도시를 세우고, 그 안에 탑을 쌓고서, 탑 꼭대기가 하늘에 닿게 하여, 우리의 이름을 날리고, 온 땅 위에 흩어지지 않게 하자(창 11:3-4).

철저하게 하나님과 상관없는 삶을 살려 합니다. 돌과 벽돌, 흙과 역청은 서로 비교가 됩니다. 자연이 아니라 인간이 만들어 내는 더 뛰어 난 것처럼 보이는 재료들입니다. 그리고 과학과 기술 문명이 발달합니 다. 도시를 세우고 탑을 만들기 시작합니다. 하늘까지 올리자고 합니 다. 탐욕과 욕망의 끝이 없음을 보여 줍니다. 그런데 그 탑을 만들면서 두 가지 목적을 말합니다. 이름을 날리고, 흩어지지 말자는 것입니다. 이게 인간의 어리석음입니다. 그들은 이름을 드러내려는 허망한 '명예 욕'과 사람을 많이 모아 무언가 해 보려는 '획일주의'의 망령에 사로잡 혀 있었던 것입니다. 인간의 존재 목적은 서로의 필요 즉 부족함을 채 워 주고 연약한 이들을 돌보기 위해 흩어지는 것이어야 합니다. 주님 의 지상 명령이라 할 수 있는 마태복음 28장 19-20절 말씀은 이렇습 니다.

> [19]그러므로 너희는 가서, 모든 민족을 제자로 삼아서, 아버지와 아들과
> 성령의 이름으로 세례를 주고, [20]내가 너희에게 명령한 모든 것을 그들
> 에게 가르쳐 지키게 하여라. 보아라, 내가 세상 끝 날까지 항상 너희와
> 함께 있을 것이다.

명령의 첫 시작이 뭡니까? '가라'는 것입니다. 사도행전 1장 8절에 서도 이렇게 말씀하고 있습니다.

그러나 성령이 너희에게 내리시면, 너희는 능력을 받고, 예루살렘과 온 유대와 사마리아에서, 그리고 마침내 땅 끝에까지 이르러 내 증인이 될 것이다.

여기서 성령은 힘으로 묘사되고 있습니다. 하나님이 주시는 힘으로 좋은 사람끼리 모여서 즐겁게 살라고 하지 않습니다. 어디든지 필요로 하는 곳으로 가야 합니다. 그러므로 신앙인에게 '부족함'은 부끄러움이 아닙니다. 도리어 부족함은 하나님과 이웃 사랑의 통로입니다. 명예욕과 획일주의 구도 속에서의 부족함은 약점과 부끄러움이지만, 사랑의 관계 속에서의 부족함은 서로를 묶어 주는 힘이 될 수 있습니다. 물론 신앙인의 하나 됨은 언제나 그리스도를 중심에 모실 때만 가치 있는 것이 됩니다. 네덜란드 신학자 바빙크의 『개혁파 교의학』을 읽다가 인간의 존재에 대해 생각해 보게 되는 문구를 보게 되었습니다.

주목할 만한 사실은, 성경이 결코 사람을 종교적 진리에 대한 인식의 원천(source)과 기준(standard)으로 인정하지 않는다는 것이다. 어떻게 그럴 수 있겠는가? 우리는 날 때부터 소경된 자이고, 우리 마음의 생각은 부패해 있다. 객관적 진리가 신앙에 의해 개인에게 수용된 이후에도, 그 신앙은 샘처럼 생명의 물을 자체적으로 내보내는 것이 아니라 다만 수로처럼 다른 근원에서 나오는 물을 우리에게 전달할 뿐이다(53쪽).

인간은 결코 진리의 기준이 될 수 없다고 말하죠? 완벽한 인간, 흠이 없는 무결점의 사람은 존재하지 않습니다. 미국의 유명 코미디언 조지 데니스 칼린(George Dennis Carlin, 1937. 5. 12.-2008. 6. 22.)은 이런 말을 했습니다.

"그거 아세요? 나보다 느리게 운전하는 사람은 전부 멍청이고 나보다 빨리 운전하는 사람은 전부 미친 놈이라는 사실을 아시나요?"

인간 이기심의 정곡을 찌르는 명언입니다. 우리는 태어나면서부터 자기밖에 모르는 죄 가운데 살아가는 부패한 존재입니다. 하이델베르크 교리문답 8문은 이렇게 묻고 답합니다.

> 문: 그렇다면 우리는 그토록 부패하여, 선은 조금도 행할 수 없으며 온갖 악만 행하는 성향을 지니고 있습니까?
>
> 답: 그렇습니다. 우리가 하나님의 성신(성령)으로 거듭나지 않는 한 참으로 그렇습니다.

인간에게서는 어떤 선한 것도 나올 수 없습니다. 그럼에도 인간을 절대화내지 우상화하고, 숭배하는 것이야말로 가장 비성경적인 행위입니다. 물론 신앙적으로 존경하고 따를 만한 이들도 있습니다. 그러나 그러한 자들 역시 은혜의 통로로 사용될 뿐입니다. 사나 죽으나 우리는 하나님의 말씀과 그리스도를 통해서만 위로를 얻을 뿐입니다. 그러므로 인간이 베풀 수 있는 사랑은 주님으로부터 흘러들어온 사랑입니다. 그것은 우리의 내면에서 솟아난 것이 아닌 우리 외부의 근원에서 유입된 능력(힘)임을 깨달아야 합니다. 그러면 우리에게 이런 힘을 주시는 그리스도는 어떤 분입니까? 제2본문은 이렇습니다.

> 12보아라, 내가 곧 가겠다. 나는 각 사람에게 그 행위대로 갚아 주려고 상을 가지고 간다. 13나는 알파며 오메가, 곧 처음이며 마지막이요, 시작이며 끝이다(계 22:12-13).

주님은 우리에게 상을 주시는 분이라고 말합니다. 저는 이 '상'이라는 말 대신 '위로'나 '위안'이라는 말을 넣어도 무방하다고 생각합니다. 그런데 주님께서는 '내가 너 위로해 줄게'라고 말만 하시는 분이 아닙니다. 요한복음 17장 20-26절에서 주님은 우리를 위해 기도하고 계십니다.

> 21아버지, 아버지께서 내 안에 계시고, 내가 아버지 안에 있는 것과 같이, 그들도 하나가 되어서 우리 안에 있게 하여 주십시오. 그래서 아버지께서 나를 보내셨다는 것을, 세상이 믿게 하여 주십시오. 22나는 아버지께서 내게 주신 영광을 그들에게 주었습니다. 그것은, 우리가 하나인 것과 같이, 그들도 하나가 되게 하려는 것입니다.

사람이 교회다

주님은 우리의 하나 됨을 위해 기도하고 계십니다. 작은 시내가 모여 강을 이루고 마침내 큰 바다가 되는 것처럼 우리의 삶은 언제나 그리스도에게로 향하는 것이어야 합니다. 그렇게 자기를 비울 수 있는 사람이라야 더 큰 하나님의 사람이 될 수 있습니다. 주님은 하나님의 뜻을 이루기 위해 끊임없이 자기 부정의 길을 걸으셨습니다. 누군가에게 자기의 뜻만 관철시키려 고집을 부린다면 관계는 어그러질 뿐입니다. 그런데 22절에서 주님은 좀 어려운 이야기를 하시는 것처럼 보입니다. 성경에 나타난 주님의 삶을 세상적인 관점에서 본다면 영광스럽다고 말하긴 어렵습니다. 목수의 집안(마 13:55; 막 6:3)에서 살다가 십자가에서 죽었습니다. 이것은 분명히 실패입니다. 그런데 그것을 영광이라 말하고 심지어 우리에게도 주셨다고 말합니다. 그렇다면 주님이 말씀하시는 영광은 세상의 가치로 평가할 수 없는 무엇인가가 되어야 합니다.

25의로우신 아버지, 세상은 아버지를 알지 못하였으나, 나는 아버지를 알았으며, 이 사람들도 아버지께서 나를 보내신 것을 알고 있습니다. 26나는 이미 그들에게 아버지의 이름을 알렸으며, 앞으로도 알리겠습니다. 그것은, 아버지께서 나를 사랑하신 그 사랑이 그들 안에 있게 하고, 나도 그들 안에 있게 하려는 것입니다."

우선 우리가 주님을 구원자로 알고 믿는 것 자체가 영광이라고 말합니다. 왜냐하면, 세상 가치와 다른 삶의 가치가 있다는 것을 인정하는 것이기 때문입니다. 그리고 하나님 안에 머물게 하겠다는 것 즉 하나님과 하나 됨이 바로 영광이라고 말합니다. 학생이 학교에 머물러 있는 것은 공부하겠다는 것이고 직장인이 일터에 있는 것은 일하겠다는 것이 아니겠습니까? 하나님 안에 머물겠다는 것은 하나님께서 맡기신 일을 하겠다는 것입니다.

하나님이 우리에게 맡기신 일은 무엇일까요? 세상을 구원하고 나라를 위해 무언가 큰일을 해야 할까요? 아닙니다. 신앙인에게 주신 일상의 삶에서 가까이 있는 이들을 돌보고 작은 필요를 채워 주는 것이면 됩니다. 신앙인은 행운을 바라는 자들이 아니라 행복을 주는 자들이 되어야 합니다. 가끔 "좋은 일이 있길 바랍니다."하고 인사를 할 때가 있지요? 그런데 예수 믿는 자들은 "제가 좋은 일을 하겠습니다."라는 마음으로 살아야 합니다. 작지만 그런 마음으로 살아가는 자가 하나님과 일치된 삶을 사는 것이라 할 수 있습니다. 오늘 내가 만난 사람들이 나를 통해 위로를 얻고 평안을 얻을 수 있었다면 우리는 영광 가운데 사는 것입니다. 무언가 소유가 많고 능력이나 학식과 사회적 신분이 높아야만 하나님을 잘 전할 수 있는 것이 아닙니다. 제1본문 사도행전 16장 16-34절에 등장하는 바울과 실라는 빌립보의 감옥에서 하나님을 전하게 됩니다. 귀신에 사로잡혀 있던 여인을 치유해 준 것

사람이 교회다

(16-18절)으로 인해 미움을 받고 바울과 실라는 감옥에 갇히게 됩니다. 그냥 갇힌 것이 아니라 모함과 매질을 억울하게 당합니다.

> 그래서 이 명령을 받은 부하들이 그들에게 매질을 많이 한 뒤에, 감옥
> 에 가두고, 간수에게 그들을 단단히 지키라고 명령하였다(23절).

매질은 태형인데 이게 보통 큰 고통이 아닙니다. 매를 맞다가 죽는 이들도 허다했습니다. 22절에 따르면 옷을 벗기고 매질을 했으니 아마 피투성이가 되었을 것입니다. 24절에는 발에 차꼬까지 채웠습니다. 그리고 간수가 그들을 지키고 있습니다. 그 억울함과 고통의 밤 그들은 기도와 찬양을 합니다.

> 25한밤쯤 되어서 바울과 실라가 기도하면서 하나님을 찬양하는 노래
> 를 부르고 있는데, 죄수들이 듣고 있었다. 26그때에 갑자기 큰 지진이
> 일어나서, 감옥의 터전이 흔들렸다. 그리고 곧 문이 모두 열리고, 모든
> 죄수의 수갑이며 차꼬가 풀렸다.

기도와 찬양이 지진과 무슨 상관이 있는지는 잘 모릅니다. 중요한 것은 옥문이 열리고 모든 죄수를 묶었던 수갑과 차꼬가 풀려버린 것입니다. 무엇보다 이 일을 계기로 감옥을 지키던 간수가 죄수들이 도망

친 줄 알고 두려움에 자결을 하려다가 도리어 예수님을 믿고 그 집안이 모두 세례를 받게 된 것입니다. 34절은 간수뿐 아니라 온 가족이 하나님을 믿게 된 것을 기뻐했다고 전합니다. 바울 일행은 나락으로 떨어질 수밖에 없는 상황에서 도리어 간수에게 평안과 위로를 주었습니다. 우리의 삶이 혹시 감옥에 갇힌 것처럼 절망적인 상황이라 할지라도 나를 위해 기도하시는 주님이 함께 하신다는 사실을 잊지 마시길 바랍니다. 그리고 주어진 그 상황 속에서 나를 만나는 이들이 나를 통해 위로를 얻고 평안을 얻을 수 있다면, 주님을 전하는 은혜의 통로가 될 수 있다면 그것이 하나님의 영광을 드러내는 복된 삶이라는 사실을 잊지 말고 살아가기를 바랍니다.

성령 강림절

그는 진리의 영이시다

창세기 11 장 1 - 9 절
사도행전 2 장 1 - 21 절
요한복음 14 장 8 - 17 절

창세기 11장 1-9절에는 바벨탑 사건의 이야기가 등장합니다. 사람이 서로 같은 말로 소통을 하면서 힘을 모아 도시를 세우는 것이 왜 잘 못일까요? 도시를 세우고 탑을 세우는 것 자체는 문제가 되지 않습니다. 그들의 근본적인 문제점을 창세기 11장 3-4절은 이렇게 말합니다.

3그들은 서로 말하였다. 자, 벽돌을 빚어서, 단단히 구워내자. 사람들은 돌 대신에 벽돌을 쓰고, 흙 대신에 역청을 썼다. 4그들은 또 말하였다. 자, 도시를 세우고, 그 안에 탑을 쌓고서, 탑 꼭대기가 하늘에 닿게 하여, 우리의 이름을 날리고, 온 땅 위에 흩어지지 않게 하자(창 11:3-4).

3절의 시작인 '그들은 서로 말하였다'라는 말은 원어를 직역하면 '그들은 서로 뜻이 통하는 동료였다'라고 할 수 있습니다. 단순히 말만 통하는 사이가 아니라 의견이 일치되는 사이라는 것입니다. 그런데 그들의 일치된 의견은 무척이나 어리석은 것이었습니다. 아무리 인간의 기술과 문명이 발달한다 해도 사람이 만든 탑이 하늘에 닿을 수 있을까요? 이런 허무맹랑한 계획에 목적은 더 황당합니다. 첫째 이름을 날리고, 두 번째는 흩어지지 말자는 것입니다. 예수님과 동시대에 살았던 1세기 유대교 철학자 필로(Philo, 주전 25-주후 50년)는 바벨탑을 만들때 사람들이 벽돌 하나하나에 자기들의 이름을 새겨 넣었는데 그것이 자기를 나타내기 위한 '교만한 명예욕'이었음을 지적합니다(『옥스포드 주석 창세기』 613쪽). 그리고 '흩어지지 말자.'라는 말 역시 창세기 9장 1절에서 노아에게 하나님께서 주셨던 '많이 낳아, 온 땅에 가득히 불어나거라(공동번역)'는 확산 명령을 거부한 것입니다. 즉 하나님의 뜻을 거역하고 사람들끼리 힘을 모아 서로를 통제하며 인간의 일을 이루려 하는 '업적주의의 망령'이라 할 수 있습니다.

주님께서는 이집트 땅에서 많은 징조와 기적들을 나타내 보이셨고, 오늘날까지 이스라엘 안에서뿐만 아니라 모든 사람에게 그와 같이하셔서, 주님의 이름을 오늘날과 같이 드높게 하셨습니다(렘 32:20).

인간이 세상에 태어나 살면서 자랑할 수 있는 이름과 업적은 예수님의 이름과 십자가밖에 없습니다.

『하이델베르크 교리문답』 4문은 "하나님의 율법이 우리에게 요구하는 것은 무엇입니까?"라고 묻습니다. 마태복음 22장 37-40절을 인용하면서 '하나님 사랑과 이웃 사랑'이라고 답합니다. 그리고 5문은 이어서 이렇게 묻습니다. "당신은 이 모든 것을 온전히 지킬 수 있습니까?" 답은 "아닙니다. 나에게는 본성적으로 하나님과 이웃을 미워하는 성향이 있습니다."라고 말합니다.

그렇습니다. 죄로 인해 타락하고 부패한 인간은 하나님께서 요구하시는 가장 기본적인 '하나님 사랑과 이웃 사랑'은 커녕 사랑해야 할 대상을 본성적으로 미워하는 성향을 지니고 있을 뿐입니다. 그래서 인간이 사람들 앞에서 자신을 드러내는 것은 결국 하나님 앞에서 자신을 뽐내며 자랑하는 것과 다를 바 없는 것이고, 다른 사람들 앞에서 자신의 경험과 업적과 능력을 늘어놓는 것 역시 하나님 앞에서 자신을 드러내는 것과 별 차이가 없는 교만일 뿐입니다. 그래도 교회에 유명하고 힘(?)있는 사람들이 와서 간증도 하고 봉사도 하면 전도하는 데 도움이 되지 않을까요? 교회가 작고 불편한 것보다는 편리하고 커야 사람들이 좋아하지 않겠습니까? 사람의 유명함과 교회의 크고 작음에 상관없이 하나님보다 사람이나 그들의 업적이 주목받는 교회는 주님의 교회라 할 수 없습니다. 교회의 참된 목적을 상실했기 때문입니다.

실제로 군 교회를 같이 섬기던 교우 중에 그런 분이 있었습니다. 당시 군종 목사였던 저의 계급이 중위였는데, 그분 남편은 부대에서 상당히 높았습니다. 남편의 진급을 위해 기도해 달라는 부탁을 하시면서 "목사님! 군대도 계급이 높아야 전도하는 데 도움이 되지 않겠습니까?" 하시는 것입니다. 그 당시 그분의 목소리나 말에는 군 선교에 대한 진정성과 열정이 있었다고 생각합니다. 평소에도 신앙생활 열심히 하시던 분이었기 때문입니다. 그러나 저는 그분의 말에 동의할 수 없었습니다. 인간이 하는 말과 약속이 그 순간은 진실합니다. 하지만 상황이 그 말과 약속을 거짓으로 바꿀 때가 허다합니다. 그리고 무엇보다 주님을 전하는 데 어떤 조건이 붙으면 바벨탑의 허망한 명예욕과 인간의 업적을 자랑하는 것에 지나지 않을 뿐입니다. '예수 믿으면 질병, 근심이 사라지고 물질이나 좋은 자리를 준다.'라는 말은 때에 따라 맞을 수도 있고 아닐 수도 있습니다. 그러한 것들이 이 세상을 살면서 믿음의 사람이 반드시 취해야만 하는 성취 과제가 아니기 때문입니다.

성경에 등장하는 믿음의 사람들을 보세요. 믿음 때문에 도리어 평안한 일상이 깨지고 고난을 맞이한 이들이 더 많지 않습니까? 기적을 경험한 사람들은 어떤 사람들입니까? 요즘 말로 금수저도 아니고 흙수저는커녕 아예 숟가락도 없이 살던 권력과 물질, 종교의 변두리로 밀려났던 낮은 이들이 대부분입니다. 예수님도 그렇게 낮은 자들을 찾아다니셨습니다. 이처럼 하나님의 은혜는 물과 같아서 언제나 높은 곳에서 낮은 곳으로 흐릅니다. 그런데 스스로 높아지려 했던 교만의 상징인 바벨탑을 보시고 하나님은 이렇게 말씀하십니다.

> 7자, 우리가 내려가서, 그들이 거기에서 하는 말을 뒤섞어서, 그들이 서로 알아듣지 못하게 하자 8주님께서 거기에서 그들을 온 땅으로 흩으셨다. 그래서 그들은 도시 세우는 일을 그만두었다(창 11:7-8).

교만의 결과는 분열이었습니다. 이것은 오늘 우리들의 삶 속에서도 마찬가지로 나타납니다. 같은 말을 하는데도 "거 말이 안 통하는 사람이네."라며 싸우는 것이 인간입니다. 낮아짐이 없는 이들에게는 다툼과 분열만 있을 뿐입니다. 바벨탑 사건 이후 사람들은 소통할 수 없는 자기들만의 언어를 사용하기 시작했습니다. 이것은 단순히 나라별로 사용하는 말이 다르다는 의미가 아닙니다. 누군가 '힘들다' 하는데 위로하지 않는 것이고, '외롭다' 하는데 손 내밀지 않는 것입니다. 세월호나 위안부 할머니들처럼 상처받고 위로가 필요한 이들에게 정치적 이념과 진영 논리로 편 가르기를 하거나 일방적인 용서를 강요하는 것은 소통이 아니라 어쩌면 폭력입니다. 이런 교만의 불통에 대해 주님은 이렇게 말씀합니다.

16이 세대를 무엇에 비길까? 마치 아이들이 장터에 앉아서, 다른 아이들에게 이렇게 말하는 것과 같다. 17우리가 너희에게 피리를 불어도 너희는 춤을 추지 않았고, 우리가 곡을 해도, 너희는 울지 않았다(마 11:16-17).

그런데 성령께서 우리에게 오시면 우리의 생각과 가치가 변화합니다. 오늘 두 번째 본문인 사도행전 2장 1-21절은 그 내용을 설명해 주고 있습니다. 주님의 성령이 내려오신 때는 오순절(伍殉節, Pentecoste, 50이라는 의미)이었습니다. 구약시대 이스라엘이 이집트에서 해방된 것을 기념하는 날은 유월절(逾月節)입니다. 그리고 유월절 후 50일째 되는 날을 오순절이라 합니다. 이때는 유대의 가장 큰 명절 중 하나로 유대 남자들이 일 년 중 반드시 예루살렘 성전을 찾아와야만 하는 기간입니다. 유대 역사가 요세푸스에 의하면 주후 65년에는 예루살렘에 300만 명이 모였다고 합니다(요세푸스, 『유대전쟁사』, 225쪽). 과장이 된 숫자라 해도 예루살렘에는 바벨론 포로기 이후 여러 곳에서 흩어져 살던 유대인들이 엄청나게 모여들었을 것입니다. 그런데 성령은 그 많은 사람이 아니라 조용히 마가의 다락방에 모여 있던 제자들에게 나타나셨습니다. 그때의 모습을 이렇게 말합니다.

1오순절이 되어서, 그들은 모두 한 곳에 모여 있었다. 2그때에 갑자기

하늘에서 세찬 바람이 부는 듯한 소리가 나더니, 그들이 앉아 있는 온 집안을 가득 채웠다. 3그리고 불길이 솟아오를 때 혓바닥처럼 갈라지는 것 같은 혀들이 그들에게 나타나더니, 각 사람 위에 내려앉았다. 4그들은 모두 성령으로 충만하게 되어서, 성령이 시키시는 대로, 각각 방언으로 말하기 시작하였다(행 2:1-4).

2절 말씀을 보면 하늘에서 세찬 바람이 부는 듯한 소리가 났다고 합니다. 이것은 일종의 상징입니다. 고대의 사람들에게 하늘은 하나님이 계신 곳의 상징입니다. 성령이 땅에서 솟아나거나 사람들에게서 나타난 것이 아니라 하늘로부터 내려왔다는 것은 하나님의 구원 사건은 인간의 계획과 경험을 초월하는 사건임을 설명해 주고 있습니다. 그렇게 성령의 임재를 경험한 사람들이 했던 일이 무엇입니까? 4절을 보면 성령이 시키는 대로 '각각 방언'으로 말하기 시작했다고 합니다. 그렇다면 방언이 무엇일까요? 이상한 소리로 기도하는 것일까요? 심지어 어떤 분들은 한 번도 배운 적이 없는데도 외국어를 척척하는 것이라고 주장하기도 합니다. 4절의 방언(글로사)은 본래 '혀(tongue)'라는 뜻입니다. 3절의 '혓바닥', '혀'라는 말이 나오는데 마찬가지입니다. 이것은 살덩어리인 혀를 말하기도 하지만 '언어'를 의미기도 합니다. 모국어를 영어로 mother tongue라고 하지요? 그래서 방언은 말이고 말은 듣는 상대가 반드시 알아듣고 이해할 수 있는 언어가 되어야 합니다.

5예루살렘에는 경건한 유대 사람이 세계 각국에서 와서 살고 있었다. 6그런데 이런 말소리가 나니, 많은 사람이 모여와서, 각각 자기네 지방 말로 제자들이 말하는 것을 듣고서, 어리둥절하였다. 7그들은 놀라, 신기하게 여기면서 말하였다. 보시오, 말하고 있는 이 사람들은 모두 갈릴리 사람이 아니오? 8그런데 우리 모두가 저마다 태어난 지방의 말로 듣고 있으니, 어찌 된 일이오?

바벨론 포로 이후 유대 땅 이외의 지역에서 흩어져 살던 유대인들은 현지에서 언어를 익히며 살던 자들입니다. 오순절 기간에 그들이 예루살렘에 모여들었습니다. 그러한 자들을 5절에는 '경건한 유대인'이라고 표현하고 있습니다. 여기서 경건하다(율라베스)는 말은 '신앙심이 깊은 자'들을 의미합니다. 유대인들에게 신앙심이 깊다는 것은 율법을 배우고 지키는 자들을 의미합니다. 그렇다면 일종의 지식인이라 할 수 있습니다.

반면에 방언을 말하는 제자들 대다수는 다른 세상을 경험할 기회가 없던 갈릴리 출신들입니다. 그래서 7절에서는 경건한 유대인들이 방언을 말하는 제자들을 향해 '갈릴리 사람들이 아니오?'라며 어리둥절해 합니다. 13절에는 술 취한 거 아니냐며 조롱하는 이들도 있었습니다. 한 마디로 일자무식의 사람들이 어떻게 우리가 알아들을 수 있는 말을 하느냐는 것입니다. 이게 신비한 사건이죠. 물론 그 뒤로 방언에 대한 기록이 없는 것으로 보아서 오순절에 한 번 있었던 사건인 것 같습니다. 어찌 되었건 방언은 상대가 이해 할 수 있는 말이었다는 것입니다. 저는 이 대목에서 아주 중요한 사실 하나를 깨닫게 됩니다. 성령은 바벨탑의 교만으로 소통이 사라진 사람들에게 소통의 길을 열어 주신다는 점입니다. 그리고 주님을 믿고 따르는 이들을 주님의 말씀을 전하는 '주님의 혀'로 사용하신다는 사실입니다. 주님의 말을 한다는 것은 결국 우리가 주님의 마음을 품고 살아가는 것이 아니겠습니까? 세 번째 본문인 요한복음 14장 8-17절에서 빌립은 예수님께 하나님을 보여 달라고 말합니다. 그러자 예수님은 이렇게 말씀하셨습니다.

내가 아버지 안에 있고, 아버지께서 내 안에 계시다는 것을 믿어라. 믿지 못하겠거든 내가 하는 그 일들을 보아서라도 믿어라(11절).

주님은 자신의 삶이 또 다른 언어임을 말씀하셨습니다. 주님을 따르는 우리들의 삶 역시 누군가에게는 주님을 전하는 주님의 말이 되어야 합니다. 말이 아니라 삶을 통해서 말이죠. 주님을 믿는다고 하면서 단 한 번도 기적을 경험해 보신 적이 없나요? 남들이 알아 줄 만큼 선한 일을 많이 하지 못했나요? 남들에게 주님을 전하기에는 왠지 모르는 것도 많고 간증할 것도 없고 도리어 내 삶이 부끄럽다고 여기시나요? 그렇다고 해서 실망하거나 염려하지 마십시오. 말은 꼭 소리를 낸다고 말이 아닙니다.

저는 목회를 하면서 말하지 않고도 저에게 큰 울림을 주신 분들을 많이 만났습니다. 토요일 밤에 남들 몰래 설교하는 강대상을 청소하고 가시던 어느 여자 집사님, 새벽 설교에 했던 이야기를 부대원들에게 아침마다 들려주셨다는 안수 집사님, 밤샘 근무를 하고 주일 예배에 왔다가 피곤한 나머지 졸던 형제들, 30대 중반에 암 투병을 하다가 죽기 이틀 전까지 인터넷에 찬양하던 영상을 올리며 기도를 부탁하던 10여 년 전에 함께 근무했던 어느 군종병 형제, 개척 교회가 힘들어 다니지 못하겠다며 큰 교회에 등록한 신자를 보고 개척 목회하는 제가 생각났다고 안부 문자를 주신 어느 장로님, 이런저런 사연을 담아 교회로 적지 않은 헌금을 보내 주시는 분들, 불쑥 찾아와 밥을 사 주고 가시는 분들, '목사님 기도하고 있습니다. 힘내세요.'하고 오는 문자 메시지, 교인들끼리 나눠 드시라며 보내 주시는 과일, 그리고 무엇보다 가깝지도 않은 거리를 찾아와 '불편한 예배'에 참석해 주시는 들풀교회 여러분들을 통해 저는 살아 계신 주님의 음성을 듣습니다. 주님은 17절에서 보혜사 성령에 대해 이렇게 말씀하셨습니다.

그는 진리의 영이시다. 세상은 그를 보지도 못하고 알지도 못하므로, 그를 맞아들일 수가 없다. 그러나 너희는 그를 안다. 그것은, 그가 너희와 함께 계시고, 또 너희 안에 계실 것이기 때문이다.

사람이 교회다

세상의 가치로는 알 수도 받아들일 수도 없는 그 사랑을 우리는 믿고 살아가는 자들입니다. 그가 우리와 함께 계심을 알기 때문에 또 그렇게 힘을 내서 살아가게 될 것입니다. 주님이 함께 하십니다. 우리 안에 이미 계십니다. 낙심하거나 절망하지 말고 꼭 필요한 이들에게 주님의 손과 발이 되어서 삶으로 주님의 소망과 위로를 전하는 우리가 되기를 바랍니다.

내가 너희를 부른다

잠언 8장 1-4, 22-31절
로마서 5장 1-5절
요한복음 16장 12-15절

1647년에 작성된 장로교의 교리문답인 『웨스트민스터 소요리 문답』 1문은 이렇습니다.

사람의 제일 되는 목적은 무엇입니까?

무엇이라고 답변하시겠습니까? 여러분이 이 세상을 살아가는 이유가 무엇입니까? 그냥 태어났으니 사는 건가요? 아니면 그런 문제를 생각해 본 적이 없나요? 교리문답은 이렇게 답합니다.

사람의 제일 되는 목적은 하나님을 영화롭게 하고 영원토록 그를 즐거위하는 것입니다.

하나님을 영화롭게 또는 영광스럽게 한다는 말을 조금 주의해서 읽어야 합니다. 군인 교회에서 사역할 때 진급 시기가 되면 교회에 출석하시는 신자 중에 진급된 분도 있지만 안 되는 분이 더 많습니다. 진급 선발이 안 된 분께 위로 전화를 드리면 이런 말씀을 하시는 분들이 있었습니다. "목사님, 하나님 영광 가리게 되어 부끄럽습니다." 상실감이 큼에도 이렇게 말씀하시는 분들은 신앙적으로 겸손한 분이라 할 수 있습니다. 그러나 하나님께서는 세상의 성공에서 영광을 받으시고 실패에서 수치를 당하시는 분이 아닙니다. 그렇다면 하나님께 영광을 돌려드린다는 것은 무엇일까요? 바빙크가 쓴 『개혁파 교의학』에서는 이렇게 말합니다.

기독교의 본질은, 성부가 창조하셨으나 죄로 인해 파괴된 것이 하나님의 아들의 죽음으로 회복되며 성령의 은혜를 통해 하나님 나라로 재창조되는 것이다. 교의신학은 어떻게 완전히 자충족적이신 하나님이 자신의 피조물 가운데서 자신을 영화롭게 하시는지, 그리하여 그 피조물이 죄로 분열되어 있음에도 그리스도 안에서 다시 연합되는지를 우리에게 보여 준다(엡 1:10). (71쪽)

사람이 교회다

'자충족적이신 하나님'이라는 말이 있지요? '스스로 필요한 것을 충족하시는 하나님'이라는 뜻입니다. 하나님은 인간이 무엇을 드리고 열심히 섬긴다고 해서 부족한 것을 채우시거나 만족해하시는 분이 아닙니다. 하나님은 이미 그분 스스로 완전하신 분이기 때문에 하나님께는 '결핍'이라는 말이 통하지 않습니다. 그런데도 '자신의 피조물 가운데서 자신을 영화롭게 하시'며 '피조물이 죄로 분열되어 있음에도 그리스도 안에서 다시 하나가 되게' 하시는 하나님입니다. 이걸 한마디로 정리하면 하나님은 신자들의 삶을 통해 자신을 나타내시고 영광 받기 원하신다는 것입니다.

제 딸이 아주 어려서 말도 잘 하지 못하던 때 어느 날 과자를 사 줬습니다. 그랬더니 혼자 맛있게 먹고 있더라고요. 먹는 모습이 예뻐서 제가 딸에게 입을 벌리고 "아! 아빠 한 입만" 그랬습니다. 그러자 잠깐 자기가 먹던 과자를 보다가 작은 손으로 제 입에 과자 하나를 쏙 넣어 줍니다. 기분이 참 좋았습니다. 내 말을 알아듣는 것도 신기하고 나를 알아주는 것 같아 기쁜 것입니다. 무엇보다 딸에게 있어서 자기 과자를 줄 정도로 내가 중요한 사람이구나! 라는 생각에 행복했습니다. 마찬가지입니다. 하나님께서 뭐가 부족해서 나에게 요구하신다고 생각하면 착각입니다. 그런데도 하나님께서 나에게 무언가 요구하신다는 것은 나를 사랑하신다는 표현입니다. 나 때문에 기뻐하시고 싶은 것입니다. 그래서 바빙크에 의하면 사람들이 예수님을 온전히 믿기 시작하면 삶을 대하는 태도가 달라집니다. 예수님을 믿기 전에는 왜 살아야 하는지, 삶이 나에게 어떤 의미가 있는 것인지 모른 채로 살게 됩니다. 철저히 자기중심적으로 모든 것을 해석하고 계산합니다. 그러나 예수님을 믿고 나면 '삶을 하나님께서 주신 선물인 동시에 임무'로 여기게 됩니다. 여러분이 매일 만나는 사람과 만나는 일이 있지요? 가깝게는 가족부터 일터에서, 오고 가는 거리에서 만나는 모든 이들이 바로 하나님의 선물입니다. 그리고 더불어 살면서 그들의 필요를 돕는 것이 영광스러운 임무입니다. 제1본문을 보겠습니다.

1지혜가 부르고 있지 않느냐? 명철이 소리를 높이고 있지 않느냐? 2지혜가 길가의 높은 곳과, 네거리에 자리를 잡고 서 있다. 3마을 어귀 성문 곁에서, 여러 출입문에서 외친다. 4사람들아, 내가 너희를 부른다. 내가 모두에게 소리를 높인다(잠 8:1-4).

잠언 말씀은 지혜를 의인화합니다. 물론 여기서 말하는 지혜는 장차 오실 그리스도를 상징적으로 보여 주는 것이기도 합니다. 지혜가 사람들을 부르는 모습을 보십시오. 어떤 차별이나 차이가 없지요? 2절 말씀처럼 지혜는 높은 곳이든, 거리 한복판이든 3절의 마을 입구나 여러 출입문에서 외치며 모든 사람에게 이야기합니다. 4절에는 '내가 너희를 부른다.'고 되어 있지요? 그렇습니다. 하나님은 어디서나 누구든

사람이 교회다

지 차별하지 않고 불러 주시는 분입니다. 오늘 내 삶에 다가오는 사람이나 재료가 무엇이든 그것이 하나님의 부르심과 선물이라는 사실을 고백할 수 있는 사람이야말로 참된 그리스도인이라 할 수 있을 것입니다. 31절을 보면 초반에 말씀드렸던 교리문답의 답변과 같은 말을 볼 수 있습니다.

그분이 지으신 땅을 즐거워하며, 그분이 지으신 사람들을 내 기쁨으로 삼았다.

그분이 지으신 땅에서 살아가는 우리야말로 하나님께서 가장 기뻐하시는 존재라는 사실을 잊지 마십시오. 그리고 우리가 이 땅에서 살아가는 동안 다른 이들과 함께 어울려 살아가는 것 또한 큰 기쁨임을 고백할 수 있어야 합니다. 기독교인은 반복되는 일상의 삶이 축복임을 깨닫고 지혜가 모든 사람을 부르듯이 누구와도 통할 수 있는 상식적인 사람이어야 합니다. 그러나 하나님의 영광을 드러내지 못하는 순간도 있습니다. 우리가 명백한 어떤 범죄를 저지르고 불경스러운 행동을 해야 하나님 영광을 가리는 것이 아닙니다. 하나님을 위한다면서 하나님을 수치스럽게 하는 때도 있습니다.

제가 강원도 모 지역에서 근무할 당시 OO대대장은 불교 신자였습니다. 그는 불교신도회 총무로 부대 법당의 재정과 법회에 출석하는 장병들의 간식을 담당할 정도로 불심이 깊었습니다. 부대 업무도 인정받을 만큼 성실했고, 부대 법사님뿐 아니라 다른 종교 성직자인 신부님과 목사인 저에게도 언제나 정중한 모습으로 대우를 해 주었습니다. 가끔 저분이 교회 신자였으면 좋겠다는 생각이 들 정도로 종교와 관련된 이야기들을 많이 나눌 수 있었습니다. 그러던 어느 날 그분이 저에게 무심코 한마디를 던졌는데 그게 마음에 걸렸습니다.

"목사님! 교회는 이웃을 사랑하고 베풀라고 하면서 막상 도움이 필요할 때는 왜 외면하는지 모르겠어요."

난데없는 질문에 제가 물었습니다.

"그게 무슨 말씀이세요?"

그러자 그가 지난 겨울에 있었던 이야기를 들려주었습니다.

그해 겨울에는 유난히 눈이 많이 내렸습니다. 강원도 지역이었기 때문에 일반 도로의 길이 끊긴 것은 물론이고 산간 외진 마을은 대부분이 고립되어 헬기로 음식을 수송해야 할 정도로 기록적인 폭설이 내렸습니다. 인력과 예산이 부족한 지방자치 단체는 도로와 중요 시설의 제설을 군부대에 의존할 수밖에 없었는데 제가 근무하던 부대에서도 최소의 경계 근무 인원을 제외한 모든 부대원이 눈을 치우기 위해 동원되었습니다. 차량으로 이동할 수 없었기 때문에 제설 도구를 들고 부대마다 정해진 지역으로 수 킬로미터씩 걸어서 가야 했습니다. 하지만 일주일 이상 계속된 눈으로 인해 24시간 동안 그야말로 눈과의 사투를 벌여야만 했습니다. 도심 지역의 큰 도로를 치우고 관공서 일대와 주민 거주지를 치우고 돌아서면 또 눈이 쌓여 다시 같은 일을 반복해야 했죠. 눈을 치우는 병사들에게 가장 고역스러운 일들은 화장실과 식사 장소였습니다. 쏟아져 내리는 눈을 피해 부대에서 가져온 밥을 먹기 위해서는 아파트 지하 주차장, 학교 건물, 마을 회관, 체육관 등 장소를 물색하고 협조를 해야 했는데 이 일이 대대장에게는 가장 큰 일이었습니다.

어느 날은 마침 눈을 치우는 도로 옆에 그 지역에서 제일 큰 교회가 있었답니다. 그 교회 1층에는 식당과 화장실이 있어서 장소 사용 협조를 위해 교회 관계자에게 요청하게 되었는데 돌아온 답변은 '사용 불가' 통보였습니다. 행사 때문에 빌려줄 수 없다는 것이 표면적인 이유였지만 폭설에 무슨 행사를 한다는 건지 알 수 없었습니다. 아마도 병사들의 전투화에 묻어 있던 눈에 교회 바닥이 더럽혀질 것을 걱정한 것이겠지요. 그 교회의 외관은 통유리 건물로 밤에 조명을 켜면 정말 멋진 곳이었습니다. 대대장은 할 수 없이 지붕도 없는 교회 주차장 한편에서 덩어리로 내리는 눈을 식판에 맞으며 부대원들과 식사를 할 수밖에 없었다고 합니다. 그 대대장이 했던 말이 아직도 기억에 남습니다.

"목사님! 그때 눈을 맞으면서 밥을 먹는 부하들을 보고 있는데 너무 서러운 것입니다. 그냥 내리는 눈을 향해 고개를 들고 있자니 눈물이

나더라고요."

물론 한 사람의 일방적인 이야기라 분명히 오해가 있을 것입니다. 그 교회 담임 목사님은 성도들에게만큼은 사랑이 넘치시는 분이라는 것을 저는 잘 알고 있기 때문입니다. 하지만 분명한 사실 한 가지는 그날 그 자리에 있었던 이백여 명의 대대 장병들의 마음에는 한 번 닦으면 될 교회 바닥 때문에 오랜 시간 닦이지 않을 나쁜 기억의 때를 가지게 되었다는 점입니다. 당시 그 교회의 표어는 '사랑으로 세상을 치유하는 교회'였습니다. 교회 주차장의 폭설 속에서 식사해야 하는 장병들과 어울리지 않는 문구 같았습니다. 하나님께서 폭설 속에서도 깨끗한 교회 건물을 보면서 기뻐하셨을까요?

하나님의 말씀을 따르는 교회의 본질은 무엇입니까? 예수님은 이 땅에서 사역하시는 동안 벽돌 한 장 쌓으신 일이 없습니다. 교회는 예수님을 삶의 주인으로 고백하는 사람들의 모임 즉 교회의 본질은 사람이 중요한 것이지요. 사람보다 중요한 건물, 사람보다 중요한 물건, 제도, 규칙이 있다면 그것이야말로 우상입니다. 오늘 두 번째 본문인 로마서 5장 1-5절에서 바울은 신앙인들이 이 세상에서 소망을 품고 살아가는 이유에 관해 설명합니다. 1-2절을 먼저 보겠습니다.

1그러므로 우리는 믿음으로 의롭다 하심을 받았으므로, 우리 주 예수 그리스도로 말미암아 하나님과 더불어 평화를 누리고 있습니다. 2우리는 또한, 그리스도로 말미암아 지금 서 있는 이 은혜의 자리에 [믿음으로] 나아오게 되었으며, 하나님의 영광에 이르게 될 소망을 품고 자랑을 합니다.

1절 말씀에 의하면 우리는 그리스도 때문에 의롭다고 인정받은 자들이지 노력하고 관리해서 의롭게 된 자들이 아닙니다. 아무리 교회 건물을 깨끗하게 관리하고 성전을 화려하게 지어 놓는다 해도 사람이 무시당하는 시설이라면 하나님께서 기뻐하실 수 있을까요? 잠언 말씀에 지혜는 어디서 사람들을 부른다고 했습니까? 높은 곳이던 낮은 곳이던 마을 어귀 성문과 여러 출입문 아닙니까? 깨끗한 예배당 건물보다는 눈을 맞으며 밥을 먹던 병사들이 있던 곳에 하나님이 함께 계시지 않았을까요? 2절 말씀처럼 예수님 때문이라면 우리가 서 있는 곳이 어디든지 믿음의 자리가 되어야 하고, 하나님의 영광을 드러내는 소망의 장소가 되어야 합니다. 바울은 한술 더 떠서 이런 자랑을 합니다.

3그뿐만 아니라, 우리는 환난을 자랑합니다. 우리가 알기로, 환난은 인내력을 낳고, 4인내력은 단련된 인격을 낳고, 단련된 인격은 희망을 낳는 줄을 알고 있기 때문입니다. 5이 희망은 우리를 실망시키지 않습니다. 하나님께서 우리에게 주신 성령을 통하여 그의 사랑을 우리 마음

속에 부어 주셨기 때문입니다.

바울이 아주 중요한 이야기를 합니다. 환난, 인내력, 인격, 희망이 있는 이유를 뭐라고 말합니까? 5절에서는 성령을 통해 마음에 부어 주셨기 때문이라고 합니다. 인간은 스스로 노력하고 업적을 쌓아서 구원을 얻을 수 없습니다. 물론 어느 정도 수준까지 훈련은 가능하지요. 환난이 있어도 견뎌낼 힘이 있고 인내력이나 인격, 희망도 마찬가지입니다. 설교의 서론에 제가 바빙크 이야기를 잠시 했었지요? 하나님은 자충족적인 분이라고요. 우리가 무엇을 해서 그것을 보고 보상으로 주시는 것이 구원이 아닙니다. 5절 말씀처럼 하나님께서 먼저 사랑하셨고 그리스도를 통해 평화를 누리고 그것을 성령을 통해 알게 하시기 때문에 가능한 것입니다. 신앙은 철저히 인간이 아니라 하나님에게서 출발해야만 합니다. 인간에게서는 단 1% 도 구원을 얻을 만한 선함을 찾을 수 없기 때문입니다. 세 번째 본문은 우리가 믿고 따를 진리를 깨닫게 하는 것은 인간의 경험과 계획과 노력이 아니라 성령께서 우리를 진리 가운데 인도하실 것이라 말합니다.

그러나 그분 곧 진리의 영이 오시면, 그가 너희를 모든 진리 가운데로 인도하실 것이다. 그는 자기 마음대로 말씀하지 않으시고, 듣는 것만 일러주실 것이요, 앞으로 올 일들을 너희에게 알려 주실 것이다(13절).

사람이 교회다

진리의 영이신 성령님의 가장 큰 특징은 무엇입니까? 자기 마음대로 말씀하지 않고 듣는 것만 알려 주신다는 점입니다. 그러므로 신앙인 역시 함부로 말하는 자들이 되어서는 안 됩니다. 신앙인의 생각과 말과 행동이 하나님께 기쁨이 되어야 하는 이유입니다. 잠언 말씀에서 성부 하나님은 언제 어디서나 우리를 구원의 자리로 초대하십니다. 그리고 로마서 말씀처럼 성자 예수 그리스도를 통해서 우리는 하나님과 평화를 누립니다. 그리고 요한복음 말씀처럼 진리의 성령은 우리와 함께 하실 것입니다. 우리의 공로나 업적이 아니라 오직 하나님께서 일방적으로 주시는 은혜입니다. 그러한 사실을 믿고 우리의 삶을 통해 삼위일체 하나님께 영광 돌리는 우리가 되기를 바랍니다.

주님, 응답하여 주십시오

열왕기상 18장 20-21, 30-39절
갈라디아서 1장 1-12절
누가복음 7장 1-10절

밀턴 마이어(Milton Sanford Mayer, 1908-1986)의 『그들은 자신들이 자유롭다고 생각했다』라는 책이 있습니다. 저자는 2차 세계 대전 후 1년 간 독일에 거주하면서 히틀러의 나치 활동에 가담했던 재단사, 목사, 고등학생, 빵집 주인, 교사, 경찰 등 지극히 평범한 일반인 열 명과 심층 인터뷰를 진행합니다. 애초에 저자는 히틀러를 추종하던 소수의 광신자 때문에 대부분의 독일 국민이 고통을 당했다고 생각하지만, 그는 인터뷰 후에 자신이 몰랐던 진실을 깨닫게 됩니다. 그는 책에서 이렇게 말합니다.

나치즘이 단순히 무기력한 수백만 명 위에 군림하는 악마적인 소수의 독재가 아니라 오히려 대중운동이라는 사실을 난생처음으로 깨달았다. 그제야 나는 아돌프 히틀러라는 인물을 과연 내가 보고 싶어 했던 나치로 간주해야 하는지 의문이 들었다. 전쟁이 끝난 뒤에야 나는 비로소 내가 찾던 사람이 누구인지 알게 되었다. 그건 바로 평범한 독일인이었다(10쪽).

저자는 당시 독일 인구 7,000만 명 중 열광적으로 히틀러와 나치를 지지한 사람들은 100만을 넘지 않는데 절대다수였던 나머지 6,900만 명의 평범한 사람들은 침묵으로 동의했다고 주장합니다. 그 책에는 히틀러에게 저항했던 루터파 목사 니묄러(Martin Niemöller)가 지은 것으로 알려진 유명한 풍자 글이 등장합니다.

그들이 처음 공산주의자들에게 왔을 때 나는 침묵했다.
나는 공산주의자가 아니었기에
그들이 사회 민주당원에게 왔을 때 나는 침묵했다.
나는 사회민주당원이 아니었기에
그들이 노동조합원들에게 왔을 때 나는 침묵했다.
나는 노동조합원이 아니었기에
그들이 유대인을 덮쳤을 때 나는 침묵했다.

나는 유대인이 아니었기에

그들이 내게 왔을 때

그때는 더이상 나를 위해 말해 줄 이가 아무도 없었다.

히틀러의 나치 정권이 횡포를 저지를 때, 처음부터 아무 항의의 말도 하지 않았던 자신도 결국 책임이 있다는 참회의 글입니다. 이분은 전쟁이 끝나고 『전쟁 책임 고백서』라는 책을 냈는데 히틀러에게 저항하다가 감옥에 갇혀 있으면서 똑같은 꿈을 일곱 번 꾸었다고 합니다. 하나님 심판대 앞에서 어떤 사람이 회개도 하지 않으면서 "아무도 나에게 복음을 전해 주지 않았습니다. 그래서 나는 믿을 수가 없었습니다."라고 변명을 늘어놓는 사람이 있더랍니다. 도대체 누구인가 싶어서 자세히 봤더니 그게 히틀러였다는 거죠. 독재자라고 미워하기만 했지 목사인 자신이 제대로 복음을 전해 주지 못해서 그가 그런 괴물이 된 것 같아서 하나님 앞에서 자신도 책임이 있었다고 고백합니다.

밀턴 마이어나 니뮐러 목사님은 불의에 저항하지 않는 다수의 침묵은 악의 승리를 돕는 길임을 말하고 있습니다. 오늘 첫 번째 본문인 열왕기상 18장 20-21절에도 이런 불의에 침묵하는 백성들을 볼 수 있습니다.

20아합은 모든 이스라엘 자손을 부르고, 예언자들을 갈멜산으로 모았다. 21그러자 엘리야가 그 모든 백성 앞에 나서서, 이렇게 말하였다. 여러분은 언제까지 양쪽에 다리를 걸치고 머뭇거리고 있을 것입니까? 주님이 하나님이면 주님을 따르고, 바알이 하나님이면 그를 따르십시오. 그러나 백성들은 한 마디도 그에게 대답하지 못하였다.

20절에는 북이스라엘의 일곱 번째 왕 아합(주전 869-850)이 등장합니다. 역사가 요세푸스는 아합에 대해 "그는 그전 왕들보다 나은 점이 전혀 없을 뿐 아니라 오히려 그들보다 더욱 악했다. 그는 특히 여로보암의 죄악을 답습했다. 그는 금송아지를 만들고 그것에 경배한 것은 물론 금송아지 외에도 여러 가지 말도 안 되는 우상들을 만들어 섬겼다(요세푸스 『유대 고대사』 1권, 549쪽)."라고 합니다. 그는 두로와 시돈의 왕이었던 엣바알의 딸인 이세벨을 왕비로 맞아들입니다. 중요한 것은 이세벨이 시집오면서 몸만 온 것이 아닙니다. 요세푸스는 이세벨이 대단히 활동적이고 대담하고 적극적인 여인이라 말합니다. 온갖 우상의 신전을 세우고 그 신을 섬기는 종교인들을 임명합니다. 풍요를 상징하는 바알을 섬기기 시작하면서 이스라엘은 공동체 정신을 망각합니다. 말과 삶은 풍요를 추구하면서 정작 왕조차 일반 백성의 포도원을 빼앗을 정도로 민심은 흉흉해집니다. 메마른 사람들의 정서를 반영하듯 극심한 가뭄이 찾아옵니다. 욕망의 추구는 건조한 관계를 만들 뿐이라는 교훈을 주는 것 같습니다. 요세푸스는 아합의 치세를 한 마디로 '그 전의 어떤 왕보다 사악했으며 그 정도가 심해 광기에 이를 정도였다.'라고 기록하고 있습니다. 미치광이 왕이라는 것입니다. 이런 아합과 엘리야가 만납니다. 일찍이 열왕기상 17장 1절에서 엘리야는 아합에게 비는커녕 이슬 한 방울도 내리지 않을 것이라 예언했습니다. 이제 그들이 다시 만나는 장면을 성경은 이렇게 기록합니다.

> 17아합은 엘리야를 만나서, 이렇게 말하였다. 그대가 바로 이스라엘을 괴롭히는 자요? 18엘리야가 대답하였다. 내가 이스라엘을 괴롭히는 것이 아니라, 임금님과 임금님 아버지의 가문이 괴롭히는 것입니다. 임금님께서는 주님의 계명을 내버리고, 바알을 섬기십니다. 19이제 사람을 보내어, 온 이스라엘을 갈멜산으로 모아 주십시오. 그리고 이세벨에게 녹을 얻어 먹는 바알 예언자 사백쉰 명과 아세라 예언자 사백 명도 함께 불러 주십시오(왕상 18:17-19).

17절에 "그대가 바로 이스라엘을 괴롭히는 자요?"라고 합니다. 말도 참 기분 나쁘게 하지 않습니까? 엘리야도 지지 않습니다. 18절에 "내가 이스라엘을 괴롭히는 것이 아니라, 임금님과 임금님 아버지의 가문이 괴롭히는 것입니다." 그리고 엘리야는 갈멜산으로 이세벨이 고용한 바알 예언자 450명과 아세라 예언자 400명 등 850명을 모아 달라고 합니다.

20아합은 모든 이스라엘 자손을 부르고, 예언자들을 갈멜산으로 모았다. **21**그러자 엘리야가 그 모든 백성 앞에 나서서, 이렇게 말하였다. "여러분은 언제까지 양쪽에 다리를 걸치고 머뭇거리고 있을 것입니까? 주님이 하나님이면 주님을 따르고, 바알이 하나님이면 그를 따르십시오." 그러나 백성들은 한 마디도 그에게 대답하지 못하였다(왕상 18:20-21).

21절에 엘리야는 백성에게 양다리 걸치지 말고 하나님과 바알 중 하나를 따르라고 합니다. 그때 백성들은 한 마디도 그에게 대답하지 못했다고 합니다. 백성의 침묵은 부끄러움과 수치심 때문이 아닙니다. 오히려 그 반대입니다. 엘리야의 말이 마음에 들지 않았던 것입니다. 엘리야는 제안합니다. 누가 참된 신인지 시험을 해 보자는 것입니다. 물론 성경의 내용대로 하나님은 바알과 아세라 우상을 섬기던 850명의 거짓 선지자들의 광기에 아무런 반응을 보이지 않으십니다. 오히려 혼자였던 엘리야의 제단에 불을 내려 자신이 참된 하나님임을 나타내셨습니다. 저는 오늘 말씀을 보면서 부끄러웠습니다. '언제까지 양쪽에 다리를 걸치고 머뭇거리고 있을 것입니까?'라는 엘리야의 외침에 묵묵부답으로 외면하던 백성들의 모습 속에서 저 자신을 발견했기 때문입니다. 교회를 개척하면서 먼저 개척 목회를 하시는 여러 목사님께 조언을 구했습니다. 그분들의 한결같은 이야기는 절대로 조급해하거나 욕심내지 말라는 말이었습니다. 마귀는 끊임없이 비교하게 만들 테니 단단히 각오하라고도 했습니다. 하나님께서 교회에 나오는 한 사람이 얼마나 귀하고 고마운 존재인지 많이 느끼게 하실 거라고 했습니다. 우리는 흔히 '조급증과 욕심'을 사랑과 혼동합니다. 사랑한다면서 기다려 주지 않습니다. 너를 위한 거라면서 나의 계획과 경험과 의지를 강요할 때가 많습니다. 디트리히 본회퍼의 설교집인 『타인을 위한 그리스도인으로 살 수 있을까?』를 읽다 보니 이런 구절이 있더군요. 그 내용을 제가 요약했습니다.

그리스도인은 하나님이 주시는 은사로 인해 세상에서 가장 강력한 능력을 받게 됩니다. 첫 번째 능력은 우리가 타인을 위해 기쁜 마음으로 '희생'할 수 있는 능력입니다. 두 번째 능력은 타인을 위해 '기도'할 수 있는 능력입니다. 세 번째 능력은 가장 신적이고 기이하며, 비밀스럽고 거룩한 최상의 능력입니다. 타인의 죄를 하나님의 이름으로 '용서'하며 죄의 짐을 벗게 해 주는 능력입니다. 희생과 중보기도, 죄 사함은 기독교회가 가진 놀라운 능력입니다. 이 능력을 한 마디로 요약하면, 사랑이라고 말할 수 있습니다. 다른 말로 하면 '타인에게 그리스도가 되어 주는 것'입니다(34-38).

'희생, 기도, 용서'가 누군가에게 그리스도가 되어 주는 사랑이라고 합니다. 만 23세의 나이에 이런 설교를 할 수 있는 통찰이 부럽고 놀랍습니다. 요한일서 2장 16절은 이렇게 말합니다.

세상에 있는 모든 것, 곧 육체의 욕망과 눈의 욕망과 세상 살림에 대한 자랑은 모두 하늘 아버지에게서 온 것이 아니라, 세상에서 온 것이기 때문입니다(요일 2:16).

지난 2월 모 언론사의 뉴스에 요즘 청소년들의 꿈이 무엇인지를 조사했었는데요. 대통령, 과학자가 아니라 연금 받는 공무원과 임대료 받는 건물주가 꿈이라고 합니다. 사람들이 조물주보다 건물주를 더 마음에 두고 있는 것입니다. 꿈이 없는 청소년도 30%나 된다고 합니다. 뉴스의 마지막에 어느 대학 교수가 이런 말을 하더군요.

"(계층 이동) 사다리가 끊어진 상태에서, 사실 꿈은 청소년들에게 사치일 수 있습니다. 꿈을 꾸기 위해서는 이제 돈과 시간이 필요하다는 얘기예요."

오늘 우리가 사는 세상은 누군가를 위한 '희생, 기도, 용서'가 무의미한 것처럼 보이는 시대입니다. 오직 나를 위해 살아가는 것이 중요한 시대입니다. 그런데도 이 시대의 교회는 여전히 세상을 향해 양다리를 걸치지 말라고 선포할 수 있어야 합니다. 다른 가치관의 세상이 존재하고 있음을 신앙인들이 보여 줄 수 있어야 합니다. 두 번째 본문

사람이 교회다

에서 바울은 이렇게 말합니다.

> 내가 지금 사람들의 마음을 기쁘게 하려 하고 있습니까? 아니면, 하나
> 님의 마음을 기쁘게 해 드리려 하고 있습니까? 아니면, 사람의 환심을
> 사려고 하고 있습니까? 내가 아직도 사람의 환심을 사려고 하고 있다
> 면, 나는 그리스도의 종이 아닙니다(갈 1:10).

그게 무엇이 되었든 중심에 하나님이 계시지 않는 것은 결국 다른
복음입니다. 인간의 가능성에 대해 이야기하거나 갈멜산의 사람들처
럼 하나님과 바알 사이에서 적당히 타협하며 사는 것이 지혜롭다고 생
각하는 것이 다른 복음입니다. 신앙인이 할 수 있는 것은 본회퍼 목사
님이 '타인에게 그리스도인이 되어 주어야 한다.'고 했던 것처럼 오직
한 가지밖에 없습니다. 내 삶을 통해 주님이 나타나게 해 드리는 것뿐
입니다.

> 11형제자매 여러분, 내가 여러분에게 밝혀드립니다. 내가 전한 복음은
> 사람에게서 비롯된 것이 아닙니다. 12그 복음은, 내가 사람에게서 받은
> 것도 아니요, 배운 것도 아니요, 예수 그리스도의 나타나심으로 받은
> 것입니다(갈 1:11-12).

그렇습니다. 모든 능력과 권세가 오직 주님에게서 비롯된 것임을 고백하는 그 사람을 통해 주님은 자신을 나타내시는 분입니다. 철저히 자기를 부인하는 자를 통해 주님은 능력을 베풀어 주시는 분입니다. 자신의 모든 명예와 업적과 능력을 내려놓은 사람을 통해 주님은 기적을 베풀어 주시는 분입니다. 세 번째 본문 누가복음 7장 1-10절에 등장하는 백부장 역시 마찬가지입니다. 오늘 말씀에 등장하는 백부장의 의지적인 믿음이 그렇게 탁월하고 우수했다면 사도행전의 고넬료처럼 그의 이름이 등장해야 합니다. 그런데 백부장의 이름이 있습니까? 백부장의 병들었던 종은 누구인지 아십니까? 성경은 그것을 우리에게 알려 주지 않습니다. 왜냐하면, 성경은 백부장의 어떤 인간 됨과 믿음이 좋은 것을 드러내려고 기록된 것이 아니기 때문이죠. 더구나 백부장과 예수님은 만나지도 않았습니다.

물론 같은 내용을 다루고 있는 마태복음 8장에는 백부장이 예수님에게 찾아간 것으로 되어 있습니다(마 8:5 예수께서 가버나움에 들어가시니, 한 백부장이 다가와서, 그에게 간청하여). 그런데 말씀을 잘 보십시오. 누가복음 7장 3절을 보면 '유대 사람들의 장로들을 예수께로 보내어'라고 되어 있습니다. 그 유대인들이 예수님께 와서 백부장이 어떤 사람인지 설명합니다(4-5절). 그들과 함께 백부장의 집과 가까운 곳에 예수님께서 이르렀을 때 또 백부장이 보낸 사람들이 등장합니다. 6절을 보면 '백부장은 친구들을 보내어'라고 되어 있습니다. 그들을 통해 백부장은 '주님을 집에 모실 자격도 없고, 자신은 주님을 만날 엄두도 못 낸다.'라고 말합니다. 철저한 자기 부인과 자신이 아닌 타인을 위한 희생만 있습니다. 그리고 엘리야와 바울의 고백과 같은 고백을 하는 것을 볼 수 있습니다.

> 나도 상관을 모시는 사람이고, 내 밑에도 병사들이 있어서, 내가 이 사람더러 가라고 하면 가고, 저 사람더러 오라고 하면 옵니다. 또 내 종더러 이것을 하라고 하면 합니다(8절).

누가복음은 백부장의 겸손이나 인간성을 칭찬하기 위해 기록된 것이 아닙니다. 백부장은 자신에게도 사람을 부리는 능력이 있다고 말합니다. 그러나 자신이 가진 그런 권세와 능력은 주님의 권세와 능력에 비교하면 아무것도 아니라는 것을 말하고 있습니다. 백부장은 아무리 노력해도 병들어 죽어가는 사람을 근본적으로 치료할 수 없습니다. 그에게는 생명을 좌우할 능력이 전혀 없기 때문입니다. 그러나 주님은 다릅니다. 그분이 참된 생명의 주권자라는 사실을 설명하고 있습니다. 더 놀라운 장면이 이어집니다.

> 9예수께서 이 말을 들으시고, 그를 놀랍게 여기시어, 돌아서서, 자기를 따라오는 무리에게 말씀하셨다. 내가 너희에게 말한다. 나는 이스라엘

사람 가운데서는, 아직 이런 믿음을 본 일이 없다. [10]심부름 왔던 사람들이 집에 돌아가서 보니, 종은 나아 있었다(9-10절).

백부장은 이방인입니다. 유대인들은 이방인에게는 구원이 없다고 여겼습니다. 그런데 주님은 예루살렘도 아닌 가버나움이라는 변두리에서 구원을 선포하고 있습니다. 여러분은 지금 갈멜산의 엘리야처럼 외로운 싸움을 하는 중이신가요? 갈라디아 교회가 다른 복음으로 인해 변질되어 가는 모습을 보며 답답해했던 바울처럼 배신감과 열매 없음에 허탈하신가요? 가버나움의 백부장처럼 나는 자격도 능력도 없다는 무기력함에 빠져 있나요? 그런 상황들 속에서 더욱 주님을 고백하고 의지하시기 바랍니다. 주님께서 그러한 자들의 고백을 기뻐 받으시고 역사하실 것입니다.

울지 말아라

열왕기상 17장 17-24절
갈라디아서 1장 11-24,절
누가복음 7장 11-17절

우리나라 프로야구 경기 중에 있었던 일입니다. 기독교 신자인 S 선수가 땅에 발로 십자가를 그렸습니다. 그러자 상대 팀에 마침 불교 신자였던 P 선수가 그것을 불교의 상징인 만(卍)으로 바꿔 버렸습니다. 그렇게 두 사람만의 종교 상징 그리기 시합은 약 스무 개의 신앙 상징물로 나타났습니다. 언론은 불교 신자인 P 선수의 이런 행동이 경기에 영향을 주거나 상대를 자극할 수 있는 불필요한 행동이라 했지만, 현장을 지켜본 관중에 의하면 촉발은 기독교 신자인 S였습니다. 저는 운동선수들끼리 했던 장난에 대해 비난하려는 것이 아닙니다. 다만 종교적 상징이 어떤 이에게는 불쾌감을 또 어떤 이에게는 장난 거리나 세속적 승리의 상징이 된 것 같아 씁쓸하다는 말씀을 드리고 싶습니다. 사람들은 각자의 기준에 따라 세상을 보는 방식을 달리합니다. 그러나 자기 고집만 부리거나 그것을 강요하게 되면 큰 폭력이 될 수 있습니다. 그리스 신화에 '프로크루스테스(Προκρούστης)의 침대'가 있습니다. 프로크루스테스는 아테네 외곽에 집을 짓고 살면서 지나는 사람들을 상대로 강도질을 했습니다. 그의 집에는 철로 만든 침대가 있었는데 지나가는 사람을 붙잡아 자신의 침대에 누이고는 잡아 온 사람의 키가 침대보다 크면 그만큼 잘라내고 키가 침대보다 작으면 억지로 침대 길이에 맞추어 늘여서 죽였답니다.

그런데 더 무서운 사실은 그 침대에는 길이를 조절하는 장치가 있어 누구도 침대에 키가 딱 들어맞는 사람은 없었다고 합니다. 그 뒤 사람은 이 '프로크루스테스의 침대'라는 말을 남의 생각을 뜯어고치려는 행위, 남에게 해를 끼치면서까지 자신의 주장을 굽히지 않는 횡포를 뜻하는 말로 사용하기 시작했습니다.

요즘 우리가 사는 세상에는 다양한 침대들이 놓여 있는 것 같다는 생각을 해 보게 됩니다. 맞추기 힘든 이런저런 기준이 참 많지요? 무엇보다 내 마음에 드는 사람과 일을 만나기란 더욱 어려운 것 같습니다. 그러나 예수님의 삶은 '기적은 누군가가 나에게 맞춰 줄 때 일어나는 것이 아니라 내가 타인을 수용할 때 일어나는 것'임을 가르쳐 주고 계십니다. 세 본문 속에서는 이런 수용의 기적이 나타납니다.

제1본문인 열왕기상 17장 17-24절에는 구약 선지자 엘리야와 사르밧(Zarephath 또는 사렙다) 과부의 이야기를 전합니다. 우선 8-16절을 보면 가뭄과 기근의 때에 엘리야는 사르밧에서 아들 하나를 홀로 키우며 사는 가난한 과부를 만나 목숨을 이어갑니다. 지난 시간에도 말씀드린 것처럼 이 기근은 단순한 자연재해가 아닙니다. 아합 왕과 이세벨 왕비가 우상을 섬기고 백성들의 재산을 탈취하는 지도력과 인심의 기근이 동반된 고통스러운 시기였습니다. 나눔이 상실된 시기입니다. 그런데 사르밧의 가난한 여인은 엘리야에게 거처를 마련해 줍니다. 자신의 삶도 힘겨웠지만 더 어려운 처지에 있던 엘리야에게 곁을 내어 줍니다. 그런데 17절을 보면 그 아들이 병에 걸려 죽게 됩니다. 아들을 잃은 어머니의 깊은 한숨과 절망을 아는지라 19-20절을 보면 엘리야는 자신의 침대에 아이를 뉘어 놓고 하나님께 부르짖습니다.

> **19**엘리야가 그 여인에게 아들을 달라고 하면서, 그 여인의 품에서 그 아이를 받아 안고, 자기가 머물고 있는 다락으로 올라갔다. 그리고 그를 자기의 침대 위에 뉘어 놓고, **20**주님께 부르짖었다. 주 나의 하나님, 어찌하여 내가 머물고 있는 이 집의 과부에게 이렇게 재앙을 내리시어, 그 아들을 죽게 하십니까?

그런데 그다음 엘리야의 기이한 행동이 이어지는 것을 볼 수 있습니다.

21그는 그 아이의 몸 위에 세 번이나 엎드려서, 몸과 몸을 맞춘 다음, 주님께 또 부르짖었다. 주 나의 하나님, 제발 이 아이의 호흡이 되돌아오게 하여 주십시오!

엘리야의 이런 행동을 어떻게 이해할 수 있을까요? 더 신기한 것은 엘리야의 제자였던 엘리사 역시 열왕기하 4장 32-37절에서 자신의 스승이 했던 행동과 비슷한 행동을 하는 것을 볼 수 있습니다. 장소와 인물은 다르지만, 아들이 죽었다는 상황이 똑같습니다.

32엘리사가 집 안에 들어가서 보니, 그 아이는 죽어 있었고, 그 죽은 아이는 엘리사가 눕던 침대 위에 뉘어 있었다. 33엘리사는 방 안으로 들어가서 문을 닫았다. 방 안에는 엘리사와 그 죽은 아이 둘뿐이었다. 엘리사는 주님께 기도를 드린 다음에(왕하 4:32-33).

아이가 죽어서 침대에 뉘어 있는 상황이 똑같습니다. 엘리야나 그 제자 엘리사나 주님께 기도를 드린 것 역시 같습니다. 그런데 열왕기상 17장 21절에 의하면 스승 엘리야는 '아이의 몸 위에 세 번이나 엎드려서 몸과 몸을 맞추었다'라고 합니다. 엘리야의 체온으로 아이를 따뜻하게 해 주는 것으로 볼 수 있습니다. 그러나 이미 17절을 보면 '숨을 거두고 말았다'라고 하니까 응급처치로 볼 수는 없습니다. 그런 데 '엎드려서'라는 말은 단순한 피부 간의 어떤 접촉을 뜻하는 것이 아 닙니다. 원어 성경을 보면 '측량하다(마다드)'라는 뜻의 단어가 사용되 었습니다. 자신의 몸을 아이에게 맞게 줄이는 것으로 볼 수 있습니다. 그렇다면 제자 엘리사는 어떻습니까? 열왕기하 4장 34-35절입니다.

> **34**침대 위로 올라가서, 그 아이 위에 몸을 포개어 엎드렸다. 자기 입을 그 아이의 입 위에 두고, 자기 눈을 그 아이의 눈 위에 두고, 자기의 손 을 그 아이의 손 위에 놓고, 그 아이 위에 엎드리니, 아, 아이의 몸이 따 뜻해지기 시작하는 것이 아닌가! **35**엘리사가 잠시 내려앉았다가, 집 안 이곳 저곳을 한 번 거닌 뒤에 다시 올라가서, 그 아이의 몸 위에 몸을 포개어 엎드리니, 마침내 그 아이가 일곱 번이나 재채기를 한 다음에 눈을 떴다(왕하 4:34-35).

엘리사의 이런 이상한 행동은 격렬하고도 간절한 기도의 몸부림으 로 해석되기도 합니다. 옳은 해석이라고 생각합니다. 기도하는 사람이 죽은 아이를 붙들어 끌어안고 방안을 다니면서 두 손을 모으고 기도하 는 일은 얼마든지 있을 수 있는 일입니다. 그런데 저는 기도로 해석하는 것도 옳지만 한 가지 더 상상력을 동원해서 이 상황을 보고 싶습니다. 34절을 보면 '그 아이 위에 몸을 포개어 엎드렸다.'라고 되어 있는데 『옥스퍼드 주석』을 보니까 '포개어'라는 말은 직역하면 '구푸려'라는 뜻이라고 합니다. 그러므로 엘리야나 엘리사나 자신들의 몸을 아이에게 맞게 축소시키고 있는 것입니다. 생각해 보십시오. 아이의 몸에 어른의 몸을 맞출 수 있을까요? 그들은 지금 그런 행동을 하고 있습니다. 이게 도대체 어떤 의미가 있는 것일까요? 누군가의 마음을 얻으려면 그 사람의 수준이 되지 않고는 불가능합니다.

예수님께서 사람을 구원하시기 위해 참 사람이 되셨던 것처럼 아이를 살리려면 그 아이의 수준이 되어야 한다는 의미가 아닐까요? 어른들은 아이들에게 자신의 수준에 맞추도록 강요합니다. 힘 있는 사람 역시 약한 자들에게 자기의 뜻을 강요합니다. 그런데 작고 힘없는 사람이 크고 강한 사람에게 맞출 수 없는 법입니다. 그저 눈치나 보고 사는 것이겠지요. 좀 더 확대해석한다면 누군가에게 맞춰 주는 마음과 태도가 하나님께서 가장 기뻐하시는 순간이 아닐까요? 엘리야와 엘리사는 자신을 아이에게 맞춥니다. 한 번으로 그친 것도 아니고 반복했습니다. 생명을 살리는 소중한 일에는 조건이나 환경이 중요하지 않으며 반복되어야 한다는 말이 아닐까요? 저는 엘리야를 통해 일하시는 무한한 능력의 하나님을 발견합니다.

그 여인이 엘리야에게 말하였다. 이제야 저는, 어른이 바로 하나님의 사람이시라는 것과, 어른이 하시는 말씀은 참으로 주님의 말씀이라는 것을 알았습니다(왕상 17-24).

엘리야의 행동으로 누가 드러났습니까? 엘리야가 아니라 말씀하시는 하나님이 드러납니다. 어떤 일의 결과가 사람이 아니라 하나님께로 향한다면 그것이야말로 바른 일이라 할 수 있습니다. 엘리야를 통해 사르밧의 여인은 하나님을 발견합니다. 제2본문 갈라디아서 1장 11-24절 역시 같은 상황이 전개되는 것을 볼 수 있습니다. 바울은 갈라디아 교회에 편지를 보내면서 결코 자신을 드러내지 않으려 합니다. 바울은 '나 이런 사람이었다.'라면서 자신의 부끄러웠던 과거를 고백합니다.

13내가 전에 유대교에 있을 적에 한 행위가 어떠하였는가를, 여러분이 이미 들은 줄 압니다. 나는 하나님의 교회를 몹시 박해하였고, 또 아주 없애버리려고 하였습니다. 14나는 내 동족 가운데서, 나와 나이가 같은 또래의 많은 사람보다 유대교 신앙에 앞서 있었으며, 내 조상들의 전통을 지키는 일에도 훨씬 더 열성이었습니다.

예수님을 만나기 전에 그는 유대교라는 종교적 우월감(13절), 혈통과 출신에 대한 자부심(14절), 전통을 잘 준수했다는 업적주의에 빠져 있었습니다(14b). 우월감과 자부심 그리고 업적은 우리가 이 세상을 살면서 이루고 싶은 것들이 아닌가요? 바울은 예수님을 만나고 났더니 자랑거리들이 도리어 부끄러운 것들이라고 말합니다. 삶의 기준이 변했기 때문입니다.

> 16그때에 나는 사람들과 의논하지 않았고, 17또 나보다 먼저 사도가 된 사람들을 만나려고 예루살렘으로 올라가지도 않았습니다. 나는 곧바로 아라비아로 갔다가, 다마스쿠스로 되돌아갔습니다. 18삼 년 뒤에 나는 게바를 만나려고 예루살렘으로 올라갔습니다. 나는 그와 함께 보름 동안을 지냈습니다. 19그러나 나는 주님의 동생 야고보 밖에는, 사도들 가운데 아무도 만나지 않았습니다.

어떻게 변했나요? 16절을 보면 사람들과 의논하지 않았습니다. 17절에는 사도들이 있는 예루살렘에도 가지 않았습니다. 인간의 우월성과 종교적 권위가 더 필요 없었습니다. 예수님보다 더 큰 권위가 없기 때문입니다. 19절에는 예수님의 동생인 야고보 이외에 그 어느 사도도 만나지 않았다고 고백합니다. 전도하러 다니려면 예수님의 제자들에게 특히나 예루살렘 교회의 사도들이었던 베드로 같은 사람들을 만나서 교제하고 인정을 받는 것이 중요하지 않겠습니까? 그런데 바울은

사람이 교회다

이런 것 역시 하지 않았다고 합니다. 몰라서가 아니라 그런 것이 자랑거리나 업적이 될 수 있는 것들이었기 때문입니다. 바울이 이렇게 인간적인 힘이 아니라 오직 주님만 보고 살게 되니까 사람들의 평가가 달라집니다.

<blockquote>
23그들은 다만 전에 우리를 박해하던 그 사람이, 지금은 그가 전에 없애버리려고 하던 그 믿음을 전한다 하는 소문을 들을 따름이었습니다. 24그래서 그들은 나를 두고 하나님께 줄곧 영광을 돌렸습니다.
</blockquote>

만약 바울이 자신의 지식과 인맥과 업적으로 사역을 했으면 바울에 대한 소문이 무성했을 것입니다. 그러나 바울은 그런 인간적인 역량들 소위 스펙들을 모두 포기했습니다. 그러자 엘리야를 통해 하나님이 드러났던 것처럼 사람들은 바울의 삶 속에서 하나님을 발견하기 시작했습니다. 어떻게 이런 일이 가능했을까요? 엘리야가 그랬던 것처럼 바울 역시 자신을 드러내려 하지 않았기 때문입니다. 그렇다면 그들이 드러내고자 했던 주님은 어떤 분입니까? 오늘 세 번째 본문인 누가복음 7장 11-17절은 주님이 어떤 분인가를 설명해 줍니다.

<blockquote>
11그 뒤에 곧 예수께서 나인이란 성읍으로 가시게 되었는데, 제자들과 큰 무리가 그와 동행하였다. 12예수께서 성문에 가까이 이르셨을 때에,
</blockquote>

사람들이 한 죽은 사람을 메고 나오고 있었다. 그 죽은 사람은 그의 어머니의 외아들이고, 그 여자는 과부였다. 그런데 그 성의 많은 사람이 그 여자와 함께 따라오고 있었다.

주님은 어느 청년의 장례를 치르는 무리를 만나게 됩니다. 죽음이야 어느 집에나 있을 수 있는 일이지만, 부모를 앞선 자녀의 장례는 큰 슬픔일 수밖에 없습니다. 그저 유족들 옆에서 조용히 눈물을 흘려 주는 것 말고는 아무 말도 위로가 되지 않습니다. 그런데 예수님은 이렇게 말씀하십니다.

주님께서 그 여자를 보시고, 가엾게 여기셔서 말씀하셨다. 울지 말아라(13절).

우리가 읽은 누가복음의 핵심이 바로 13절입니다. 그중에도 '울지 말아라.' 이 말씀이 핵심 중의 핵심입니다. '울지 말아라.' 이 한 마디에 모든 것이 담겨 있습니다. 이 말이 허튼소리가 아니라면 울지 않을 상황을 만들어 주어야만 합니다. 가끔 장례식장에 가면 '천국 갔으니까 슬퍼하지 마라!' 이렇게 이야기하시는 분들이 있는데요. 저는 참 어색합니다. 때에 맞게 감정표출을 잘 하는 것이 오히려 더 건강한 신앙이라고 생각하기 때문입니다. 원수지간이 아닌 다음에야 슬픔 없는 죽음이 존재할까요? 그런 점에서 '울지 말라'는 예수님의 말씀은 무언가 상황에 맞지 않는 말씀 같습니다.

> ¹⁴그리고 앞으로 나아가서, 관에 손을 대시니, 메고 가는 사람들이 멈추어 섰다. 예수께서 말씀하셨다. 젊은이야, 내가 네게 말한다. 일어나라. ¹⁵그러자 죽은 사람이 일어나 앉아서, 말을 하기 시작하였다. 예수께서 그를 그 어머니에게 돌려주셨다.

주님은 울지 말라고 하시고는 시신이 있는 관에 손을 대셨습니다. 그러자 관을 메고 가는 사람들이 멈춥니다. 관에다 손을 대는 것은 일종의 파격입니다. 부정한 것과의 접촉을 금지하는 율법을 어기는 것입니다. 민수기 19장 11절에 의하면 "어느 누구의 주검이든, 사람의 주검에 몸이 닿은 사람은 이레 동안 부정하다."라고 했습니다. 구약에는 이런 자들이 정결 의식을 치르지 않으면 하나님 앞에 용서받지 못할 죄라고까지 했습니다. 그래서 누가복음 10장의 강도 만난 사람의 비유에서 제사장이나 레위인은 율법을 어기지 않으려고 강도 만난 사람을 피해 가는 것입니다. 그러나 내가 거룩해지려고 남을 외면하고 정죄하는 것은 결국 범죄일 뿐입니다. 그들은 하나님 말씀을 잘 지키려고 이웃을 외면한 것이니 궁극적으로 율법을 어긴 것입니다. 그러나 주님은 시신이 있는 관에 손을 댐으로 스스로 부정해졌습니다. 저는 이 부분에서 주님이 우리의 약함을 수용하시는 모습을 봅니다. 주님의 이런 모습이 바로 사랑이 아닐까요? 죽어버린 아이에게 자신의 몸을 맞추었던 엘리야나 이방인들에게 주님을 전하기 위해 세상적인 좋은 자격들을 모두 버리고 주님 앞에서 낮아지려 했던 바울이야말로 주님과 동행하는 삶을 살았던 자들이라 말할 수 있을 것입니다.

SNS 친구 중에 택시 운전을 하시는 C 목사님이 계십니다. 이분은 운전하면서 만나는 다양한 사람들 속에서 하나님은 어떤 분이신가를 묵상할 수 있는 글들을 올리시는데요. 글을 읽다 보면 세상이 이렇게 험하고 이기적인 사람들이 많다는 생각을 하게 됩니다. 그러나 그 속에서도 주님은 어떤 분이신가를 묵상하는 내용의 글을 올리셨습니다.

택시를 하면서 터득한 깨달음이 하나 있다. 승객의 분명한 목적지가 내 목적지여야 하고, 또 승객을 목적지까지 안전하게 데려다 주어야 한다. 동행이 이런 거구나 하고 배운다.

그렇습니다. 내 마음과 상관없이 택시 운전을 하시는 목사님은 매번 만나는 손님이 바로 주께서 보내는 사람이 아니겠습니까? 손님 중에는 운전하시는 목사님의 뒤통수를 때리거나 반말을 하고 돈을 집어 던지고 가거나 요금을 내지 않고 도망치는 자들도 있었다고 합니다. 그런데도 이분은 목사였을 때보다 더 주님의 은혜를 많이 묵상하게 된다고 합니다. 구원의 은혜를 체험한 사람만이 주님이 누구인지를 알고 그분을 위해 살아갈 수 있는 것입니다. 엘리야 앞에 놓인 아이처럼 아무리 노력해도 반응도 변화도 없는 사람을 만나고 계시는가요? 혹시 바울이 부끄럽다고 말했던 우월감과 자부심과 업적의 자랑거리가 필요하신가요? 우리에게 필요한 것은 주님밖에 없습니다. 누가는 죽었다 살아난 사람의 기적을 말하고자 함이 아니라 우리를 위로하시고 사랑하시는 주님이 어떤 분인가를 말하고 있습니다. 그분은 죽음과 슬픔을 생명과 기쁨으로 변화시키는 분입니다. 그분만이 우리에게 참된 위로와 평안을 주시는 분입니다. 그런 주님을 경험하고 고백하며 살아가는 삶이 되기를 바랍니다.

평화가 있기를 빕니다

열왕기하 5 장 1 –14 절
갈라디아서 6 장 12 –16 절
누가복음 10 장 1 –11 절

제1본문은 나아만의 순종에 대해 초점을 두고 설교할 때가 많습니다. 그러나 성경은 인간이 아무리 노력하고 능력을 키운다 해서 그가 의롭게 되거나 구원에 이를 거라 가르치지 않습니다. 인간적인 자랑거리와 세상의 높음과 힘은 허망한 것이기 때문입니다. 우리가 하나님의 말씀을 대할 때는 항상 "내가 무엇을 할까?"에 관해서 묻는 것이 아니라 "하나님은 어떤 분인가?"에 대한 물음을 가져야 합니다. 말씀도 이런 관점에서 살펴보아야 합니다. 성경은 나아만의 순종에 대해 이야기하는 것이 아니라 이방인이었던 나아만이 경험한 하나님이 어떤 분인가에 대해서 알려 주고 있습니다. 말씀을 보면 나아만은 종교적인 순종과 거리가 먼 사람입니다. 오히려 철저히 자기 주관대로 살았던 사람입니다. 열왕기하 5장 1절입니다.

> 시리아 왕의 군사령관 나아만 장군은, 왕이 아끼는 큰 인물이고, 존경 받는 사람이었다. 주님께서 그를 시켜 시리아에 구원을 베풀어 주신 일이 있었다. 나아만은 강한 용사였는데, 그만 나병에 걸리고 말았다.

나아만의 이름은 '기쁘다', '즐겁다'라는 뜻의 '나엠'이라는 말에서 유래가 되었다고 합니다. 이름처럼 남들이 보면 그는 기쁘고 즐거운 삶을 사는 사람이었습니다. 우선 그는 시리아 왕의 군사령관입니다. 다른 번역에서는 군대 장관이라고 하는데 나라의 군대를 통솔하는 위치입니다. 게다가 왕의 아낌과 사람들의 존경을 받았습니다. 1절에 '존경'이라는 단어는 '얼굴이 들어 올려진 사람'이라는 뜻입니다. 그는 시리아에서 가장 명예롭고(KJV, honourable) 높게 평가되는(NIV, highly regarded) 사람입니다. 더불어 1절의 중간에는 "주님께서 그를 시켜 시리아에 구원을 베풀어 주신 일이 있었다."라고 합니다. 이것은 종교적인 구원이 아니라 나아만은 전쟁에서 승리를 거둔 전쟁 영웅이라는 의미입니다. 그러나 1절의 마지막은 '나병'에 걸리고 말았다고 합니다. 모든 것을 갖춘 것처럼 보였지만 생존의 위기에 빠진 나약한 인간일 뿐이었습니다. 어떤 분들은 나아만의 병을 나병이 아니라 악성 피부병으로 보기도 하지만 중요한 것은 무엇이 되었든 간에 인간의 능력으로 해결할 수 없는 문제를 가진 사람이라는 것입니다. 말씀은 이 병을 해결해 가는 과정을 그리고 있는데 서두에도 말씀드린 것처럼 나아만의 행동들 속에서는 신앙적인 순종의 모습들 찾아볼 수 없습니다. 오히려 고집과 자기 중심성이 높은 사람이었습니다.

> 2시리아가 군대를 일으켜서 이스라엘 땅에 쳐들어갔을 때에, 그곳에서 어린 소녀 하나를 잡아 온 적이 있었다. 그 소녀는 나아만의 아내의 시중을 들고 있었다. 3그 소녀가 여주인에게 말하였다. "주인 어른께서 사마리아에 있는 한 예언자를 만나 보시면 좋겠습니다. 그분이라면 어른의 나병을 고치실 수가 있을 것입니다."

포로로 잡혀온 이스라엘의 어린 소녀가 나아만의 부인에게 엘리사에 대해 이야기합니다. 아마 그 부인은 남편인 나아만에게 이야기했겠지요? 우리는 보통 어리고 작은 자들의 이야기에 귀 기울이지 않습니다. 더구나 전쟁포로에 여자아이고 몸종이라면 더 그렇겠지요? 그런데 여기서 좀 이상한 장면이 등장합니다. 여종의 이야기를 나아만은 왕에게 보고합니다.

이 말을 들은 나아만은 시리아 왕에게 나아가서, 이스라엘 땅에서 온 한 소녀가 한 말을 보고하였다(4절).

소녀의 말을 듣고 왕에게 찾아간 나아만의 행동을 순종의 모습으로 이해하면 안 됩니다. 상식적으로 생각해 보십시오. 소녀의 이야기는 공식적이거나 정확한 정보가 아닙니다. 치료가 될지 안될지도 모르고 적국에 군대 최고 장군이 갔다가 포로가 되면 낭패입니다. 아마 부대에서 이런 보고를 하는 군인은 크게 혼날지도 모릅니다. 군대는 항상 근거가 명확해야 하거든요. 어린 소녀가 아니라 유명한 의사나 도인(道人)의 이야기라면 몰라도 확인되지 않은 정보를 왕에게 보고하다니요? 그런데 왕은 나아만의 이야기를 듣고 외교 서신까지 써서 적국에 다녀오라고 허락을 합니다. 1절 말씀처럼 왕이 나아만을 소중하게 여겼기 때문입니다.

5시리아 왕은 기꺼이 허락하였다. 내가 이스라엘 왕에게 편지를 써 보내겠으니, 가 보도록 하시오. 나아만은 은 열 달란트와 금 육천 개와 옷 열 벌을 가지고 가서, 6왕의 편지를 이스라엘 왕에게 전하였다. 그 편지에는 이렇게 씌어 있었다. 내가 이 편지와 함께 나의 신하 나아만을 귀하에게 보냅니다. 부디 그의 나병을 고쳐 주시기 바랍니다.

왕의 허락이 떨어지자 그는 정성스럽게 선물도 준비합니다. 이것은 나아만에게 왕이 설득당한 것 아닙니까? 왕을 움직일 수 있을 정도로 중요하고 영향력이 있는 사람입니다. 드디어 나아만은 시리아 왕의 외교 문서를 들고 이스라엘에 찾아옵니다. 이것 때문에 이스라엘은 큰 혼란에 빠집니다.

> 이스라엘 왕은 그 편지를 읽고 낙담하여, 자기의 옷을 찢으며, 주위를 둘러보고 말하였다. 내가 사람을 죽이고 살리는 신이라도 된다는 말인가? 이렇게 사람을 보내어 나병을 고쳐 달라고 하니 될 말인가? 이것은 분명, 공연히 트집을 잡아 싸울 기회를 찾으려는 것이니, 자세히들 알아보도록 하시오(7절).

이스라엘 왕의 반응이 지극히 정상적인 반응 아닙니까? 나아만의 나라에서도 고치지 못하는 병을 이스라엘에서 고치라고 하는 것이 말이 되냐? 이것은 싸우자는 것이 아니냐? 하는 반응입니다. 그때 엘리사가 사람을 보내 왕에게 고민하지 말고 나아만을 자기에게 보내라고 합니다.

> 9나아만은 군마와 병거를 거느리고 와서, 엘리사의 집 문 앞에 멈추어 섰다. 10엘리사는 사환을 시켜서 나아만에게, 요단 강으로 가서 몸을

일곱 번 씻으면, 장군의 몸이 다시 깨끗하게 될 것이라고 말하였다.

엘리사의 집에 이른 나아만에게 엘리사는 요단강에서 일곱 번 씻으면 깨끗하게 된다고 말합니다. 요단강이나 일곱 번이라는 숫자는 그리 중요한 상징이 아닙니다. 물론 어떤 분들은 일곱이 완전수를 상징한다고 하지만 그건 본문의 주제에서 좀 벗어나는 이야기입니다. 도리어 엘리사의 이야기를 전해 들은 나아만은 화를 냅니다. 그가 얼마나 자기 중심성이 높은 사람인지 11-12절을 보면 알 수 있습니다.

11나아만은 이 말을 듣고 화가 나서 발길을 돌렸다. 적어도, 엘리사가 직접 나와서 정중히 나를 맞이하고, 주 그의 하나님의 이름을 부르며 상처 위에 직접 안수하여, 나병을 고쳐 주어야 도리가 아닌가? 12다마스쿠스에 있는 아마나 강이나 바르발 강이, 이스라엘에 있는 강물보다 좋지 않다는 말이냐? 강에서 씻으려면, 거기에서 씻으면 될 것 아닌가? 우리 나라의 강물에서는 씻기지 않기라도 한다는 말이냐? 하고 불평하였다. 그렇게 불평을 하고 나서, 나아만은 발길을 돌이켜, 분을 참지 못하며 떠나갔다.

나아만이 분노한 이유를 아시겠어요? 일단 자신을 무시했다는 것입니다. 그는 시리아 왕에게 말도 안 되는 여종의 이야기로 설득할 수 있고 이스라엘의 왕도 두려워하게 하는 사람인데 자기 앞에 나타나지도 않고 가라 말라 하느냐는 것입니다. 그리고 자기 병은 그렇게 간단하게 고쳐질 병이 아닌 것을 잘 아는 데 가서 씻기만 하라는 말이 마음에 들지 않았던 것입니다. 이게 문제입니다. 마음에 들지 않는다! 지금까지 자기 계획대로 왔는데 엘리사는 자기 마음대로, 기대와 경험대로 움직이지 않는 것입니다. 내 마음대로 되지 않으면 사람들은 비교하고 불평하고 분노합니다. 나아만이 꼭 그런 상태입니다. 13절에 나아만의 부하들이 만류하지 않았다면 엘리사를 죽였을지도 모릅니다. 화려한 경력, 높은 지위, 남들이 다 부러워하는 권력, 자기 마음대로 할 힘을 가지고 있었지만, 그 마음에는 평화가 없었습니다. 분노와 비교로 그 마음의 본성이 드러난 것입니다.

에크하르트 톨레의 시 『삶이 너에게 해답을 가져다 줄 것이다』를 보면 마지막 행에 이런 내용이 등장합니다.

불행해지는 방법에는 두 가지가 있다. 원하는 것을 갖지 못하는 것과 원하는 것을 모두 갖는 것이다.

이 시의 표현대로 나아만은 불행한 사람입니다. 시리아 왕, 북이스라엘 왕, 전쟁터 그리고 언제 어디서든 자신의 계획, 경험, 의지를 실현하던 자였습니다. 다 가진 것처럼 보입니다. 그러나 불행합니다. 자신의 생명을 위협하는 질병 앞에 그가 소유한 모든 것이 아무것도 아니기 때문입니다. 또 하나님의 사람 엘리사 앞에서 자신이 얼마나 볼품없는 존재인지를 깨닫게 됩니다. 자기 목숨을 위해 아무것도 할 수 없는 자였습니다. 기적은 높은 계급, 특별한 선물, 왕의 권세, 강력한 무기가 아니라 언제 어디서나 그가 평범하다 여기며 무시하던 사람과 일상의 모든 곳에 이미 계셨던 하나님의 은총뿐이었습니다. 엘리사가 자기 마음대로 움직이지 않으니 분노를 표출했는데 그 마음에 평안이 없다는 증거입니다.

나아만은 이런 세속적 힘과 성공의 상징입니다. 그는 자기 힘으로 무엇이든 하던 사람입니다. 질병도 그렇게 다스릴 수 있을 거라 여겼던 것이지요. 엘리사 같은 시골의 종교인 따위가 눈에 들 이유가 없었습니다. 그런데 그런 그가 다른 힘을 경험하게 됩니다. 나아만은 자기의 경험, 계획, 의지를 초월하는 일을 경험합니다. 이렇게 인간이 자신의 한계를 벗어난 경험을 하게 될 때, 전혀 다른 차원에서 공급되는 힘이 있다는 사실을 깨닫게 됩니다. 나아만은 그 힘의 근원이 바로 하나님이라는 사실을 경험합니다. 나아만은 이방인이라 하나님의 사람 엘리사를 무시할 수 있습니다. 그러나 교회 공동체 안에도 이런 자들이 있다는 사실을 바울은 이야기합니다. 종교의 탈을 쓴 이들은 좋은 신앙인처럼 보이지만 가짜입니다. 제2본문 갈라디아서 6장 12-13절 말씀을 보겠습니다.

¹²육체의 겉모양을 꾸미기를 좋아하는 사람은, 여러분에게 할례를 받으라고 강요합니다. 그것은 그들이 그리스도의 십자가 때문에 받는 박해를 면하고자 하는 것입니다. ¹³할례를 받는 사람들 스스로도 율법을 지키지 않으면서 여러분에게 할례를 받게 하려는 것은, 여러분의 육체를 이용하여 자랑하려는 것입니다.

이게 참 무서운 말입니다. 12절을 보면 교회 공동체에 들어온 이방인들에게 유대의 할례를 받아야 한다고 강요하는 이들이 있었습니다. 그 이유가 황당한데요. 12절 후반을 보면 '그리스도의 십자가 때문에 받는 박해를 면하고자'라고 합니다. 초기 기독교는 유대교와 갈등이 있었습니다. 율법과 전통을 중요하게 여기는 유대교 신봉자들은 이제 막 싹을 틔워가는 기독교를 탄압했습니다. 이런 갈등이 불편했던 이들 중에 어떤 이들은 예수님을 믿게 되었지만, 할례를 받으면 유대인과 갈등을 피할 수 있지 않겠냐고 생각한 것입니다. 괜한 분란을 만들지 말고 적당히 타협하자는 것입니다.

우리의 교회 역사에도 이와 비슷한 생각으로 살던 이들이 있었습니다. 일본 식민지 시대에 일본은 조선의 기독교인들을 탄압했습니다. 그러면서 자신들의 신사참배를 강요했습니다. 신사참배에 반대한 목사님과 성도들은 감옥에 가거나 죽음을 각오해야 했습니다. 반대하던 분들이 다 사라지고 나서 남아 있던 목회자들이 어떤 일을 했을까요?

그들은 일본이 시키는 대로 살았습니다. 당시 기록을 보면 목회자들의 모임에서 예배를 하기 전에 반드시 1부로 일본의 신사참배나 종교의식을 하고 2부로 기독교식의 예배를 하도록 했습니다. 이게 마음에 걸렸던지 적당선을 타던 목회자들은 아예 기독교인이 신사참배를 해야 하는 합당한 이유를 찾기 시작했습니다. 그들이 찾은 답은 '신사참배는 우상 숭배가 아니라 국가의식'이라는 주장이었습니다. 단순히 주장으로 그친 것이 아니라 아예 적극적으로 목회자들이 신사참배에 앞장서기도 했습니다.

2004년 8월 CBS-TV에서 방영된 "한국 교회 친일을 말한다"라는 프로그램에서는 1943년 일본 나라(奈良) 신궁 참배 후 기념사진을 남긴 한국 목회자의 모습을 보여 주었습니다. 이름만 대면 알만한 분들이고 상당수가 한국 교회의 존경받는 지도자가 되었습니다. 한국 교회의 어두운 역사라 해도 과언이 아닙니다. 오히려 신사참배를 거부하다 감옥에 다녀온 이들은 교회로부터 반국가 범죄자나 교회에 분란을 일으키는 분열주의자로 이단시되었습니다. 바울 당시 교회 안에서 할례를 주장한 이들이 꼭 같은 자들입니다. 믿는 거 좋다. 그런데 너무 요란하게 믿지 말라는 것입니다. 좋은 것이 좋은 거 아니냐는 것입니다.

12육체의 겉모양을 꾸미기를 좋아하는 사람은, 여러분에게 할례를 받으라고 강요합니다. 그것은 그들이 그리스도의 십자가 때문에 받는 박

사람이 교회다

해를 면하고자 하는 것입니다. 13할례를 받는 사람들 스스로도 율법을 지키지 않으면서 여러분에게 할례를 받게 하려는 것은, 여러분의 육체를 이용하여 자랑하려는 것입니다.

할례를 강요하는 두 번째 이유가 13절에 나오는데 이게 더 사악합니다. 13절 끝부분을 보면 "여러분의 육체를 이용하여 자랑하려는 것입니다."라고 합니다. 이것은 한 마디로 교회 안에서 "내가 그 사람 할례받게 했다."라며 자랑거리나 자신의 영향력을 과시하려 한다는 것입니다. 우리나라 기독교는 오랜 시간 동안 교회 건물의 크기나 모이는 사람들의 숫자에 자부심을 가져왔습니다.

군대의 선교도 세례 숫자를 아주 중요하게 여깁니다. 숫자를 중요하게 여기면 반드시 부작용이 따릅니다. 제가 청년 시절 목사님들의 설교에서 많이 듣던 말이 "세상에 영향력을 행사하는 그리스도인이 되어야 한다"는 말이었습니다. 들을 때는 무언가 감동이 있고 뜨거워지는 것 같았는데 목사가 되고 생각이 좀 바뀌었습니다. 교회 다니는 사람들이 선한 영향력은 고사하고 있는 자리에서나 이기적인 범죄에 빠지지 말고 성실하게 살았으면 좋겠다라고 생각합니다. 제가 너무 비관적이고 소극적인가요? 그렇다면 바울의 말을 들어봅시다.

15할례를 받거나 안 받는 것이 중요한 것이 아니라, 새롭게 창조되는 것이 중요합니다. 16이 표준을 따라 사는 사람들에게와 하나님의 백성 이스라엘에게 평화와 자비가 있기를 빕니다.

신앙과 신앙의 인맥을 자랑거리로 삼는 이들에게 바울은 경고하고 있습니다. 15절에서는 할례를 받고 안 받고는 본질이 아니라고 합니다. 중심과 기준의 문제라고 말합니다. 가치관이 변하지 않았는데 외형이 무슨 자랑거리가 되겠냐는 것입니다. 제1본문의 나아만은 단순히 병이 고쳐진 것이 아니라 그의 가치관이 변하는 사건이었습니다. 그 뒤에 그는 자기만 생각하던 삶에서 하나님도 생각하는 자가 됩니다. 바울도 똑같이 말합니다. 자랑할 것은 십자가밖에 없다고 말이죠.

제3본문 누가복음 10장 1-11절에서 예수님도 제자들에게 이런 가치관을 심어 주셨습니다. 돈주머니나 의복, 인사 등을 중요하게 여기지 말라는 것입니다. 하나님의 일은 인간의 힘과 능력으로 되는 것이 아니기 때문입니다. 아무것도 없는 그들에게 주님은 만나는 자마다 평안을 빌어 주라고 하셨습니다. 주는 대로 먹고살라고 했습니다. 세상과는 다른 힘, 즉 하나님의 은혜로 살아가는 이들이 세상에서 어떻게 살아야 할지를 알려 주신 것입니다. 세상과 다른 힘으로 살아가는 자들이 빌어 주는 평안과 위로가 진정한 평안과 위로가 되지 않겠습니까? 나보다 물질과 권력이 더 많은 사람이 나를 위로해 주면 약간은 도움이 될지 모르지만 그건 그때뿐이고 유한한 것입니다.

나아만처럼 갖은 노력과 정성을 기울여도 해결되지 않는 고민이 여러분 가운데 있을 것입니다. 그것만 해결되면 좋겠다고 여기는 문제가 우리에게는 항상 있습니다. 바울이 지적했던 것처럼 적당히 타협하고 양다리 걸치는 것이 어쩌면 험한 세상을 살아가는 지혜로운 모습일지도 모릅니다. 길을 떠나는 제자들처럼 우리 삶에는 필요한 것들이 너무 많기만 합니다. 그런데도 우리에게 참된 평안과 유일한 위로는 오직 주님밖에 없다는 사실을 고백할 수 있기를 바랍니다. 그러한 자들을 통해 하나님은 진정한 위로와 평안을 베풀어 주실 것입니다. 세상의 먼 곳이 아니라 바로 가까운 이들에게 그리스도의 평안을 전하는 우리가 되기를 바랍니다.

주님의 일은 하나뿐이다

아모스 8 장 1 –12 절
골로새서 1 장 16 –20 절
누가복음 10 장 38 –42 절

아모스 선지자는 남유다 출신으로 북이스라엘에서 비교적 짧은 기
간 활동을 했던 사람입니다. 하나님의 말씀을 전했지만 도리어 벧엘의
제사장 아마샤는 아모스를 선동꾼으로 모함하며 당신의 고향으로 돌
아가 예언으로 밥벌이나 하란 핀잔을 듣습니다. 이런 방해에도 아모스
는 하나님의 심판에 관해 이야기합니다. 그중에 아모스 7-9장까지는
모두 다섯 번의 심판에 대한 환상이 등장합니다. 7장 1-3절 메뚜기 환
상, 7장 4-6절 불 환상 그리고 7장 7-9절의 다림줄 환상입니다. 네 번
째는 8장 1-3절의 과일 바구니 환상이고 9장 1-6절의 성전 파괴 환상

입니다. 제1본문 아모스 8장 1-2절을 보십시오.

> 1주 하나님이 나에게 다음과 같은 것을 보여 주셨다. 보니, 여름 과일 한 광주리가 있었다. 2주님께서 물으신다. 아모스야, 네가 무엇을 보느냐? 내가 대답하였다. 여름 과일 한 광주리입니다. 주님께서 나에게 말씀하신다. 나의 백성 이스라엘이 끝장났다. 내가 이스라엘을 다시는 용서하지 않겠다.

하나님께서 아모스에게 여름 과일이 들어 있는 한 광주리를 보여 주시면서 이스라엘이 끝장났다고 말씀하십니다. 과일이 담긴 광주리라면 풍성함의 상징이 아닌가요? 과일 광주리가 왜 심판의 상징이 될까요? 성경이 기록된 히브리말로 1절의 '여름 과일(카이츠)'을 뜻하는 단어와 2절의 '이스라엘이 끝장났다'라고 할 때 '끝(케츠)'이라는 단어는 발음이 비슷합니다. 예를 들어 우리말에 '사과'라는 단어가 먹는 과일과 더불어 잘못을 빈다는 의미로 사용되는 것과 마찬가지라 할 수 있습니다.

그렇다면 풍성한 과일을 보며 심판을 떠올려야 하는 이유가 무엇일까요? 아모스 선지자가 활동하던 북이스라엘은 여로보암 2세의 통치 시기로 전성기를 구가하던 때입니다. 국가의 재정은 풍부했고 정치나 경제, 외교 등 모든 분야가 안정적이었습니다. 더구나 정복 전쟁으로 영토를 넓혀가던 시기라 국민의 자긍심이 드높던 때입니다. 그야말로 여름 과일 광주리처럼 풍성해 보입니다. 그런데 그런 풍성함이 모두 거품이었습니다. 하나님과 상관없이 쌓아 올린 욕망과 죄악의 결과물이기 때문입니다. 하나님께서 인간에게 요구하시는 율법의 핵심이 무엇입니까? 부유함, 명예, 성공인가요? 아니죠. 율법의 가장 기본은 하나님 사랑과 이웃 사랑입니다(마 22:37-40). 그런데 아모스 8장 4절을 보면 북이스라엘은 그와 반대로 하고 있었습니다.

> 빈궁한 사람들을 짓밟고, 이 땅의 가난한 사람을 망하게 하는 자들아, 이 말을 들어라!

자기밖에 모르는 것입니다. 남이야 죽든 말든 나만 아니면 된다는 것입니다. 정호승 작가의 산문집 『내 인생에 용기가 되어 준 한마디』라는 책에 '삼등은 괜찮지만, 삼류는 안 된다'라는 글이 있습니다. '등(等)'이 외형적인 경쟁에 따라 매긴 등급, 순위라면, '류(流)'는 내면의 질적 가치를 나타내는 것입니다. 그래서 모든 사람이 다 일등은 될 수 없지만, 모든 사람이 일류는 될 수 있습니다. 우리 인생에도 등수(차별)가 존재하기 마련입니다. 타고난 재능에 따라 등수가 정해지는데 이것은 어떻게 손을 댈 수 없습니다. 한 번만 읽고도 100점을 맞는 사람과 아무리 애를 쓰고 몇 번을 읽어도 50점을 맞는 사람이 같은 등수가 될 수는 없습니다.

　그래서 어떤 사람은 높은 등수를 얻는가 하면 어떤 이들은 낮은 등수를 받게 됩니다. 그런데 작가는 아무리 등수가 높은 삶, 즉 지위가 높고 권력이 많다고 해도 자기만 아는 이기적인 삶을 사는 자는 삼류 인생일 수밖에 없다고 말합니다. 그가 말하는 일류 인생은 무엇일까요?

　　인생의 가치는 어디에든 있습니다. 크고 작거나, 많고 적거나, 초라하고 화려한 데에 있는 것은 아닙니다. 내가 살고 있는 이 시대, 이 사회, 이 가정에서 나를 필요로 하고 요청해 오는 데 있습니다(36쪽).

　누군가 나를 필요로 하는 곳에서 쓰임 받는 것이야말로 가장 가치 있는 것이라고 말합니다. 가정에서 교회에서 여러분이 만나는 이들이 나를 필요로 하고 있다면 여러분은 이미 일류의 인생을 사는 것입니다. 공동체에서 "넌 필요 없어."라는 말처럼 무서운 말이 있을까요? "엄마 밥 주세요." 하면 내가 밥하는 기계냐고 탄식할 것이 아니라 내가 자녀에게는 가치 있는 존재구나 하고 생각하면 됩니다. '자랑'과 '사랑'의 차이가 무엇인지 아시겠어요? 자랑은 자신에게 있는 것을 뽐내는 것밖에 없습니다. 그러나 사랑은 타인에게 필요한 것이 나에게 있어서 기쁜 것입니다. 그것을 줄(도울) 수 있기 때문입니다. 이런 점에서 아모스가 경고했던 북이스라엘은 외형적으로 일등 국가처럼 보였지만 하나님 앞에서는 삼류에 지나지 않았습니다. 그들이 얼마나 타락했는지 5-6절을 보십시오.

> 5기껏 한다는 말이, "초하루 축제가 언제 지나서, 우리가 곡식을 팔 수 있을까? 안식일이 언제 지나서, 우리가 밀을 낼 수 있을까? 되는 줄이고, 추는 늘이면서, 가짜 저울로 속이자. 6헐값에 가난한 사람들을 사고 신 한 켤레 값으로 빈궁한 사람들을 사자. 찌꺼기 밀까지도 팔아먹자" 하는구나.

5절의 초하루는 매월 첫날 하나님께 드리는 감사의 예배 자리입니다. 안식일 역시 일주일에 한 번 하나님을 경배하는 자리입니다. 이스라엘의 율법에 안식일에는 아무 일도 해서는 안 됩니다. 심지어 불을 피우거나 병자를 치료하는 것도 금지되어 있었습니다. 이윤을 추구하는 장사는 더욱 금지된 일입니다.

5절을 보면 '초하루 축제가 언제 지나서, 우리가 곡식을 팔 수 있을까? 안식일이 언제 지나서, 우리가 밀을 낼 수 있을까?'하고 안절부절 못합니다. "안식일에 장사를 못하게 하니 손해가 이만저만이 아니다"라며 불평합니다. 하나님 앞에서도 오직 자신의 손해만 생각하고 있습니다. 그리고 그 손해를 어떻게 메울까를 고민하면서 남을 속일 생각만 합니다.

6절에는 아예 인신매매와 곡물 찌꺼기도 팔아먹으려 합니다. 그래서 7절을 보면 하나님이 "그들이 한 일 그 어느 것도 내가 두고두고 잊지 않겠다." 하시면서 경고하시는 것은 어쩌면 자업자득입니다. 그들이 이렇게 타락한 근본적인 이유가 무엇일까요?

> ¹¹그날이 온다. 나 주 하나님이 하는 말이다. 내가 이 땅에 기근을 보내겠다. 사람들이 배고파 하겠지만, 그것은 밥이 없어서 겪는 배고픔이 아니다. 사람들이 목말라 하겠지만, 그것은 물이 없어서 겪는 목마름이 아니다. 주의 말씀을 듣지 못하여서, 사람들이 굶주리고 목말라 할 것이다. ¹²그때에는 사람들이 주의 말씀을 찾으려고 이 바다에서 저 바다로 헤매고, 북쪽에서 동쪽으로 떠돌아다녀도, 그 말씀을 찾지 못할 것이다.

그들의 신앙이 가짜였던 이유는 그 중심에 하나님이 없었기 때문입니다. 11-12절에서 말하는 말씀의 의미는 종이에 인쇄된 성경 말씀을 지칭하는 것이 아닙니다. 12절에 사람들은 주의 말씀을 찾으려고 여기저기 돌아다녀도 찾지 못할 것이라고 합니다. 왜 그럴까요? 철저히 이기적이고 자기밖에 모르는 이들은 그 영혼이 늘 방황하며 궁핍할 뿐입니다. 그런 신앙은 가짜이기 때문입니다. 배원준의 『위조지폐 감별

이야기』라는 책이 있습니다. 저자는 세계 56개국 위폐 감별을 소개하고 있는데 그가 말하는 위조지폐 감별의 기본 원칙은 딱 하나입니다. 바로 촉감을 유지하는 것입니다. 무슨 촉감이냐? 바로 진짜 지폐의 촉감을 평소에 유지하는 것입니다. 진짜를 알면 가짜는 만지는 순간 느낌이 다르다고 합니다. 가짜를 알기 위해 세상 모든 가짜를 다 연구할 필요가 없습니다. 그 많은 것을 어떻게 다 알겠습니까? 진짜 하나만 알면 됩니다.

신앙도 마찬가지라 생각합니다. 예수님을 믿는다는 말은 예수님의 삶을 본받고 따르겠다는 다짐이 아니겠습니까? 주님은 어떤 삶을 사셨습니까? 자기가 아니라 남을 위해 섬김의 삶을 사셨습니다. 우는 자들과 함께 하셨고 배고픈 자를 먹이셨고 절망에 빠진 이에게 소망을 주셨습니다. 그래서 예수님을 따르는 자들은 나 좋은 대로가 아니라 남 좋을 대로 사는 자들이 되어야 합니다. 그러나 아모스의 경고를 듣던 이들은 자기 욕망에 사로잡힌 자들이었습니다. 삶의 중심에 주님을 두고 사는 이들은 어떻게 살아야 할까요? 제2본문은 이렇게 말합니다.

만물이 그분 안에서 창조되었습니다. 하늘에 있는 것들과 땅에 있는 것들, 보이는 것들과 보이지 않는 것들, 왕권이나 주권이나 권력이나 권세나 할 것 없이, 모든 것이 그분으로 말미암아 창조되었고, 그분을 위하여 창조되었습니다(골 1:16).

주님 앞에서 세상의 높고 낮음과 성공과 실패는 아무것도 아닙니다. 주어진 삶의 자리가 무엇이든 어떤 환경이든 오직 주님을 위해 살아가면 되는 것입니다. 지금 자신의 처지를 남과 비교해서 낙심하거나 우쭐할 필요가 없습니다. 가끔 말로는 하나님을 사랑한다 하시는 분들이 그 알량한 우월감으로 인해 이웃에게 함부로 대하는 경우를 보게 됩니다.

예전에 목사님들 모임이 있어서 참석하게 되었는데 회의를 마치고 식당에 가서 부끄러운 경험을 했었습니다. 100명이나 되는 목사님이 한꺼번에 모여드니 식당에서 일하시는 분들이 분주해졌습니다. 그 바쁜 와중에 제가 앉아 있던 테이블 근처에 계신 어느 목사님께서 일하시던 아주머니에게 "어디 사느냐?", "자녀는 몇 명이냐?" 등 지극히 개인적인 질문을 하시는 것입니다. 그분만의 친해지려는 의도였을지도 모릅니다. 그러더니 "교회에 다니느냐?" 묻더군요. 일하시던 분이 우물쭈물하며 답을 못하자 "예수 믿어야지." 하시는 것입니다.

저는 손님과 종업원의 관계, 즉 "아니요."라는 말을 하기 어려운 갑을 관계에서 예수님을 이야기하는 것이 불편했습니다. 제가 전도를 하기 싫어한다고 오해하지 마십시오. 저는 군종 목사로 있을 때 병사 세례와 기독교 신자 비율이 60만 군부대 중에서 가장 높아서, 강의를 다니기도 했었습니다. 예수님을 전하고 세례 준 것으로 따지면 저도 명함 좀 내미는 사람입니다. 그렇게 갑을 관계, 이해타산의 관계에서 상대의 입장을 배려하지 않는 전도가 과연 하나님이 기뻐하시는 전도가 될 수 있겠습니까? 하나님의 형상대로 창조된 사람을 목적이 아니라 수단으로 삼거나 교회 다니지 않는 사람을 전도 대상자로 여기고 가르치려 드는 것은 종교적 교만입니다. 내가 주님을 위해 무엇을 해야 한다고 생각하는 것부터가 잘못된 출발입니다.

> 17그분은 만물보다 먼저 계시고, 만물은 그분 안에서 존속합니다. 18그분은 교회라는 몸의 머리이십니다. 그는 근원이시며, 죽은 사람들 가운데서 제일 먼저 살아나신 분이십니다. 이는 그분이 만물 가운데서 으뜸이 되시기 위함입니다.

주님은 창조주이시며 모든 것의 근원이고 만물의 으뜸이십니다. 인간이 아무리 뛰어난 지식을 가지고 있다 한들 주님의 지식에 못 미칩니다. 인간이 아무리 높다 한들 교회의 머리 되신 주님보다 높을 수 없습니다. 인간이 아무리 능력이 많다 한들 죽음의 한계 속에서 살아가는 존재일 뿐입니다. 그래서 진정으로 주님을 만난 자들은 겸손할 수밖에 없습니다. 주님을 떠나서는 아무것도 아니라는 것을 고백하는 것 말고는 할 수 있는 것이 없습니다. 주님이 으뜸은 결국 내 삶의 우선순위가 주님이 되어야 한다는 것입니다. 제3본문 누가복음 10장 38-42절에는 마르다와 마리아의 이야기가 등장합니다.

38그들이 길을 가다가, 예수께서 어떤 마을에 들어가셨다. 마르다라고 하는 여자가 예수를 자기 집으로 모셔 들였다. **39**이 여자에게 마리아라고 하는 동생이 있었는데, 마리아는 주님의 발 곁에 앉아서 말씀을 듣고 있었다.

마르다는 참 부지런하지요? 예수님 일행을 마르다가 초대해 자기 집으로 모셨습니다. 그런데 동생 마리아는 주님 발 곁에 앉아서 말씀을 듣고 있었습니다.

그러나 마르다는 여러 가지 접대하는 일로 분주하였다. 그래서 마르다가 예수께 와서 말하였다. "주님, 내 동생이 나 혼자 일하게 두는 것을 아무렇지 않게 생각하십니까? 가서 거들어 주라고 내 동생에게 말씀해 주십시오."

보통 40절은 말씀을 듣지 않고 일하느라 자기 열심에 분주했던 마르다의 하소연 정도로 해석이 되곤 합니다. 교회에 와서 예배는 소홀히 하면서 이런저런 활동만 열심히 하는 것은 잘못된 것이라고 설교하시는 분도 있었습니다. 그런데 저는 좀 다르게 보고 싶습니다. 40절은 이중적 의미가 있는 이야기입니다. 마르다는 자기의 힘든 것을 말하는 것이 아니라 예수님과 동생 마르다를 위해 이런 말을 하는 것입니다.

우선 예수님께는 쉼을 드리고 싶은 것입니다. 말을 많이 하고 온종일 피곤하게 다니셨을 주님께 은유적으로 쉬셔야 한다는 말을 동생이 저의 일을 돕게 해 달라고 말한 것일 수 있습니다. 그런데 예수님에게 쉼을 드리고 싶은 것보다 더 중요한 의도가 있다고 봅니다. 바로 동생 마리아를 보호하고 싶은 마음입니다. 그 당시 풍습은 가르치거나 배우고 토론하는 것은 남자의 일이지 여자의 일이 아닙니다.

마리아는 예수님의 발 곁에 앉아서 말씀을 듣고 있습니다. 이게 바로 남자들이 하는 일입니다. 마리아는 그 당시 풍습에 의하면 개념 없는 행동을 하는 것입니다. 그렇다면 41-42절의 예수님의 말씀 역시 마르다를 책망하는 것은 아닙니다. 만일 그것이 책망이라면 인정받지 못한 마르다는 무척이나 억울할 것이기 때문입니다. 일은 일대로 혼자 다 하고 있는데 잔소리까지 듣는다면 너무 억울한 상황이 아닙니까? 신앙이 그런 거라면 뭐 하러 피곤하게 매주 예배당에 가서 왜 일주일 동안 신앙인으로 바로 살지 못했냐는 잔소리를 들어야 합니까?

41그러나 주님께서는 마르다에게 대답하셨다. 마르다야, 마르다야, 너는 많은 일로 염려하며 들떠 있다. 42그러나 주님의 일은 많지 않거나 하나뿐이다. 마리아는 좋은 몫을 택하였다. 그러니 아무도 그것을 그에게서 빼앗지 못할 것이다.

마리아가 좋은 몫을 택했다는 말을 오해해서 마리아가 옳고 마르다는 틀렸다고 생각하면 안 됩니다. 마리아는 말씀 듣는 것에만 집중했다는 상대적인 의미일 뿐입니다. 저는 오히려 마르다야 말로 예수님께 쉼의 시간을 드리고, 남자의 일을 하는 마리아를 개념 없다고 생각할 사람들로부터 보호하고 싶은 따뜻한 마음의 사람이 아닐까 생각합니다. 자신을 위해서가 아니라 타인을 위한 배려가 있는 장면으로 보고 싶습니다. 그 마음을 아셨는지 예수님도 41절에 마르다를 두 번 친근하게 불러 주시며 괜찮다고 하십니다. 화가 나거나 기분 나쁘면 예수님처럼 이름을 두 번 부르지 않습니다. 뭐 두 번 부르긴 하겠죠. 야! 야! 하면서….

여러 가지로 염려하고 더 잘해 보려는 마르다에게 예수님은 "마리아는 걱정하지 말라."면서 오히려 격려해 주시려는 것은 아닐까요? "주님의 일은 많지 않거나 하나뿐이다."라는 말씀이 위로됩니다. 아모스의 경고를 들었던 이들은 자기 생각에 충실한 자들이었습니다. 겉으론 믿음이 좋은 자들 같았지만, 하나님 앞에서 늘 계산만 했습니다. 욕심에 만족은 있을 수 없습니다. 그러한 삶에는 갈급함뿐입니다. 그러나 골로새서 말씀은 우리 삶의 머리, 즉 주인은 예수 그리스도밖에 없다는 사실을 설명하고 있습니다. 또한, 많은 일로 마음이 분주한 사람이나 한 가지만 최선을 다해 감당하는 사람이나 주님 앞에 모두 소중한 인생입니다. 그것을 구분하고 비교하고 좋은 것과 나쁜 것을 나누

사람이 교회다

는 것이야말로 인간의 일입니다. 주님은 나에게 많은 것을 요구하시는 분이 아닙니다. "내가 너의 주인이니 염려하지 말라." 말씀하시는 분입니다. 주님이 나의 주인 됨. 그 사실 하나만 기억하고 살아가는 우리가 되기를 바랍니다.

믿음으로

이사야 1장 1, 10-20절
히브리서 11장 1-3, 8-16절
누가복음 12장 32-40절

신경하의 『매일 아침 1분』에 이런 이야기가 나옵니다. 힐렐이라는 유명한 유대교 랍비에게 어떤 사람이 찾아가서 물었다고 합니다. 당신이 그렇게 유명하고 능력 있는 율법 교사라면 나에게 율법 전체를 한번에 이해할 수 있게 설명해 보라고 합니다. 그러자 힐렐이 이렇게 말했다고 하더군요.

"당신이 하기 싫은 것을 남에게 시키지 마시오. 이게 율법 전체입니다."

참 지혜로운 답변이라 생각됩니다. 세상의 것은 내가 좋으면 남도 좋은 것이고 내가 싫으면 남도 싫은 것입니다. 사람들이 욕심내는 것들은 다 비슷하기 때문입니다. 그렇다면 예수 믿는 사람들에게 좋은 것은 무엇일까요? 어떤 분은 영어 단어를 가지고 재미있는 표현을 했습니다. 영어로 좋다는 뜻의 Good에서 하나님을 뜻하는 God를 빼면 o만 남으니 아무것도 아니다(Good−God=o). 그런데 반대로 아무것도 아닌 o에 하나님(God)을 더하면 좋은 것(Good)이 된다는 것입니다 (o+God=Good). 그럴듯한 이야기 아닙니까? '좋다 나쁘다' 기준은 사람이 정하는 것이 아니라 하나님께서 정하시는 것입니다. 겉으로 보기에 아무리 경건하고 신앙생활을 잘하는 것처럼 보여도 그 중심에 하나님이 없이 자기 자신만을 위한 삶을 사는 자들의 정성은 아무 의미가 없다는 것입니다. 하나님에게서 멀어진 남유다 왕국 사람들에게 주신 경고의 말씀을 보십시오.

11주님께서 말씀하신다. "무엇하러 나에게 이 많은 제물을 바치느냐? 나는 이제 숫양의 번제물과 살진 짐승의 기름기가 지겹고, 나는 이제 수송아지와 어린 양과 숫염소의 피도 싫다. 12너희가 나의 앞에 보이러 오지만, 누가 너희에게 그것을 요구하였느냐? 나의 뜰만 밟을 뿐이다!(사 1:11-12)

12절에 하나님께서 '너희가 나의 앞에 보이러 오지만' 이렇게 말씀하시지요? 본래 뜻이 '나의 얼굴을 보기 위해'입니다. 입으로는 하나님을 만나겠다고 하는 사람들이 어떻게 하나요? '나의 뜰만 밟을 뿐이다!'라고 하시는데요. 이것은 헛걸음을 했다는 것입니다. 가끔 그런 분들이 있습니다. 교회는 다니는 데 자기만족을 위해 다니는 것입니다. 왠지 예배 안 가면 벌 받을 것 같고, 헌금 안 하면 그만큼 손해를 볼지도 몰라 무서워하거나 반대로 그만큼 기복적으로 무언가를 얻고 싶다는 생각으로 신앙생활을 하는 것이지요. 그런데 생각해 보십시오. 세상의 창조주이신 하나님께서 인간이 아무리 많은 재물을 드린다 한들 그것을 가지고 기뻐하시겠습니까? 또 사람이 아무리 능력이 많고 지식이 많아도 하나님보다 더 뛰어난 인간이 있을 수 있나요? 하나님께서 기뻐하시는 것은 딱 하나입니다. 바로 '내가 너의 주인이라는 사실을 고백하라'는 것입니다. 그런데 말씀 속에 등장하는 남유다 왕국 사람들의 헛발질을 보십시오.

13다시는 헛된 제물을 가져 오지 말아라. 다 쓸모 없는 것들이다. 분향하는 것도 나에게는 역겹고, 초하루와 안식일과 대회로 모이는 것도 참을 수 없으며, 거룩한 집회를 열어 놓고 못된 짓도 함께 하는 것을, 내가 더 이상 견딜 수 없다. 14나는 정말로 너희의 초하루 행사와 정한 절기들이 싫다. 그것들은 오히려 나에게 짐이 될 뿐이다. 그것들을 짊어지기에는 내가 너무 지쳤다. 15너희가 팔을 벌리고 기도한다 하더라

도, 나는 거들떠보지도 않겠다. 너희가 아무리 많이 기도를 한다 하여
도 나는 듣지 않겠다. 너희의 손에는 피가 가득하다.

제물을 쓸모없는 것이라 하시고, 제물을 태워 드리는 향도 역겹다
고 하실 뿐 아니라 예배를 하겠다고 모이는 날도 보고 싶지 않다고 말
씀하십니다. 무슨 말일까요? 예배와 제사가 타락했다는 것을 이야기
하는 것입니다. 심지어 15절에서는 기도해도 듣지 않겠다고 하십니다.
왜 이렇게 하나님께서 화가 나셨을까요? 그건 그들의 손에 피가 가득
하기 때문이라고 말씀하십니다. 여기서 말하는 피는 누군가를 죽인 것
을 포함해서 비윤리적인 범죄 행위들을 총망라하는 것입니다. 다른 사
람들이 피눈물을 흘리게 하고서는 하나님 앞에 아무렇지도 않게 나오
는 모습이 바로 역겨운 일이라는 것입니다. 그러면서 옳은 일이 무엇
인지 하나님께서 기뻐하시는 참된 신앙인의 삶이 무엇인지에 대해서
이렇게 말씀하십니다.

옳은 일을 하는 것을 배워라. 정의를 찾아라. 억압받는 사람을 도와주
어라. 고아의 송사를 변호하여 주고 과부의 송사를 변론하여 주어라
(17절).

억압받는 사람, 고아, 과부는 당시에 약자를 대표하는 것입니다. 하

나님께서 이사야 선지자를 통해 주신 옳은 일, 정의로운 일은 정성 가득한 종교 행위가 아니라 가까이 있는 약한 자들을 돕고 돌보는 것임을 알려 주고 계십니다. 얼마 전 존경받던 유명 목회자들의 성폭행과 공금 횡령 등의 문제가 언론에 보도되었습니다. 연약하고 고통당하는 이들을 도와야 할 목회자들이 도리어 그런 일의 주동자가 되었으니 그들이 아무리 설교를 잘하고 많은 사람에게 영향력이 있다고 한들 무슨 소용이 있겠습니까?

> 19너희가 기꺼이 하려는 마음으로 순종하면, 땅에서 나는 가장 좋은 소산을 먹을 것이다. 20그러나 너희가 거절하고 배반하면, 칼날이 너희를 삼킬 것이다. 이것은 주님께서 친히 하신 말씀이다.

무서운 경고가 아닙니까? '소산을 먹을 것'이라는 말과 '칼날이 너희를 삼킬 것'이라는 말은 생명과 죽음을 대조시켜 주는 것입니다. 삶의 중심에 하나님을 두면 살지만 그렇지 못하면 죽을 수밖에 없다는 것입니다. 그렇다면 인간이 하나님께 순종하지 않고 이웃을 돕지 않는 이유가 무엇입니까? 여전히 자기 자신이 삶의 주인이 되어 있기 때문입니다. 내 생각과 계획과 경험과 의지만 가득한 사람은 누구를 만나도 만족이 없고 늘 비교하고 불평할 뿐입니다. 디트리히 본회퍼 목사님은 『타인을 위한 그리스도인으로 살 수 있을까?』라는 책에서 사랑을 두 가지로 이야기합니다. 하나는 자기애(自己愛, Selbstliebe)이고 다른 하나는 참된 사랑인데 둘은 구분하기가 쉽지 않지만 딱 하나 차이가 있다고 합니다. 그분의 글을 인용해 보겠습니다.

> 자기애와 참된 사랑은 힘과 정열, 사랑의 절대성을 동일하게 가지고 있지만, 그 목적이 전혀 다릅니다. 자기애는 나 자신이 목적이고, 참된 사랑은 하나님과 이웃이 목적이기 때문입니다(137쪽).

어떤 일을 하던 그것이 결국 나에게만 이익이 되는 일이 있다면 그것은 하나님의 뜻이 아닐 것입니다. 그러면서 자기애는 타인에게서 무언가를 요구하지만 참된 사랑은 타인에게서 아무것도 원하지 않고, 오직 '모든 것이 타인을 위한 것'이기를 바란다고 합니다. 이러한 삶을 사는 자들을 제2본문 히브리서 11장 1-3, 8-16절에서는 믿음으로 사는 삶이라고 말합니다. 그러면서 대표적인 인물로 아브라함을 이야기합니다.

> 믿음으로 아브라함은, 부르심을 받았을 때 순종하고, 장차 자기 몫으로 받을 땅을 향해 나갔습니다. 그런데 그는 어디로 가는지를 알지 못했지만, 떠난 것입니다(8절).

사람들은 확실하지 않으면 움직이려 하지 않습니다. 더구나 자리를 잘 잡은 곳에서 낯선 곳으로 가기란 더 어렵습니다. 불안하기 때문이죠. 그런데 아브라함을 하나님께서 부르셨을 때 어디로 가는지 몰랐지만 떠났다고 합니다. 왜 그랬을까요?

> 15그들이 만일 떠나온 곳을 생각하고 있었더라면, 돌아갈 기회가 있었을 것입니다. 16a그러나 사실은 그들은 더 좋은 곳을 동경하고 있었던 것입니다. 그것은 곧 하늘의 고향입니다.

고향으로 갈 기회가 얼마든지 있었음에도 아브라함이 돌아가지 않은 이유가 무엇일까요? 더 좋은 것을 찾았기 때문이라고 합니다. 16절에는 그것이 '하늘의 고향'이라고 하는데 이것은 일종의 상징입니다. 하늘이라고 하니까 죽어서 가는 천국을 말하는 것인가 생각할 수 있는데 그건 아닙니다. 성경을 보면 아브라함은 본래 살던 곳에서 꽤 떵떵거리고 살았던 사람입니다. 재물과 권력 그리고 기반이 탄탄한 사람이었습니다. 그런데 그 모든 것을 버리고 떠날 수 있었다는 것은 그것보다 더 좋은 것을 찾았기 때문입니다. 다시 말하면 가치관이 바뀌었다는 것입니다.

제가 청년 때 유치부 교사를 했습니다. 그때 했던 일이 간식 담당이었는데요. 처음 간식 담당을 하면서 과자 종류를 다양하게 준비했습니다. 빨간색, 파란색, 노란색 포장지에 담긴 과자들을 가져가면 아이들이 좋아할 것 같아서요. 그런데 그날 간식도 못 먹고 아이들이 울음바다가 되었습니다. 과자를 나눠 주는 데 조금 있다 한 친구가 울더라고요. 왜 그러냐고 물었더니 "색깔이….." 하면서 우는 것입니다. 이내 여기저기서 서로 다른 색 과자를 든 친구들이 빼앗으려고 싸우거나 우는 모습을 보고 당황했었습니다. 수준이 낮거나 미숙한 것을 '유치하다'라고 합니다. 그런데 좀 더 나이가 들면 어떤가요? 포장지 색 때문에 싸우지 않습니다. 가치가 달라지기 때문입니다. 사람은 자신이 가치가 있다고 여기면 남들이 아깝다고, 낭비라고 하든 말든 얼마든지 돈과 시간을 쓸 수 있습니다. 아브라함은 가치관이 변한 사람입니다. 어떻게 변했나요? 자기중심적으로 살던 자가 하나님 중심으로 살기 시작한 것입니다. 그러므로 익숙하고 편한 것에서 떠날 수 있었습니다. 그것을 성경은 '믿음으로'라고 이야기합니다. 예수님은 제3본문 누가복음 12장 32-40절에서 하나님 중심의 삶이 무엇인지 더 구체적으로 설명하고 있습니다.

35너희는 허리에 띠를 띠고 등불을 켜놓고 있어라. 36마치 주인이 혼인 잔치에서 돌아와서 문을 두드릴 때에, 곧 열어 주려고 대기하고 있는 사람들과 같이 되어라.

사람이 교회다

35절은 두 가지 행동을 요구하고 있습니다. 첫째는 허리에 띠를 띠라는 건데 이것은 유대인들의 복식을 알아야 합니다. 그들은 통으로 된 옷을 입었습니다. 그래서 움직일 때 옷이 너풀거리기 마련이죠. 교회에서 입는 성가대 가운을 입고 축구를 한다고 생각해 보십시오. 움직이기 편하려면 옷을 싸매야 합니다. 그래서 허리에 띠를 띤다는 것은 바로 움직일 수 있는 준비를 하라는 의미입니다.

둘째는 등불을 켜라고 했습니다. 등불을 켜는 이유가 36절에 나오는데 주인이 혼인 잔치에서 돌아와 문을 두드릴 때에, 곧 열어 주려고 대기하는 사람처럼 하라는 것입니다. 이것은 당시의 결혼 풍습을 알면 쉽게 이해할 수 있는 말입니다. 유대인들은 결혼식 전날 신랑과 신부가 금식합니다. 그리고 금식이 끝나는 시간에 맞춰 결혼식이 진행되기 때문에 주로 늦은 밤이 됩니다. 우리나라 같으면 보통 30분에서 한 시간이면 식이 끝나고 사진까지 찍지만, 유대인들은 철야를 각오해야 합니다. 밤을 지새우며 노래하고 춤추며 잔치를 하는 셈이죠. 일찍 귀가하는 사람도 한밤중이 될 수밖에 없습니다.

그렇다면 제3본문의 핵심은 무엇인가요? 대충 살다가 주인이 올 때만 잘하면 된다는 말씀인가요? 아닙니다. 언제 주인이 올지 모르니 한결같은 자세로 삶을 살아야 한다는 말입니다. 내 인생의 주인이 있고 그 주인은 반드시 다시 오실 것이라는 생각으로 사는 이들은 삶을 낭비하지 않습니다. 그런데 제3본문에서 예수님은 한 가지를 더 이야기하십니다.

> 주인이 와서 종들이 깨어 있는 것을 보면, 그 종들은 복이 있다. 내가
> 진정으로 너희에게 말한다. 그 주인이 허리를 동이고, 그들을 식탁에
> 앉히고, 곁에 와서 시중들 것이다(37절).

종이 주인을 시중드는 것은 당연한 일입니다. 그런데 예수님 비유
에 등장하는 주인은 종을 위해 자신이 오히려 시중을 들어 줍니다. 이
게 예수님 때나 지금이나 있을 수 없는 일입니다. 높은 사람이 아래 사
람을 위해 섬기는 일은 흔하지 않습니다. 여기서 예수님은 아주 중요
한 이야기 하나를 우리에게 전하고 계십니다. 믿음으로 사는 자들에게
는 가치관이 변하면서 관계조차 새롭게 변화된다는 것입니다. 대접을
받는 것이 성공이라 여기던 자들이 다른 이들을 돕고 대접하는 것이
복이라는 사실을 알게 되는 것입니다. 믿음 안에서 주인과 종의 관계
는 사라집니다. 마음에 드는 사람과 그렇지 않은 사람을 구별하지 않
게 됩니다. 세상은 편을 가르고 위와 아래를 가르는 일이 일반적입니
다. 그러나 주님은 이것을 바꾸셨습니다. 누군가 나의 도움이 필요할
때 도울 수 있다면 그게 가장 큰 축복이라는 사실을 설명하셨습니다.

인자는 섬김을 받으러 온 것이 아니라 섬기러 왔으며, 많은 사람을 위

하여 자기 목숨을 몸값으로 치러 주려고 왔다(마 20:28).

　　믿음으로 사는 사람은 예수님처럼 섬기는 자가 되어야 합니다. 섬기는다는 것은 무엇일까요? 예수님처럼 죽으란 소리인가요? 예배당에 다니는 사람은 무조건 손해보고 살란 말씀인가요? 아닙니다. 믿음으로 사는 자들은 다른 이들의 필요에 응답하는 자가 되어야 한다는 것입니다. 군종 목사로 있을 때 신앙생활 3년 정도 되신 사단장님과 함께 지낸 적이 있습니다. 이분이 부대 업무는 얼마나 꼼꼼하게 챙기는지 참모들이 혀를 내두를 지경이었지만 교회에서는 좀 달랐습니다. 그분은 장군이었고 저는 대위였지만 교회 안에서는 계급이 아니라 성직자로 저를 대해 주셨습니다. 어느 날 집무실을 방문했을 때 저에게 자신이 지휘관이 아니라 교인으로서 목사님을 도울 방법이 무엇이 있냐고 묻기에 제가 세 가지 중의 하나를 택해서 해 주시면 좋겠다고 말씀드렸습니다.

　　첫째는 예배 30분 전에 와서 병사와 신자들에게 주보를 나누어 주시든지 둘째는 교회 화장실을 청소하시던지 셋째는 예배에 처음 나온 병사 환영 시간 진행하기 중의 하나를 하시라고 부탁했습니다. 이분이 잠시 고민을 하시더니 병사 환영 시간을 진행하겠다고 말씀하셨습니다. 그리고 사단장으로 재직하시던 18개월 동안 매주 부대에 전입해 와서 처음 교회에 온 이등병 형제들에게 기념품을 나누어 주고 한 사람씩 안아 주는 일을 성실하게 감당했습니다. 처음에는 다들 어색해 했습니다. 그도 그럴 것이 계급 질서가 명확한 군대에서 사단장이 병사들을 일일이 안아 주고 환영해 주니 당황스러웠던 것입니다. 그런데 시간이 지날수록 병사들이 늘어나기 시작했습니다. 이등병이 장군에게 인사를 하는 것은 당연합니다. 그런데 장군이 병사들에게 먼저 인사를 하고 환영해 주니 병사들도 부대와 교회에 대한 좋은 이미지를 갖기 시작했던 것입니다.

믿음으로 섬긴다는 것은 예배에 꼬박꼬박 참석하고 말로만 하나님을 믿는다고 하는 것이 아닙니다. 조금만 시간을 들이면 인터넷이나 기독교 방송에서 좋은 설교는 얼마든지 들을 수 있는 시대입니다. 그러나 듣는 것보다 더 중요한 것이 있지요? 내 인생의 주인이 주님이라는 사실을 삶으로 나타내야 합니다. 저는 주어진 자리에서 예수의 이름으로 누군가에게 도움을 줄 때 가능한 것이라 생각합니다. 이사야 말씀처럼 종교의 의식과 정성이 있어도 자신을 위한 이기적인 것이라면 믿음의 사람이라 할 수 없습니다. 믿음으로 사는 자는 히브리서 말씀에 등장하는 아브라함처럼 다른 가치관을 가지고도 살 수 있다는 것을 증명하는 자가 되어야 합니다. 주님은 그것을 가장 잘 보여 주셨습니다. 여러분의 처지와 자리에서 믿음으로 하나님과 이웃을 섬기는 삶이 되기를 바랍니다.

너는 풀려났다

예레미야 1장 4-10절
히브리서 12장 18-29절
누가복음 13장 10-17절

이어령 교수의 『생명이 자본이다』라는 책에 있는 내용입니다. '얼음이 녹으면 무엇이 되는가?'라는 초등학교 과학문제가 있는데요. 정답은 '물'입니다. 그런데 얼음이 녹으면 '봄'이 온다고 말하는 친구도 있다고 합니다. 저자는 봄이라고 말한 친구들이 학교에서 쫓겨날 수도 있지만, 훗날 위대한 철학자가 될지도 모른다고 말합니다(113쪽). 우리는 자기의 감정에 충실한 나머지 다른 이들을 살피지 못할 때가 많습니다. 그러나 믿음의 사람들은 얼음이 녹으면 봄이 온다 말하고, 기쁠 때나 슬플 때도 이웃을 생각할 수 있는 자들이 되어야 합니다. 우리가 믿고 따르는 주님이 그런 분이기 때문입니다. 제3본문 누가복음 13장 10-17절은 그 사실을 설명해 줍니다.

> **10**예수께서 안식일에 회당에서 가르치고 계셨다. **11**그런데 거기에 열여 덟 해 동안이나 병마에 시달리고 있는 여자가 있었는데, 그는 허리가 굽어 있어서, 몸을 조금도 펼 수 없었다.

유대인들이 가장 중요하게 여기는 안식일에 주님은 회당에서 허리가 굽은 여인을 만납니다. 육신의 장애나 질병은 그 당시 신의 저주로 여겨지곤 했습니다. 11절에 "열여덟 해 동안이나 병마에 시달리고"라는 부분에서 '병마(病魔)'를 개역개정은 "귀신"으로, NLT(New Living Translation) 성경은 '악령(evil spirit)'이라고 번역했습니다. 당시 사람들에게 좋게 보이지 않았다는 것입니다. 또한, 11절의 '열여덟 해'는 『WBC 주석』을 보니까 실제의 연수를 기록한 것일 수도 있지만, 유대인들은 오래되었다는 의미로 18이라는 숫자를 사용했다고 합니다. 종교개혁자 칼빈은 그의 『공관복음 주석』에서 이 부분을 이렇게 설명합니다.

> 그 불구의 상태를 이렇게 묘사한 것을 보면 이 불구의 병은 흔하지 않거나 의사들이 그 병의 이유를 알지 못하고 있었던 것 같다. 그렇기 때

사람이 교회다

문에 누가는 '귀신들려'라고 기록했다(『칼빈주석 16권 공관복음 1』 546쪽).

칼빈에 의하면 이 여인의 병은 인간의 능력으로 도저히 다스릴 수 없는 병, 인간의 한계를 초월한 장애였다는 점입니다. 그런데도 이 여인은 안식일에 회당을 찾았습니다. 어쩌면 그녀에게는 하나님만이 유일한 희망의 끈이었는지도 모릅니다. 사실 장애가 있거나 병에 걸리면 그 자체도 문제지만 주변의 시선이 더 힘겹게 여겨질 수밖에 없습니다. 그런데 놀라운 일이 일어납니다.

12예수께서는 이 여자를 보시고, 가까이 불러서 말씀하시기를, 여자야, 너는 병에서 풀려났다 하시고, 13그 여자에게 손을 얹으셨다. 그러자 그 여자는 곧 허리를 펴고, 하나님께 영광을 돌렸다.

병에서 풀려났다는 말씀에 이어 주님께서 손을 얹으시자 그 여인의 허리가 곧게 펴졌습니다. 그리고 그 여인은 하나님께 영광을 돌렸다고 합니다. 성경을 보면 종종 질병으로부터 치유 받은 사람이 '하나님께 영광을 돌렸다'라는 표현이 있습니다. 예를 들면 누가복음 18장 43절 눈을 뜨게 된 시각장애인이 그랬고 마태복음 9장 8절 지붕을 뚫고 내려졌던 중풍 병자가 그랬습니다. 칼빈에 의하면 이런 표현 방식은 하나님의 은혜가 공식적이고 분명한 것이어서 사람들이 그 사건을 두고 찬성과 반대로 이야기 할 거리가 아니라는 것입니다. 하나님께 영광을 돌리는 일을 가지고 문제 삼는 것은 아주 사악한 일입니다. 그런데 그런 사악한 일을 하는 사람이 등장합니다. 14절을 보십시오.

> 그런데 회당장은, 예수께서 안식일에 병을 고치신 것에 분개하여 무리에게 말하였다. 일을 해야 할 날이 엿새가 있으니, 엿새 가운데서 어느 날에든지 와서, 고침을 받으시오. 그러나 안식일에는 그렇게 하지 마시오.

회당장을 킹제임스(KJV) 성경은 회당의 통치자(ruler of the synagogue)로 부릅니다. 보통 회당에 있는 장로 중에 투표로 선출을 하는데 요즘 교회의 장로와는 전혀 다른 직분과 권한을 가진 자들입니다. 유대인 회당의 장로들은 일종의 국회의원과 경찰 그리고 재판관의 기능을 조금씩 가지고 있었습니다. 로마제국은 유대 지역을 통치하면서 총독을 파견하긴 했지만, 유대인들의 자치권을 인정해서 자치의회를 구성하도록 했습니다. 그리고 대부분 유대인의 자치의회에서 결정된 사항을 수용해 주었습니다. 그 의회를 구성한 사람들이 바로 장로들입니다. 그 장로 중에서 회당의 대표를 뽑는 것이니 그 권한과 명예는 상상을 초월하는 것입니다. 회당장이 하는 일은 대표적으로 회당의 종교의식을 진행할 순서와 기도, 말씀 봉독, 설교자를 지정하는 일을 했고 율

사람이 교회다

법에 어긋나는 행동을 하는 자에게 경고를 가하기도 했습니다. 단순히 말뿐인 경고가 아니라 그것을 처벌할 권세가 있었습니다.

오늘 말씀에 등장하는 회당장이 바로 그런 사람 중 하나인데요. 지금 예수님을 향해 안식일에 일하면 안 된다는 규칙을 어겼다며 질책을 하는 것입니다.

유대인들은 안식일에 해서는 안 되는 규칙들이 있었는데요. 지금도 철저히 지키고 있습니다. 하나님께서 사람들에게 안식일 규칙을 주신 이유는 간단합니다. 인간이 하나님을 떠나서 자기의 의지와 의도를 가지고 일을 하지 말라는 것입니다.

"일주일에 하루, 안식일에 자신의 생계를 위해 아무 일도 하지 않아도 하나님께서 책임져 주신다! 그분이 바로 너희들의 주인이다. 그러니 하나님만 보고 살아라!"

이런 의도입니다. 농업이든 직물이든 먹을 것이든 무언가를 만들어 내는 것은 모두 금지되었습니다. 그 관련 도구들을 들고 다니는 것도 안 됩니다. 심지어 바느질, 빗질, 씻기 같은 것도 금지되었고 글자도 두 글자 이상은 쓰거나 지우면 안 됩니다. 물건도 2미터 이상은 움직이면 안 됩니다. 엄격한 에세네파 사람들 같은 경우 일반 사람은 500미터, 랍비들은 1킬로미터 이내에서 이동하라고 가르쳤습니다. 불 끄기나 불 피우기도 안 됩니다. 그래서 유대인과 관련된 일화들이 많습니다. 예를 들면 미국에 사시는 목사님께 들은 이야기인데요. 옆집에 유대인이 살았는데 어느 날 급하게 부르는 소리가 들려서 그 집에 갔더니 전기 스위치를 켜 달라고 하더랍니다. 몸이 아파서 그런가? 했더니 그게 아니라 그날이 안식일이라 불을 켜는 것을 해서는 안 된다고 자기를 불러서 불을 켜게 하더랍니다. 자신의 거룩함을 지키기 위해 남을 부려먹는 것이 과연 옳은 일일까요? 심지어 전쟁이 일어나면 안식일에는 방어만 되고 공격은 금지했습니다. 그래서 유대의 역사가 요세푸스의 『유대 전쟁사』라는 책을 보면 로마제국이 유대인과 전쟁을 할 때는 안식일에 유대인들은 공격하지 않는다는 것을 알고 안식일마다 그들의 진지 앞에서 골짜기를 메워 대승을 거둡니다. 이렇게 안식일 규정을 준수하는 유대인들이 이 규칙을 깨도 되는 때가 있습니다. 바로 생명이 위험하거나 위급할 때입니다.

동물에게도 적용되었습니다. 구덩이에 빠진 양을 들어 올리는 것은 안 되지만 먹을 것과 물을 주는 것은 허용되었습니다. 그런데 오늘 말씀에 등장하는 여인처럼 오랫동안 치료되지 않는 중병이나 만성 질환 그리고 장애는 치료가 금지되었습니다. 긴급한 경우가 아니라는 이유 때문입니다. 오늘 말씀을 읽는 사람들은 오랫동안 고통에 시달린 여인이 회복되었으니 같이 기뻐해야 할 텐데 회당장의 이야기와 행동을 보면 너무 매정하고 어깃장을 놓는다 생각하기 쉽습니다. 그러나 앞서 설명해 드린 회당장의 책무와 안식일에 관한 규칙에 따르면 14절의 회당장의 말은 그 사람의 관점에서 하나도 틀린 것이 없습니다. 그런데 맞는 말인데 참 기분 나쁜 말들이 있지요?

아나운서 출신인 윤영미 씨는 "맞는 말인데 기분 나쁜 말은 잔소리"라고 했습니다. 우리 주변에도 그런 사람들이 종종 있습니다. 입바른 소리는 잘하는데 실천이 없는 사람이 그렇습니다. 차라리 말이라도 안 하면 되는데 말이 항상 앞서는 사람이 있으면 불편합니다. 14절을 다시 한번 보겠습니다.

> 그런데 회당장은, 예수께서 안식일에 병을 고치신 것에 분개하여 무리에게 말하였다. "일을 해야 할 날이 엿새가 있으니, 엿새 가운데서 어느 날에든지 와서, 고침을 받으시오. 그러나 안식일에는 그렇게 하지 마시오."

회당장의 이 말은 여자가 회복된 것이 문제가 아니라 그 여인을 회복시킨 예수님이 문제라는 것입니다. 그는 십계명을 근거로 예수님을 비판합니다.

> 9너희는 엿새 동안 모든 일을 힘써 하여라. 10a그러나 이렛날은 주 너희 하나님의 안식일이니, 너희는 어떤 일도 해서는 안 된다(출 20:9-10a).

인간관계를 맺어가면서 대하기 힘든 사람 중 하나는 자기 원칙만

고수하는 사람입니다. 이 회당장이 꼭 그렇습니다. 그러나 예수님은 이렇게 말씀하십니다.

> 15주님께서 그에게 대답하셨다. 너희 위선자들아, 너희는 저마다 안식일에도 소나 나귀를 외양간에서 풀어내어, 끌고 나가서 물을 먹이지 않느냐? 16그렇다면, 아브라함의 딸인 이 여자가 열여덟 해 동안이나 사탄에게 매여 있었으니, 안식일에라도 이 매임을 풀어 주어야 하지 않겠느냐?

동물도 귀하게 여기면서 사람을 귀하게 여기지 않는다면 이게 바로 위선이고 거짓이라는 것입니다. 그러면서 예수님은 그 여인을 아브라함의 딸이라 부릅니다. 그동안 이 여인이 어떤 취급을 받아 왔는지를 알 수 있는 대목입니다. 그는 어쩌면 인간에게 도구로 쓰이는 가축만도 못한 사람이었습니다. 육신의 장애보다 더 무겁고 힘든 것은 저주받고 쓸모없는 존재라는 비난과 손가락질이었을 것입니다. 주님은 이런 매임에서 풀어 주는 것이 중요하다고 말씀하시고 있습니다.

이건 2000년 전 예수님 시대에만 있었던 일이 아닙니다. 당장 우리가 사는 이 시대에도 도구처럼 쓰이고 가축만도 못한 삶을 사는 이들이 너무나 많습니다. 예전에 불볕더위가 계속되는 와중에도 경비실에 에어컨을 달면 안 된다고 반대하는 아파트가 있다는 소식과 더불어 애

완견을 위한 전용 해수욕장이 필요하다는 뉴스를 보면서 많은 생각을 해 보게 되었습니다. 사람이 동물만도 못한 취급을 받는 것이야말로 인간의 도구화입니다. 티베트 불교의 14대 달라이 라마인 텐진 갸초가 이런 말을 했다고 합니다.

> 인간은 사랑받기 위해 태어난 존재다. 그리고 물건이란 사용되어지기
> 위해 만들어진 것이다. 그런데 지금 이 세상이 혼돈 속에 빠진 이유는,
> 물건이 사랑을 받고 사람들이 사용되어지고 있기 때문이다.

아니라고 말하기 어려운 지적입니다. 그러나 인간이 아무리 소유가 많고 사회적 위치가 높다 한들 그 사람의 존엄과 가치가 올라갈까요? 예수님은 회당에서 만난 여인을 아브라함의 딸이라 부르셨습니다. 인간은 소유로 평가받는 것이 아니라 존재 자체가 이미 소중하다는 것입니다. 저와 여러분 역시 마찬가지입니다. 세상은 우리에게 자격과 소유를 요구합니다. 그러나 주님은 도리어 우리에게 필요한 자격과 능력을 베풀어 주시는 분입니다. 제1본문 예레미야 1장 4-10절에는 이 방인에게 심판의 소식을 전하는 선지자의 사명을 감당하기 위해 부름을 받은 예레미야가 등장합니다. 그는 하나님의 부르심을 받고 거절합니다. 4-6절을 보십시오.

⁴주님께서 나에게 말씀하셨다. ⁵내가 너를 모태에서 짓기도 전에 너를 선택하고, 네가 태어나기도 전에 너를 거룩하게 구별해서, 뭇 민족에게 보낼 예언자로 세웠다. ⁶내가 아뢰었다. "아닙니다. 주 나의 하나님, 저는 말을 잘 할 줄 모릅니다. 저는 아직 너무나 어립니다.

예레미야는 말을 할 줄도 모르고 어리다고 말합니다. 어리다는 표현은 당시 20대 청년이었던 예레미야 처지에서는 맞는 말입니다. 그러나 경험과 자격이 없다는 말일 수도 있습니다. 그런데 주님은 어떻게 하시나요? 7-8절입니다.

⁷그러나 주님께서 나에게 말씀하셨다. 너는 아직 너무나 어리다고 말하지 말아라. 내가 너를 누구에게 보내든지 너는 그에게로 가고, 내가 너에게 무슨 명을 내리든지 너는 그대로 말하여라. ⁸너는 그런 사람들을 두려워하지 말아라. 내가 늘 너와 함께 있으면서 보호해 주겠다. 나주의 말이다.

자격에 대한 평가는 내가 하는 것이니 걱정하지 말아라. 중요한 것은 내가 함께 하면서 너를 보호해 주겠다는 것입니다. 하나님께서는 우리의 어떤 노력과 업적을 보고 평가하시는 분이 아니라 이미 나를 소중하게 여기고 계십니다. 그리고 하나님께서 원하시는 곳에서 하나님만의 방식으로 세워줄 것이라 말씀하십니다.

그런 다음에, 주님께서 손을 내밀어 내 입에 대시고, 내게 말씀하셨다. 내가 내 말을 네 입에 맡긴다(9절).

너를 믿는다는 말처럼 들었을 때 기분 좋은 말이 또 있을까요? 비록 등이 굽은 여인처럼 세상에서 쓸모없다 여기고 무시당하는 것 같은 인생이라 해도 낙심하지 마십시오. 하나님은 우리의 존재 자체를 소중히 여기시는 분입니다. 혹시 예레미야처럼 경험이 부족하고 좋은 자격과 능력이 부족해서 어떻게 살아가야 할지 하루하루 고민되십니까? 고민하지 마십시오. 주께서 나와 함께 하신다 말씀하셨습니다. 주님께서 우리에게 요구하시는 것은 딱 하나뿐입니다. 제2본문을 보십시오.

여러분은 말씀하시는 분을 거역하지 않도록 조심하십시오. 그 사람들이 땅에서 경고하는 사람을 거역하였을 때에, 그 벌을 피할 수 없었거든, 하물며 우리가 하늘로부터 경고하시는 분을 배척하면, 더욱더 피할 길이 없지 않겠습니까?(히 12:25)

주님이 내 삶의 주인이라는 사실 하나를 잊지 않고 살아가는 것입니다. 그러한 주님을 고백하고 경험하는 우리가 되기를 바랍니다.